KB052027

투자의 미래 ESG

이기적인 투자자의 이타적인 투자법

투자의 미래 ESG

이기적인 투자자의 이타적인 투자법

초판 1쇄 펴낸날 2021년 11월 30일

지은이 민성훈
펴낸이 박명권
펴낸곳 도서출판 한숲
신고일 2013년 11월 5일 | **신고번호** 제2014-000232호
주소 서울특별시 서초구 방배로 143, 2층
전화 02-521-4626 | **팩스** 02-521-4627 | **전자우편** klam@chol.com
편집 김선욱 | **디자인** 조진숙
출력·인쇄 금석커뮤니케이션스

ISBN 979-11-87511-31-1 93320

* 파본은 교환하여 드립니다.
* 책값은 뒤표지에 있습니다.

투자의 미래 ESG

이기적인 투자자의 이타적인 투자법

민성훈 지음

머리말

이 책은 여섯 개의 장으로 구성되어 있습니다.

1장과 6장은 시작하고 끝맺는 글이고, 2장과 3장은 ESG투자의 배경과 이론에 관한 글이며, 4장과 5장은 자세한 정보와 현황을 담은 글입니다. 독자 여러분은 여섯 개의 장을 처음부터 꼼꼼히 읽으셔도 좋고, 1·2·3장과 6장을 먼저 이해한 다음, 4장과 5장은 필요할 때마다 들춰보는 식으로 읽으셔도 좋습니다.

1장에서는 ESG투자를 소개합니다. ESG투자가 발전해 온 역사와 여러 개념들의 차이를 잘 기억하시길 바랍니다. 2장에서는 ESG투자의 배경이 되는 ESG문제를 살펴봅니다. ESG문제의 내용뿐 아니라 관련 단체나 기구의 이름에도 익숙해지시길 바랍니다. 3장에서는 ESG투자의 전략과 방법을 설명합니다. 이 책에서 가장 핵심적인 내용이니 꼼꼼히 읽으시길 바랍니다. 4장에서는 ESG투자의 인프라에 해당하는 보고, 평가, 지수를 살펴봅니다. 구체적인 표준이나 상품의 이름보다는 보고, 평가, 지수의 기능과 관계에 주목하시길 바랍니다. 5장에서는 ESG투자의 현황을 투자자의 종류별로 살펴봅니다. 여기서도 개별 투자자의 이름이나 활동보다는 업종별 차이를 파악하는 데 주목하시길 바랍니다. 6장에서는 ESG투자의 미래에 대해 생각해 봅니다. 저와 독자 여러분의 생각은 다르기 마련이니, 자신의 관점을 세우며 읽어 보시길 바랍니다.

이 책에는 수많은 이름이 등장합니다.

이름의 주인은 사람뿐 아니라 기업, 단체, 법령, 표준, 도서 등 다양합니다. 그중에는 한글 이름도 있지만, 영어로 된 이름이 대부분입니다. 이들 이름의 표기는 발음을 한글로 적거나, 영이 약자를 알파벳으로 적었습니다. 정식의 표기는 그 이름이 비중 있게 다뤄지는 부분에서만 병기하였습니다. 따라서 책을 읽다 보면 익숙지 않은 영어 이름을 한글이나 약자로만 만날 수도 있는데, 그때는 이 책의 맨 마지막에 실린 색인을 참고하시길 바랍니다. 책 분량이 지나치게 늘어나는 것을 피하고자 내린 결정이니 이해 부탁드립니다. 단, 펀드나 지수와 같은 상품의 이름은 정식의 영어로만 표기했습니다.

이 책을 펴내면서 감사드릴 분이 있습니다.

먼저, 우리나라의 대표적인 부동산 기업인 젠스타메이트의 이상철 의장님께 감사드립니다. 의장님께서는 제가 수년째 미루고 있던 원고를 시작하도록 독려해 주셨고, 집필하는 동안에도 지치지 않도록 격려해 주셨으며, 출판 과정에서도 많은 도움을 주셨습니다. 의장님이 아니었다면 이 책은 세상에 나오지 못했을 것입니다.

수원대학교의 제자 윤수벽, 송주경, 임지수, 이유진, 정선진에게도 감사드립니다. 이 학생들은 수많은 정보와 현황을 수집하고 정리하는 데 도움을 주었습니다. 이 책을 쓴 2021년 한 해 동안, ESG투자 관련해서 특히 많은 변화가 있었습니다. 이들의 도움이 없었다면 그것을 파악하기조차 쉽지 않았을 것입니다.

끝으로 시끄럽게 타이핑하는 아버지와 좁은 방에서 등을 맞대고 힘든 고3 시절을 보낸 아들 정후, 코로나19로 집에 머무는 시간이 많아진 두 남자를 든든하게 지원해 준 아내 지혜에게도 감사의 말을 올립니다.

2021년 가을, 저자 민성훈

목차

02
ESG문제와 국제사회의 대응 54

03

04
ESG투자의 생태계와 인프라 156

05
ESG투자의 현황과 성과 226

그림 목차

표 목차

01

무대에 올라선 ESG

자본시장에 불어오는 새바람

알고 보면 이미 큰 바람

ESG투자란

자본시장에 불어오는 새바람

An Emerging Trend in the Capital Market

21세기가 마련한 열 개의 십 년 중에서 이미 두 개가 지나갔다. 지난 세기 우리가 그토록 궁금해했던 미래가 이제 익숙해질 때다. 그러나 코로나바이러스감염증-19COVID-19, 이하 코로나19와 함께 찾아온 2020년은 스무 살이 된 21세기를 낯설게 만들었다. 사회적 거리두기가 본격화한 2020년 3월 『MIT 테크놀로지 리뷰』지의 편집장은 우리가 "정상적인 상태로 돌아가지 못할 것"[1]을 우려했고, 미국의 확진자 수가 급증한 7월에는 세계보건기구WHO의 사무총장도 "세상이 과거의 정상적인 상태로 돌아가는 일은 없을 것"[2]이라고 경고하기에 이르렀다. 그러다 보니 코로나19는 2020년 한 해 동안 모든 언론을 뒤덮은 독보적인 키워드가 되었다. 2019년 12월 31일 중국 「환구시보」가 전날 있었던 우한시 위생건강위원회의 '원인 모를 폐렴에 대한 긴급통지'를

1. Gideon Lichfield, "We're not going back to normal," *MIT Technology Review*, 2020. 3. 17.
2. Berkeley Lovelace Jr. and Will Feuer, "WHO warns there's no going back to 'old normal' as coronavirus accelerates in three countries," *CNBC*, 2020. 7. 23.

보도한 이후, 우리는 매일 아침 스마트폰으로 미세먼지 농도 대신에 신규 확진자 수를 확인하게 되었다. 이 글을 쓰고 있는 2021년 여름에도 상황은 그다지 나아지지 않았다.

하지만 2020년의 뉴스플로우에 코로나19만 있었던 것은 아니다. 코로나19로 비좁아진 스마트폰 화면 사이로 끊임없이 출현한 단어가 있었으니, 바로 'ESG'다. ESG는 환경Environmental, 사회Social, 지배구조Governance 세 단어의 약자다. 또한 이들 요소와 관련된 우리의 관심사, 즉 환경오염·생태계파괴·기후변화 등의 환경이슈, 인권·노동·지역사회 등의 사회이슈, 이사회·주주총회·경영공시 등의 지배구조 이슈를 폭넓게 아우르는 말로도 사용된다. 사실 이들 이슈는 아주 오래전부터 우리 곁에 있어서 별반 새로울 것이 없다. 그런데, 2020년에 와서 ESG라는 산뜻한 이름으로 대중의 관심을 받고 있는 이유가 무엇일까? 코로나19의 확산이 환경문제와 관련 있고, 백신의 개발과 보급 과정에서 사회와 지배구조의 불합리한 모습을 봤기 때문일까?

이 책은 ESG와 자본시장의 관계를 21세기의 두 번째 십 년을 마감하며 그린 풍경화다. 최근 ESG와 관련된 논의가 무척 활발한데, 대부분 ESG문제나 ESG경영을 다루고 있다. 이 책은 ESG투자라는 또 다른 관점에서 환경, 사회, 지배구조를 바라보고자 한다. ESG라는 공공의 이슈와 수익을 추구하는 투자의 관계가 낯설게 느껴질 수도 있지만, 사실 세 단어의 첫 글자를 딴 'ESG'라는 표현은 자본시장에서부터 비롯한 것이다. 그리고 ESG투자가 만들어내는 풍경은 너무나 복잡해서 이렇게 한 번씩 그려 놓지 않으면 길을 잃기가 십상이다. 그 속으로 뛰어들기 전에 2020년의 굵직한 뉴스를 몇 개만 더 살펴보자.

자산운용자의 ESG경영 촉구

매년 초 전 세계는 월스트리트의 자산운용자, 즉 펀드매니저가 자신의 투자자들에게 보내는 연례서신Annual Letter에 주목한다. 이 서신을 통해 그해 자본시장에 대한 전망과 투자전략을 제시하기 때문이다. 버크셔 해서웨이Berkshire Hathaway의 CEO이자, 전설적인 펀드매니저인 워런 버핏Warren Buffett이 보내는 연례서신이 대표적인 사례다. 그의 서신은 오랜 기간 전 세계 투자자들에게 나침반 같은 역할을 해 오고 있다. 최근에는 블랙록BlackRock의 CEO인 래리 핑크Larry Fink가 보내는 연례서신이 주목을 받고 있다. 블랙록이 현재 세계 최대 규모의 자산운용회사이기 때문만은 아니다. ESG를 적극적으로, 아니 공격적으로 추구하는 그의 투자철학이 자본시장에서 공감을 얻고 있기 때문이다.

블랙록은 수년 전부터 지속가능투자를 강조해 왔다. 특히 2020년 1월 14일자 연례서신[3]에서는 기후위험이 투자위험을 초래한다는 관점을 분명히 하고, 투자자들에게 지속가능투자의 기회를 제공하기 위해 ESG ETF와 같은 금융상품을 적극적으로 출시하겠다고 밝혔다. 같은

3. BlackRock's Global Executive Committee, "BlackRock's 2020 letter to clients: Sustainability as BlackRock's New Standard for Investing," *BlackRock*, 2020.

날 래리 핑크는 투자의 대상이 되는 기업들에 보내는 별도의 서신[4]을 통해 기후변화에 적극적으로 대응하고, TCFD와 SASB 같은 ESG경영의 보고표준을 준수해 달라고 요구하였다. 이들 서신은 원칙적인 선언에 머물렀던 과거와 달리, 구체적인 금융상품이나 보고표준을 언급했다는 점에서 세상의 관심을 끌었다. TCFD, SASB와 같은 보고표준에 대해서는 4장에서 자세히 설명한다.

자산운용자의 이러한 태도는 기업이나 실물자산의 경영을 변화시킬 수 있다. 자산운용자는 주식, 채권, 부동산 등에 투자하고, 결과적으로 주주, 채권자, 소유자가 되어 지배구조에 관여하기 때문이다. 또 다른 자산운용회사 스테이트 스트리트State Street의 CEO인 사이러스 타라포레발라Cyrus Taraporevala도 이러한 행동방침을 명확하게 표현하고 있다. 그가 2020년 1월 28일 이사진에게 보낸 서신의 제목은 '2020년 대리투표 안건에 관한 CEO 서신'[5]이었다. 여기서 대리투표란 주주총회에서 다른 주주 대신에 의결권을 행사하는 것을 말한다. 이 서신에는 스테이트 스트리트가 ESG경영을 촉구하기 위해 주주총회에 적극적으로 참여하겠다는 의지가 드러나 있다.

사실 이러한 서신은 자산운용자가 마음만 먹는다고 해서 보낼 수 있는 것이 아니다. 자산운용자는 고객의 자금을 대신 운용하는 금융기관이고, 따라서 자산운용의 최대 목적은 자신의 신념을 실현하는 것

4. Larry Fink, "Larry Fink's 2020 letter to CEOs: A Fundamental Reshaping of Finance," *BlackRock*, 2020.
5. Cyrus Taraporevala, "CEO's Letter on our 2020 Proxy Voting Agenda," *State Street*, 2020. 1. 28.

이 아니라 고객에게 낮은 위험과 높은 수익을 돌려주는 것이기 때문이다. 자산운용자가 ESG투자를 공식적으로 추구하기 위해서는 두 가지 조건이 필요하다. 첫째는 ESG를 고려함으로써 재무적으로 우수한 성과를 얻을 수 있다는 '확신'이고, 둘째는 그러한 확신에 대한 고객의 '공감'이다. 그렇다면 이 조건들은 충족되고 있을까?

자산소유자의 ESG투자 선언

적어도 지금은 확신과 공감의 부재를 우려할 필요가 없는 것 같다. 자산운용자뿐 아니라 그들의 고객인 자산소유자도 ESG투자가 자신들의 할 일이라고 말하고 있기 때문이다. 2020년 3월 CalSTRSCalifornia State Teachers' Retirement System, GPIFGovernment Pension Investment Fund of Japan, USSUniversities Superannuation Scheme 등 세계 유수의 연금기금과 국부펀드가 발표한 '지속가능한 자본시장을 위한 우리의 협력'[6]이라는 성명이 그 증거다.

전 세계 언론에 공개된 이 성명에서, 자산소유자들은 기후변화와 같은 환경문제뿐 아니라 사회문제와 지배구조문제를 두루 고려하는 것이 지속가능투자를 위한 길이며, 국민의 노후자금을 장기적인 관점에서 운용하는 기관투자자가 그 길을 따라야 한다고 선언하였다. 또한 투자대상인 기업에게 ESG경영과 투명한 공시를 요구하겠다고 밝

6. *Our Partnership for Sustainable Capital Markets*, 2020. 3. 17.

혔다. 이 성명이 처음 발표된 이후 2020년 봄을 지나면서, 서명기관은 계속 추가되었다.

사실 자산소유자의 ESG투자는 생각보다 역사가 길다. 이 분야의 선두주자인 CalPERSCalifornia Public Employees' Retirement System가 ESG문제를 일으키는 기업들 중에서 주주권을 행사할 명단을 사전에 발표하고, 실제로 주주총회에서 CEO를 비롯한 이사진을 교체해 화제를 일으킨 것은 오래전인 1980년대다. 또한 뜻을 같이 하는 자산소유자들이 SIFSocial Investment Forum[7]와 같은 단체를 결성한 것도 그 무렵의 일이다. 그러니 2020년의 성명은 ESG투자의 출발이기보다는 본격적인 확산을 알리는 사건이라고 할 수 있다.

이제 자산운용자가 거침없이 ESG투자를 추구하는 이유를 알 만하다. 그들의 고객인 자산소유자가 그것을 원하기 때문이다. 하지만, 여기서 또 하나의 의문이 생긴다. 자산소유자 역시 신인의무를 지고 국민의 돈을 대신 운용하는 주체가 아닌가? 그들이 ESG투자를 선언하기 위해서는 국민 또는 국민의 정부로부터 허락을 받아야 하는 것 아닌가? 그렇다. 자산소유자의 투자철학은 국민적 합의 또는 그것을 반영한 정부의 정책에 부합해야 한다. 그렇다면 이제 각국 정부도 ESG 지향적인지 궁금해진다.

7. SIF는 2011년 US SIF(The Forum for Sustainable and Responsible Investment)로 이름을 변경해서 지금에 이르고 있다.

세계 정상들의 온실가스 감축계획 발표

2020년 한 해 동안 각국 정부는 환경문제와 관련해서 자산소유자나 자산운용자보다 훨씬 ESG 지향적으로 행동하였다. 일본3월 31일, 영국12월 12일, EU12월 18일 등 선진국은 물론이고, 세계 최대 공해배출 국가인 중국9월 22일도 정상이 직접 카메라 앞에 서서 탄소중립을 향한 의지와 구체적인 계획을 발표한 것이다. 물론 우리나라도 예외가 아니었다12월 30일.[8] 이렇듯 세계 정상들의 온실가스 감축계획 발표가 쏟아진 것을 보면, 적어도 환경문제와 관련해서는 자산소유자가 제 맘대로 ESG투자를 선언한 건 아닌지 걱정할 필요가 없는 것 같다. 2020년은 정부에서 자산소유자를 거쳐 자산운용자로 이어지는 환경 지향적 가치의 사슬이 확인된 해였다.

환경문제와 달리 사회문제나 지배구조문제에 대해서는 세계 정상들이 함께 출현하는 빅뉴스가 눈에 띄지 않았다. 기후변화처럼 전 세계가 함께 대응해야 해결되는 문제가 아니라고 판단한 건지, 온실가스와 같은 핵심적인 원인을 찾지 못했기 때문인지는 알 수 없다. 다만 이들 문제에 대해서도 국제협력에 대한 공감대가 형성되어 있다는 것을 확인해 주는 뉴스가 두 건 있었는데, 여기에는 G2, 즉 미국과 중국 두 국가만 출현하였다.

첫 번째 뉴스는 미국이 중국 신장웨이우얼위구르 자치구의 기업들에게

8. 각 날짜는 각국 정부가 기후변화협약에 따라 국가온실가스감축목표를 공식적으로 등록한 날을 가리킨다. 기후변화협약과 국가온실가스감축목표에 대해서는 2장에서 자세히 설명한다.

경제제재를 가한 사건이다. 신장웨이우얼 자치구에서 강제노동과 인권침해가 이뤄진다는 이유로, 이 지역 기업들의 미국 수출품에 대해 2020년 한 해에만 수차례 인도보류명령Withhold Release Order 즉 수입금지조치를 내린 것이다. 이를 위해 미국은 같은 해 「위구르인권정책법Uyghur Human Rights Policy Act」과 「위구르강제노동방지법Uyghur Forced Labor Prevention Act」을 제정한 바 있다. 중국 기업들이 저지른 사회문제에 대해, 다른 국가인 미국이 경제적으로 대응한 사건이라고 할 수 있다.

두 번째 뉴스는 미국이 2020년 「외국기업책임강화법Holding Foreign Companies Accountable Act」을 제정해, 미국 내에 상장된 외국 기업들이 자국 정부에 의해 지배 또는 관리되지 않는다는 것을 재무보고서와 같은 검증된 문서로 증명하도록 한 사건이다. 미국은 2002년 「사베인스-옥슬리법Sarbanes-Oxley Act」을 통해, 상장기업들로 하여금 상장기업회계감독위원회Public Company Accounting Oversight Board의 심의를 거친 외부감사인이 작성한 재무보고서를 증권거래위원회Securities and Exchange Commission에 제출하도록 하고 있다. 그러나 중국과 홍콩을 중심으로 한 일부 지역은 규제를 받지 않았는데, 「외국기업책임강화법」이 그러한 예외를 없앤 것이다. 사실상 중국 기업들을 겨냥한 법이라고 할 수 있다. 이 조치는 루이싱커피Luckin Coffee의 회계부정사건으로 촉발되었으며, 법 시행 이후 미국 내에 상장된 중국 기업들의 상장폐지가 줄줄이 이어졌다. 중국 기업들의 지배구조문제에 대해 미국이 강경하게 대응한 사건이라고 할 수 있다.

두 뉴스는 G2 패권경쟁에서 미국이 중국을 압박한 사건을 다루고 있다. 두 국가 간 갈등은 어제오늘 일이 아니므로 그리 놀랄 필요는 없다. 하지만 노동, 인권과 같은 사회문제와 투명성과 같은 지배구조문제를 명분으로 하는 이상, 미국의 노골적인 행동을 중국이 아닌 나머지 국가들도 비난하기 어렵다는 사실에는 주목할 필요가 있다. ESG라는 명분 없이 단순히 힘의 논리만으로는 영국, EU, 캐나다 등이 미국의 조치에 대해 보낸 지지를 충분히 설명하기 어렵다.

알고 보면 이미 큰 바람

Actually, a Widespread Tendency

뉴스를 통해 확인했듯이, 자본시장에 ESG투자라는 새바람이 불고 있다. 하지만 이 바람이 갓 불기 시작한 것은 아니다. ESG문제는 오래전부터 우리를 괴롭혀 왔고, ESG경영을 잘하는 기업이나 실물자산을 선별해서 투자해야 한다는 생각 또한 오래전부터 있었다. 생각을 행동으로 옮기기 위해서는 ESG투자가 수익이나 위험 측면에서 전통적인 재무투자에 비해 장기적으로 우수하거나 적어도 열등하지 않다는 확신이 필요했는데, 그러기까지 시간이 좀 걸렸을 뿐이다. 우리가 느끼지 못하는 동안 꾸준히 커 온 ESG투자의 시장규모를 한번 살펴보자.

사실 ESG투자의 시장규모를 정확하게 제공하는 통계는 존재하지 않는다. 시장규모를 측정하기 위해서는 그 시장이 무엇인지부터 특정해야 하는데, 아직 ESG투자의 개념과 범위에 대한 공감대가 충분하게 형성되지 않았기 때문이다. 따라서 국민소득이나 물가처럼 국제적인 표준에 따라 각국 정부가 작성하는 공식적인 통계가 ESG투자에 대해서는 발표되지 않고 있다.

그렇다고 해서 ESG투자의 시장규모를 파악하는 일이 불가능한 것은 아니다. 비록 조사의 범위가 한정되기는 하지만, ESG투자와 관련된 국제단체들이 회원을 대상으로 집계한 통계를 발표하고 있기 때문이다. 이러한 통계는 회원 수가 증가하면 시장규모가 커져 보이는 착시효과를 내기도 하고, 회원이 아닌 기관의 ESG투자가 누락되는 문제를 가져오기도 한다. 하지만 공신력 있는 국제단체의 경우 그 단체에 가입하는 기관의 개수 자체가 ESG투자의 확산에 대한 대표성을 띤다는 점에서, 이들의 통계는 중요하다. 믿을 만한 통계를 제공하는 대표적인 국제단제로는 PRI와 GSIA가 있다.

PRI 서명기관

PRIPrinciples for Responsible Investment는 UN의 이니셔티브인 UNGC와 UNEP FI의 협력단체로서, 2005년에 결성되었다. PRI는 2006년 발표한 '책임투자원칙'[9]으로 유명하며, 현재 ESG투자와 관련해서 가장 대표적인 국제단체로 여겨지고 있다. PRI는 홈페이지를 통해 투자도구Investment Tools라는 이름으로 책임투자에 대한 가이드라인을 제시

9. 책임투자원칙은 그것을 발표한 기관인 PRI와 이름이 같다. 따라서 그냥 PRI라고 하면 원칙을 의미할 수도 있고, 조직을 의미할 수도 있다. 조직으로서 PRI는 UN과 관련이 깊어 UNPRI라고 불리기도 한다. 그러나 홈페이지에서는 PRI라는 명칭을 공식적으로 사용하고 있다. 이 책에서는 혼동을 피하기 위해 원칙을 말할 때는 책임투자원칙, 조직을 말할 때는 PRI라고 부르기로 한다.

하고 있고, PRI 아카데미라는 교육과정도 운영하고 있다. 최근 ESG 문제나 ESG경영에 대한 정보는 넘쳐나지만, ESG투자에 관한 체계적인 정보는 생각보다 많지 않다. 따라서 PRI의 홈페이지는 자주 방문할 만하다.

PRI는 책임투자원칙을 준수하기로 서명한 기관들의 단체다. 따라서 원칙을 발표한 2006년 이후 매년 서명기관의 개수와 그들이 운용하는 자산규모를 발표하고 있다. <그림 1-1>에서 보는 바와 같이, ESG투자의 시장규모는 한 해도 빠짐없이 성장해 왔다. 특히 파리협약이 체결된 2015년부터 서명기관의 개수가 급격히 증가하는 것을 통해 ESG투자의 저변이 확대되고 있다는 사실을 알 수 있다. 2020년 기준 PRI 서명기관은 3,038곳이며, 이들이 운용하는 자산은 103.4조 달러에 달한다.[10] 이는 2006년 대비 기관 수 기준으로 48배, 자산규모 기준으로는 16배 성장한 것이다.[11] 파리협약에 대해서는 2장에서 자세히 설명한다.

참고로 2021년 여름 우리나라 국적의 서명기관은 12곳으로 검색된다. 그중 자산운용자가 7곳으로 가장 많고, 서비스제공자가 4곳으로 그다음이며, 자산소유자는 국민연금공단이 유일하게 참여하고 있다.

10. 뒤에서 살펴볼 GSIA의 통계와 비교하기 위해 2020년 자료를 사용하였다. 2021년 여름 홈페이지에서 확인 가능한 서명기관의 수는 4,000곳이 넘는다.

11. PRI는 2015년부터 자산소유자와 자산운용자의 운용자산에서 중복되는 것을 제거해서 자산규모를 발표하고 있다. 자산소유자가 자산운용자에게 투자를 맡길 경우, 양쪽 다 운용자산으로 기록되기 때문이다. 따라서 그 이전에는 일부 중복이 있을 수 있다. 만약 2006년부터 중복을 제거하였다면, 2015년 이후의 성장세가 더욱 가파르게 보였을 것이다.

가끔 방문해서 우리나라 서명기관이 얼마나 증가하는지 관찰해 보면 재미있을 것이다.

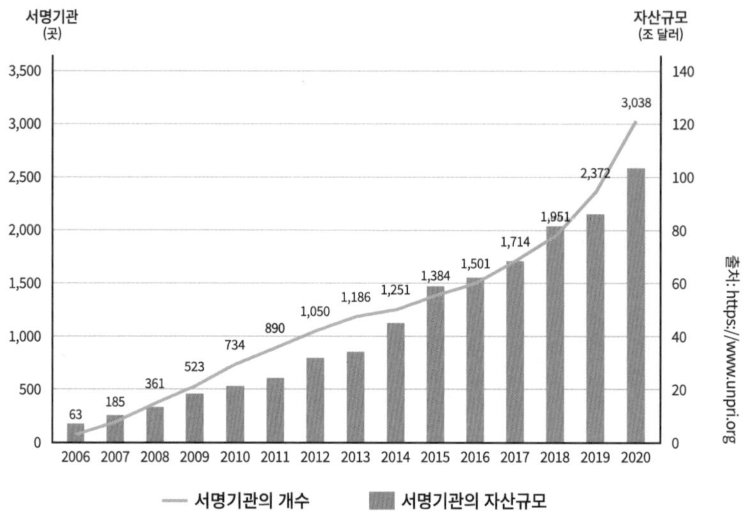

그림 1-1. PRI 서명기관의 개수와 자산규모

GSIA 자산규모

GSIAGlobal Sustainable Investment Alliance는 지역별로 활동하는 투자자 단체의 연합체로서 2014년에 결성되었다. 지역단체로는 미국의 US SIF, 영국의 UKSIF, 유럽의 Eurosif, 캐나다의 RIA, 호주와 뉴질랜드의 RIAA, 일본의 JSIF 등이 참여하고 있는데, 각 단체마다 역사와 규모에 차이가 있다.

US SIF는 미국에서 1984년 SIF라는 이름으로 설립되었다. 설립연도에서 알 수 있듯이, 관련 단체 중에서 역사가 긴 편에 속한다. 2011년 이름을 'The Forum for Sustainable and Responsible Investment'로 바꿨는데, 약자는 여전히 US SIF라고 쓰고 있다. UKSIF는 영국에서 1991년, Eurosif는 유럽에서 2001년에 각각 설립되었다. RIAResponsible Investment Association는 캐나다에서 1990년에 설립된 SIOSocial Investment Organization가 2013년 이름을 바꾼 것이며, 이름이 비슷한 RIAAResponsible Investment Association Australia는 호주와 뉴질랜드를 포괄하는 단체로서 2000년에 EIAEthical Investing Australia라는 이름으로 설립되었다. 아시아의 경우, 일본에서 설립된 SIF-Japan이 2013년 JSIF로 이름을 바꾸어 오늘에 이르고 있다. 일본 외의 국가들도 참여한 ASrIAAssociation for Sustainable & Responsible Investment in Asia가 2001년에 설립되었으나, 2010년 중반 이후 활동을 찾아보기 어렵다.

GSIA는 지역단체로부터 정보를 수집해서 격년으로 『글로벌 지속가능투자 리뷰Global Sustainable Investment Review』라는 보고서를 발간하고 있다. 여기에는 전 세계 ESG투자의 동향이 지역별·전략별·자산군별로 수록되어 있어서 시장규모를 가늠하는 데 큰 도움이 된다. 가장 최근의 보고서는 2020년에 발간되었다. 2020년 통계는 2019년 말~2020년 초를 기준으로 한다. PRI의 통계는 장기간에 걸친 트렌드를 보여 주지만, ESG투자의 자산규모를 정확하게 포착하지 못한다. PRI가 발표하는 자산규모는 서명기관의 전체 운용자산을 집계한 것이기 때문이다. 그와 달리 GSIA의 통계는 ESG투자에 해당하는 것만 집계한다는 장점이 있다. 그 대신 2012년부터 시작되어 시계열time series이 짧고, 격년으로 발표된다는 단점도 있다.

GSIA가 집계한 자산규모는 PRI가 집계한 자산규모의 30~40% 수준이다. 단, PRI의 서명기관과 GSIA의 회원기관이 일치하지 않으므로, 이 숫자가 자본시장의 전체 투자 중에서 ESG투자가 차지하는 비중이라고 말할 수는 없다. GSIA가 집계한 2020년 ESG투자의 자산규모는 35.3조 달러인데, 이는 집계가 시작된 2012년 13.3조 달러에 비해 2.6배 증가한 것이다. 같은 기간 PRI가 집계한 자산규모는 3.2배 증가하였다.

자산규모를 지역별로 나누어 보면 <그림 1-2>와 같다. 2020년 ESG투자가 가장 많이 이뤄진 지역은 미국으로서 자산규모가 17.1조 달러에 달한다. 이는 전 세계 자산규모의 48%에 해당하는 금액이다. 사실 미국은 2018년까지 유럽보다 작은 시장을 형성하고 있었다. 그러나 매년 가파르게 성장해서 2020년 유럽을 처음 앞지른 것이다. 하지만 이 수치에는 맹점이 있다. 지역별로 ESG투자의 기준이 다르기 때문이다. 유럽은 전통적으로 ESG투자가 가장 발달한 지역이며, 관련 규제도 가장 빠르게 강화되는 지역이다. EU는 2018년 EU지속가능금융실행계획EU Sustainable Finance Action Plan을 발표하였고, 이어서 지속가능금융공시규정Sustainable Finance Disclosure Regulation도 제정하였다. 그 과정에서 지속가능금융의 개념과 조건이 강화되었고, 결과적으로 ESG투자의 통계규모가 감소한 것이다. 미국과 유럽 다음으로는 아시아·일본, 캐나다, 호주·뉴질랜드가 뒤를 따르고 있다. 이들 지역 중에서는 아시아·일본의 가파른 성장이 눈에 띈다.

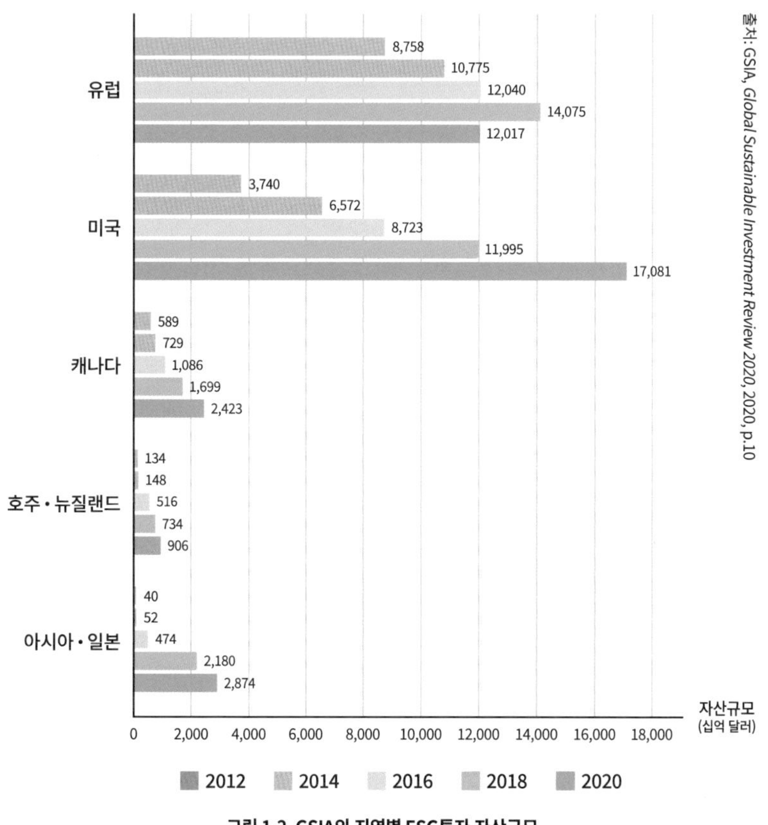

그림 1-2. GSIA의 지역별 ESG투자 자산규모

한 가지 유념할 점은 자산규모가 ESG투자에 얼마나 적극적인가를 나타내는 지표로 충분하지 않다는 사실이다. 자산규모는 그 지역의 경제규모에 비례하기 때문에, 미국이나 유럽과 같은 지역은 ESG투자에 소극적이라도 자산규모는 클 수 있다. 이를 보완하기 위해서는 ESG투자의 자산규모가 전체 자산규모에서 차지하는 비중을 함께 봐야 하는데, 다행히 GSIA는 이 통계 역시 제공하고 있다. GSIA는 모든 지역들의 전체 자산규모를 98.4조 달러로 파악하고 있다. 따라서 ESG투자의 평균적인 비중은 35.9%[12]에 이른다. 이를 지역별로 구분하여 순위를 매겨 보면, 캐나다의 ESG투자 비중이 가장 높고 유럽, 호주·뉴질랜드, 미국, 일본이 그 뒤를 따르고 있다. 캐나다가 시장규모는 작지만, 미국이나 유럽에 비해 ESG투자에 훨씬 적극적인 것이다.

2012년부터 시작되는 GSIA의 통계보다 긴 시계열을 원한다면, 역사가 오래된 지역단체의 홈페이지를 방문하면 된다. 지역단체 대부분이 시장규모 외에도 다양한 정보를 제공하고 있어서 매우 유용하다. 물론 정보의 범위는 해당 지역에 한정된다. 하지만 미국, 유럽 등 단체를 결성한 지 오래된 지역들이 시장규모에서 차지하는 비중도 크기 때문에, 전체적인 추세를 파악하는 데는 부족함이 없다.

US SIF는 격년으로 발간하는 『US 지속가능·임팩트투자 트렌드 보고서Report on US Sustainable and Impact Investing Trends』를 통해 각종 통계와 분석을 제공하고 있다. US SIF의 통계는 1995년부터 집계되고 있어서 시계열 면에서 지역단체 중 가장 길다. 긴 시계열은 다른 통계에서 찾기 힘든 중요한 시사점을 제공한다. 바로 <그림 1-3>에서 보는 바와 같이, ESG투자의 시장규모가 2007년 이후 본격적으로 성장했다는 사실이다. 이는 PRI가 2006년부터 활동을 개시했기 때문인 것으로 보인다. ESG투자의 성장에서 투자자 간 협력이 얼마나 중요한지 확인할 수 있는 대목이다.

12. 공교롭게도 PRI 자산규모 대비 GSIA 자산규모 비율인 34%와 비슷하다.

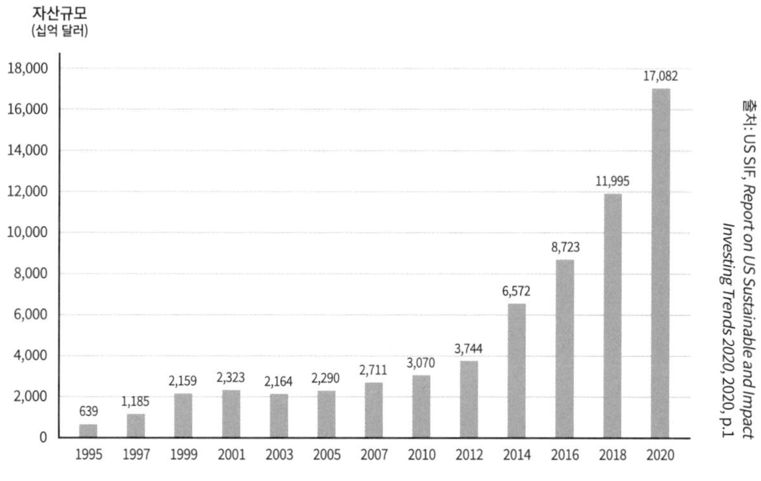

그림 1-3. US SIF의 ESG투자 자산규모

Eurosif도 2003년 유럽 각국의 ESG투자에 관한 보고서[13]를 처음 발간한 이후, 2006년부터 격년으로 『유럽 SRI 연구European SRI Study』라는 보고서를 발간하고 있다. 이 보고서는 ESG투자의 시장규모뿐 아니라 유럽 각국의 ESG투자 동향과 특징에 대한 분석도 담고 있다. 특히 2018년 보고서는 공시기준이 강화되면서 시장규모가 감소한 정황을 자세히 설명하고 있다. 이외에도 RIA, RIAA, JSIF 등 각 지역단체는 해당 지역의 통계를 GSIA가 집계한 것보다 상세하게 발표하고 있다. RIA는 2006년부터, RIAA는 2012년부터, JSIF는 2016년부터 보고서를 발간하였으며, 그 내용을 각 홈페이지에 공개하고 있다.

13. Eurosif, *Socially Responsible Investment among European Institutional Investors*, Paris: Eurosif, 2003.

ESG투자란

What is ESG Investing

지금까지 ESG투자와 관련된 뉴스와 시장규모를 살펴보았다. 이를 통해 비록 최근에 와서 큰 관심을 받고 있지만, ESG투자는 오랜 기간 꾸준히 성장해 온 현상이라는 것을 알 수 있었다. 그리면 좀 더 근본적인 질문을 해 보자. ESG투자란 무엇인가?

ESG투자의 개념을 포착하는 데는 관련 용어의 역사적 흐름을 살펴보는 것이 도움된다. 앞에서 소개한 통계자료를 직접 찾아본 독자라면 이미 눈치챘겠지만, 시장규모를 발표하는 기관마다 ESG투자를 부르는 용어에 차이가 있다. 역사가 오래된 국제단체인 PRI와 GSIA는 각각 책임투자와 지속가능투자라는 용어를 사용하고 있으며, 비교적 최근 결성된 단체들이 ESG투자라는 용어를 사용하는 추세다. 이렇게 같은 현상을 기관마다 다르게 부르는 이유는 각 용어가 오랜 기간에 걸쳐 나름의 배경과 목적으로 하나씩 생겨났기 때문이다.

이들을 모두 포괄하는 별도의 용어는 없다. 간혹 윤리투자Ethical Investing가 그런 목적으로 사용되지만, ESG투자의 초기 형태를 지칭하는 용어로 더 자주 사용된다. 지금부터 시간의 순서에 따라 관련 용어의 개념을 전통적 윤리투자부터 하나씩 살펴보자. 그 마지막에서 지금 우리가 사용하고 있는 ESG투자를 설명할 것이다.

전통적 윤리투자

초기의 윤리투자는 종교단체에 의해 시작되었다. 투자를 하면서 수익보다 종교적 가르침을 더 중시하는 태도에서부터 전통적 윤리투자가 출발한 것이다. 이러한 태도는 신앙기반투자Faith-based Investing, 종교기반투자Religion-based Investing, 신념기반투자Values-based investing[14] 등 다양한 이름으로 불리고 있다.

가장 자주 언급되는 사례는 18세기 미국의 퀘이커Quakers 또는 Religious Society of Friends다. 그들은 신자가 노예거래에 참여하거나, 노예거래와 관련된 상대방과 일하는 것을 금지하였다. 저렴한 노예를 부리는 것이 일반적이었던 당시 상황에서 상당한 수익을 포기하며 종교적 신념을 지킨 것이다. 같은 18세기 영국 감리교Methodist 지도자인 존 웨슬리John Wesley의 설교문 '돈의 사용The Use of Money'도 유명한 사례다. 그는 돈을 벌고 모으고 사용하면서 남에게 해를 끼치지 말라고 가르쳤다.

신앙기반투자의 전통은 개신교에만 있는 것이 아니다. 천주교, 이슬

14. 신념기반투자(Values-based Investing)를 가치기반투자(Value-based Investing)와 혼동해서는 안 된다. 가치기반투자는 투자자산의 내재가치에 주목하는 재무적 투자를 말한다.

람교, 유대교, 힌두교 등 종교 대부분은 각자의 가치체계가 있기 때문에, 투자에 대한 행동규범도 가지고 있다. 이 중 술, 담배, 돼지고기 등과 연관된 투자를 금지하는 이슬람교의 샤리아투자Sharia-compliant investing는 아주 유명하다. 특히 이자 수취를 금지하는 이슬람교의 가르침은 채권거래에 실물자산을 개입해 임대차와 유사하게 구조화한 수쿡Sukuk 또는 이슬람채권을 탄생시키기도 하였다. 이슬람교의 사례는 개신교보다 훨씬 역사가 길다.

신앙기반투자는 비록 수익에 도움이 되더라도 종교적 신념에 위배되면 투자하지 않는 배제전략을 취한다. 손해를 감수하는 이러한 태도는 윤리투자라는 용어의 사전적 의미에도 잘 부합한다. 한 가지 유념할 점은 신앙기반투자가 과거의 유물만은 아니라는 사실이다. 신앙기반투자는 종교단체가 아닌 그 어떤 개인이나 기관도 할 수 있으며, 실제로 현재까지 자본시장에서 적지 않은 비중을 차지하고 있다. 따라서 신앙기반투자를 손쉽게 할 수 있도록 도와주는 뮤추얼펀드, ETF 및 벤치마크지수도 각 종교별로 다양하게 개발되어 있다. 관심이 있는 독자는 구글에서 'Christian ETF', 'Islamic ETF', 'Sukuk' 등의 키워드를 검색해 보라.

신앙기반투자와 비슷한 의미로 미션투자Mission Investing 또는 미션기반투자Mission-based Investing가 자주 언급되는데, 이 둘은 유사하지만 서로 다른 개념이다. 미션투자의 '미션'이 반드시 종교적일 필요는 없기 때문이다. 미션투자란 "어떤 목적으로 만들어진 주체가 자신의 목적을 실현하기 위해 행하는 투자"라고 정의할 수 있다. 여기서 목적이란 개인의 수익이 아닌 사회적 가치를 의미한다.

미션투자는 제2차 세계대전 이후 1960년대 시민사회의 성숙과 함께 발달하였다. 미션투자의 주된 주체는 자선단체, 환경단체와 같은 비영리단체였다. 이들은 빈곤, 주거, 교육, 환경 등 자신이 주목하는 문제에 대한 해결을 추구하는 사업이나 기업에 투자함으로써 사회적 가치를 추구하였다. 물론 그 과정에서 신앙기반투자와 마찬가지로 수익을 어느 정도 포기할 수밖에 없었다. 사실 미션투자와 신앙기반투자의 경계는 그리 선명하지 않다. 미션투자를 하는 비영리단체 중 상당수가 종교재단에 의해 설립된 것이기 때문이다. 하지만 투자의 태도면에서 둘 사이에는 분명한 차이가 있다. 신앙기반투자가 종교적 신념에 위배되는 투자를 배제하는 태도를 취하는 반면, 미션투자는 사회적 가치를 실현하는 투자를 적극적으로 찾아 나선다.

미션투자와 함께 자주 거론되는 것이 임팩트투자Impact Investing다. 심지어 적지 않은 문헌이 임팩트투자를 미션투자와 동일한 것으로 소개하고 있다. 그러나 투자의 주체 면에서 임팩트투자는 미션투자와 구별된다. 임팩트투자와 관련된 국제단체인 GIIN은 임팩트투자를 재무적 수익뿐 아니라 사회적·환경적 영향을 함께 발생시키고자 하는 의도로 행하는 투자라고 정의하고 있다. 주식에 투자하면서 주가의 상승이나 배당의 지급 못지않게 그 기업이 사회에 미치는 긍정적 영향을 중시하는 것이 대표적인 사례다. 이러한 정의는 미션투자와 매우 유사하지만, 임팩트투자의 경우 투자자가 반드시 사회적 가치를 목적으로 만들어진 주체일 필요는 없다는 점에서 차이가 있다. 따라서 임팩트투자는 비영리재단뿐 아니라 모든 투자자가 할 수 있다. 거대한 자산소유자와 자산운용자에서부터 이 책을 읽는 당신까지도 말이다.

지향하는 바의 유사성 때문에 임팩트투자를 신앙기반투자, 미션투자와 함께 전통적 윤리투자로 분류했지만, 사실 이 용어의 역사는 그리 길지 않다. 임팩트투자는 자선사업에 대한 역사가 오랜 록펠러재단에서 2007년에 처음 사용하였다. 한편 임팩트투자는 ESG투자의 역사적 유형이 아닌 투자전략으로도 자주 언급된다. ESG투자의 전략에 대해서는 3장에서 자세히 설명한다.

책임투자와 지속가능투자

ESG투자의 개념은 책임투자와 지속가능투자라는 이름으로 예전부터 정립되고 있었다. 책임투자는 사회문제와 관련해서, 지속가능투자는 환경문제와 관련해서 사용되기 시작했는데, 시대의 흐름에 따라 환경, 사회, 지배구조 세 가지 이슈를 모두 포괄하는 개념으로 확장되었다. 아직도 ESG투자만큼 빈번하게 사용되고 있는 두 용어의 역사를 하나씩 살펴보자.

사회책임투자SRI: Socially Responsible Investing는 19세기부터 강조되기 시작한 기업의 사회적 책임CSR: Corporate Social Responsibility이나 기업시민

Corporate Citizenship과 같은 개념에 기원을 두고 있다. 따라서 사회책임투자를 간단히 정의하면, CSR에 충실한 기업에 투자하는 것이라고 할 수 있다.

CSR의 개념은 사회학자 앨비언 스몰Albion W. Small의 1895년 논문 '사적 기업은 공익신탁이다'[15]에서 처음으로 심도 있게 다뤄졌고, CSR이라는 용어는 경제학자 하워드 보웬Howard Bowen의 1953년 저서 『기업가의 사회적 책임』[16]에서 처음 사용된 것으로 알려져 있다. 이 때문에 현대적인 CSR의 시작을 1953년이라고 보는 사람도 있다. 실제로 카네기, 록펠러, 포드 등 미국의 거대 재벌들이 기업의 이미지를 제고하기 위해 사회적 가치를 지향하는 자선활동을 본격적으로 시작한 것도 20세기 초반의 일이다.

CSR에 대해 찬반논쟁이 없었던 것은 아니다. 1960년대 시민운동의 성장과 함께 팽배해진 CSR에 대해, 1970년대 들어 반론이 제기된 것이다. 주인공은 경제학자 밀턴 프리드먼Milton Friedman이었다. 그는 1970년 「뉴욕타임스」에 올린 기고문을 통해 "기업의 사회적 책임은 이익을 극대화하는 것"이라고 주장하였다. 이 주장에는 '기업이 주주의 이익을 위해 최선을 다하면, 자원배분이 최적화되어 결과적으로 사회적 후생이 극대화된다'는 사고방식이 깔려 있다. 만약 그렇다면 기업에 CSR을 요구하는 것이 오히려 사회적 후생에 해가 될 수도 있

15. Albion W. Small, "Private Business is a Public Trust," *American Journal of Sociology* 1(3), Nov. 1895, pp.276~289.
16. Howard R. Bowen, *Social Responsibilities of the Businessman*, New York: Harper, 1953.

는 것이다. 그의 주장 이후 기업의 본질에 대한 근본적 고찰이 심도 있게 이루어졌다. 기업은 주주의 이익을 극대화해야 한다는 주주자본주의Shareholder Capitalism와 기업은 주주뿐 아니라 종업원, 협력업체, 지역사회 등 이해관계자를 폭넓게 배려해야 한다는 이해관계자자본주의Stakeholder Capitalism의 대립이 그것이다. 당시에는 전자가 더 큰 호응을 얻었고, 1980년대에 들어 자본주의는 신지유주의 시대를 맞게 되었다. 그러나 최근에 와서 우리가 모두 보고 있듯이, ESG라는 이름으로 CSR이 다시 부상하고 있다.

사회책임투자의 초기 사례로는 1950~60년대 미국의 노조들이 자주 거론된다. 전기노조International Brotherhood of Electrical Workers가 운용자금을 주택건설에 투자한 건, 광산노조United Mine Workers of America가 운용자금을 의료시설에 투자한 건 등이 그 사례다. 재무적 수익보다는 노동자의 복지를 지향한 투자였기 때문이다. 가장 유명한 사례는 1970년대 미국 투자자들이 남아프리카공화국의 인종차별정책인 아파르트헤이트Apartheid에 반대하며 투자를 회수한 사건이다. 당시 남아프리카공화국에는 백인과 흑인을 차별하는 제도가 공식적으로 존재하였다. 그리고 다수의 미국 기업이 남아프리카공화국에서 사업을 영위하며 이러한 인종차별 관행을 따르고 있었다. 1962년 UN이 이에 반대하는 결의문을 채택했으나, 큰 변화가 없었다. 그러자 미국의 흑인 노동운동가였던 레온 설리번Leon H. Sullivan 목사가 1977년 인종차별에 반대하는 설리번원칙Sullivan Principles을 발표하고, 기업들을 압박하기 시작하였다. 가장 먼저 호응한 것은 학생단체였고, 그 결과 1980년대에 들어 대학기금부터 남아프리카공화국 및 관련 기업에서 투자를 회수하기 시작하였다. 이는 다수의 기관투자자로 번졌고, 결국 남아프리카공화국이 아파르트헤이트를 폐지하는 데 이바지하였다. 인종차별에 주목했던 설리번원칙은 1999년 설리번 목사와 코피 아난Kofi Annan UN 사무총장에 의해 인권과 사회정의를 포괄하는 형태로 다시 발표되었다. 지금은 원래의 원칙을 오리지널 설리번원칙Original Sullivan Principle, 새 원칙을 글로벌 설리번원칙Global Sullivan Principle이라고 부른다.

아파르트헤이트 사례에서 보는 바와 같이, 사회책임투자는 CSR에 위배되는 기업에 투자하지 않거나 이미 집행된 투자를 회수하는 방법을 주로 사용하였다. 여기에는 술, 담배, 마약, 무기 등과 관계된 기업의 주식인 소위 죄악주도 포함되어 있어서 신앙기반투자와 상당 부분 겹친다. 하지만 최근 사회책임투자는 적극적으로 CSR이 우수한 기업을 발굴하는 전략을 구사하고 있다. 이것이 발전해서 좀 더 포괄적인 개념인 책임투자가 되었다.

책임투자Responsible Investing는 사회책임투자에서 '사회'를 뺀 용어다. 그래서 사회뿐 아니라 환경과 지배구조를 두루 고려하는 투자로 의미를 확대하기 위해 간단히 만든 것처럼 보인다. 하지만 책임투자에는 ESG를 고려하는 투자라는 추상적인 개념 이상의 의미가 있다. 책임투자원칙이라는 구체적 내용과 그것을 준수하겠다는 서약의 형식을 갖춘 최초의 규범으로부터 유래한 용어이기 때문이다.

책임투자라는 용어는 PRI가 2006년 뉴욕증권거래소에서 책임투자원칙을 발표하면서 널리 쓰이게 되었다. 책임투자원칙은 2005년 UN이 글로벌 금융기관들에 이러한 원칙의 제정을 요청하면서부터 준비된 것이다. 책임투자원칙은 기관투자자가 고객의 장기적인 이익을 위해 ESG를 고려해야 한다는 것을 주요 골자로 한다. 여기서 중요한 것은 ESG를 고려하는 행동방침을 여섯 가지 원칙의 형태로 제시하고 있다는 사실이다. 그 내용은 다음과 같다.

> 기관투자자로서, 우리는 수익자에게 최선의 장기적 이익을 제공하기 위해 행동할 의무를 진다. 이러한 수탁자 역할 속에서 우리는 환경, 사회, 지배구조 즉 ESG이슈가 (기업, 섹터, 지역, 자산군, 시긴 등 다양한 수순에서) 투자포트폴리오의 성과에 영향을 미친다고 믿는다. 우리는 이 원칙을 적용함으로써 투자자를 더 폭넓은 사회목표와 조화시킬 수 있음을 알고 있다. 따라서 신인의무에 부합하도록 우리는 아래 원칙을 지킨다.
>
> 1. 우리는 투자분석과 의사결정의 과정에 ESG이슈를 통합한다.
> 2. 우리는 능동적 소유자로서 소유권행사 정책의 수립과 실행에 ESG이슈를 통합한다.
> 3. 우리는 투자대상 기업이 ESG이슈에 대해 적절한 공시를 하도록 독려한다.
> 4. 우리는 투자산업에서 책임투자원칙이 수용 및 적용되도록 노력한다.
> 5. 우리는 책임투자원칙 적용의 효과를 증대시키기 위해 협력한다.
> 6. 우리는 책임투자원칙의 적용을 향한 활동과 과정을 각자 보고한다.

책임투자원칙에 근거해서 PRI는 책임투자를 다음과 같이 정의하고 있다. "책임투자란 ESG요소를 투자의사결정과 능동적 소유권행사에 통합하는 전략 및 실행이다."[17] 아울러 지속가능투자, 윤리투자, 임팩트투자 등 유사한 용어들이 많지만, 이들이 윤리적 목적을 우선시하는 반면 책임투자는 재무적 성과를 유일한 목적으로 하는 투자자도 추구할 수 있고, 또 추구해야 한다는 점에서 차이가 있다고 강조한다. 이러한 태도는 이전의 용어들과 두 가지 차별점이 있다. 첫째, 재무적 성과를 양보하지 않기 때문에 책임투자의 주체가 수익을 추구하는 자본시장의 모든 투자자로 확대될 수 있다. 둘째, 이는 책임투자가 장기적으로 투자자에게 이익이라는 믿음에 근거하므로, 책임투자를 추구하는 것이 기관투자자의 신인의무를 다하는 것이 된다. 거꾸로 책임투자를 외면하는 것은 신인의무를 져버리는 것이 된다.

지속가능투자Sustainable Investing는 지속가능발전 또는 지속가능개발Sustainable Development이라는 개념에서 유래하였다. 지속가능발전은 1987년에 발간된 '브룬틀란보고서Brundtland Report'[18]에서 처음 정의되었는데, 이 보고서는 UN이 주도해서 설립한 환경기구인 브룬틀란위원회Brundtland Commission에 의해 작성된 것이다. 브룬틀란보고서는 지속가능발전을 "미래 세대가 그들의 필요를 충족하는 것을 해치지 않으면서 현재 세대의 필요를 충족하는 것"[19]이라고 정의하였다. 이후 이 개념은 모든 환경 관련 활동을 관통하는 중심적인 정신이 된다. 어원에서 알 수 있듯이, 지속가능투자는 환경문제와 주로 연관된다. 그러나 지속가능성에 대한 국제사회의 논의가 UN의 지속가능발전

17. "Responsible investment is a strategy and practice to incorporate environmental, social and governance factors in investment decisions and active ownership."
18. 정식 제목은 『Our Common Future』이다.
19. "Meeting the needs of the present without compromising the ability of future generations to meet their own needs."

목표SDGs: Sustainable Development Goals에서 확인되는 바와 같이 사회문제까지 포괄하는 쪽으로 확장하면서, 지속가능투자의 개념도 함께 확장하였다. 참고로 SDGs는 UN이 2015년 채택한 17개 목표로서, 여기에는 환경목표뿐 아니라 빈곤극복, 기아퇴치, 양성평등, 교육확대, 경제성장 등 다수의 사회목표도 포함되어 있다. SDGs에 대해서는 2장에서 자세히 설명한다.

현재 지속가능투자는 ESG를 고려하는 투자라는 의미로 널리 사용되고 있다. GSIA는 격년으로 발간하는 보고서에서 지속가능투자의 개념에 대해 다음과 같이 언급하고 있다. "지속가능투자는 포트폴리오를 구성하고 관리하는 데 있어서 환경·사회·지배구조ESG 요소를 고려하는 접근방법을 말한다. 이 보고서의 목적과 폭넓고 명확한 협력을 위해 GSIA는 지속가능투자를 책임투자, 사회책임투자 등 이와 유사한 다른 용어들과 구별하지 않고 포용적으로 정의한다."

최근의 ESG투자

ESG투자라는 용어는 최근 자본시장에서 책임투자나 지속가능투자를 대체하며 점차 널리 사용되고 있다. 사실 정의만 보자면 세 용어 간에는 큰 차이가 없다. 그런데도 자본시장이 오랜 기원과 권위가 있는 책임투자나 지속가능투자 대신에 ESG투자라는 새로운 용어를 굳이 사용하는 이유가 무엇일까?

지금까지 내가 읽어 본 범위 내에서, 투자와 관련해서 'ESG'라는 세

글자의 수식어를 처음 사용한 것은 UNGC의 2004년 보고서인 『배려하는 자가 승리한다: 변화하는 세상에 금융시장을 연결하다』[20]이다. 이 보고서는 기업의 경영을 변화시키기 위해 기관투자자가 나서줄 것을 촉구했는데, 환경·사회·지배구조를 묶어서 ESG라고 부르고 ESG요소, ESG이슈, ESG성능, ESG위험 등 여러 표현을 사용하였다. 하지만 정작 ESG투자라는 용어는 이 보고서에서 발견되지 않는다.

ESG투자는 이듬해 스위스 취리히에서 열린 콘퍼런스에서 UNGC가 발표한 자료 『장기적 가치를 위한 투자』[21]에서 처음 발견된다. 하지만 2004년 보고서를 발전시킨 이 자료에서도 ESG투자는 거창하게 정의되지 않았다. 딱히 설명하지 않아도 누구나 그 뜻을 알 수 있기 때문이었을 것이다. 게다가 ESG투자를 자주 언급한 것도 아니었다. 마치 애덤 스미스Adam Smith의 『국부론』에 그 유명한 '보이지 않는 손'이라는 표현이 딱 한 번 평범한 문장 속에 등장하는 것처럼, 이 보고서에도 ESG투자라는 용어가 그저 두 번 등장한다.

같은 해인 2005년 UNGC는 UNEP FI와 함께 PRI를 결성한다. 그리고 앞에서 언급했듯이, 이듬해인 2006년 책임투자원칙을 발표한다. 이로써 ESG투자가 아닌 책임투자라는 용어가 국제사회에서 공식적으로 힘을 얻게 된다. 그리고 십수 년이 지난 지금, 오랜 기간 묻혀 있던 ESG투자라는 용어가 기관투자자 사이에서 다시금 사용되기 시작

20. UNGC, *Who Cares Wins: Connecting Financial Markets to a Changing World*, 2004.
21. UNGC, *Investing for Long-Term Value: Integrating environmental, social and governance value drivers in asset management and financial research*, 2005.

한 것이다.

OECD는 ESG투자를 "지속가능하고 장기적인 투자이익을 위해 자산배분과 위험판단에 환경, 사회, 지배구조 요소를 통합하는 접근방법"[22]이라고 정의하고 있다. 이는 PRI의 책임투자, GSIA의 지속가능투자와 별반 다를 것이 없다. 그런데도 기관투자자가 ESG투자라는 용어를 사용하는 이유는 다음의 두 가지로 추측할 수 있다. 첫째, 비록 개념이 확장되기는 했지만 책임투자는 사회문제, 지속가능투자는 환경문제에 주목한다는 느낌을 준다. 그에 비해 ESG투자는 그것이 고려하는 세 가지 요소를 명확하게 표현하고 있어서 의미가 직관적으로 잘 전달된다. 둘째, 책임투자나 지속가능투자는 그 기원에서 환경적·사회적 가치를 위해 어느 정도 수익을 양보할 수 있다는 느낌을 준다. 그에 비해 ESG투자는 냉정하고 노골적으로 재무적 이익을 추구하는 태도를 취한다. 따라서 고객의 자금을 대신 운용하는 기관투자자에게 거부감이 적다.

하지만 이는 느낌의 차이일 뿐 세 용어는 같은 의미로 사용되고 있다. 다만, 시대의 흐름에 따라 더 적절한 용어가 만들어지고 유행하는 과정에 있다고 보는 것이 옳다. 실제로 검색을 하다 보면 지속가능책임투자, 지속가능임팩트투자 등의 복합어도 어렵지 않게 만날 수 있다. 얼마간 시간이 지난 후 내가 이 책의 속편을 다시 쓴다면, ESG투자 대

22. "An approach that seeks to incorporate environmental, social and governance factors into asset allocation and risk decisions, so as to generate sustainable, long-term financial returns."

신 다른 용어를 사용하게 될지도 모르는 일이다.

지금까지 설명한 용어들의 개념을 환경적·사회적 가치와 재무적 수익의 평면에 나타내면 <그림 1-4>와 같다. 이 평면에서 우측에 위치할수록 환경적·사회적 가치를 크게 달성하는 것이며, 상단에 위치할수록 재무적 수익을 높게 달성하는 것이다. 따라서 우측 상단에 자리를 잡는 것이 모든 투자자의 꿈이다.

전통적인 재무투자는 환경적·사회적 가치에 관심이 없기 때문에 가로축의 값이 0인 좌측에 위치하며, 세로축으로는 시장수익률 정도의 높이를 띤다. 반면 전통적 윤리투자에 해당하는 신앙기반투자, 미션투자, 임팩트투자는 환경적·사회적 가치를 크게 달성하는 대신에 재무적 수익 면에서는 어느 정도 손해를 감수한다. 특히 배제전략을 사용하는 전통적 윤리투자는 그에 비해 환경적·사회적 가치도, 재무적 수익도 낮은 위치에 있다. 특정한 자산을 투자대상에서 제외하는 것만으로는 두 가지 측면 모두에서 높은 효과를 기대하기 어렵기 때문이다. 반면 ESG투자, 책임투자, 지속가능투자는 환경적·사회적 가치를 추구하되 시장수익률만큼의 재무적 수익도 포기하지 않는다. 따라서 그래프의 중앙 상단에 위치한다. 물론 실제로 이런 성과를 달성하고 있는지는 따로 확인해 볼 문제다.

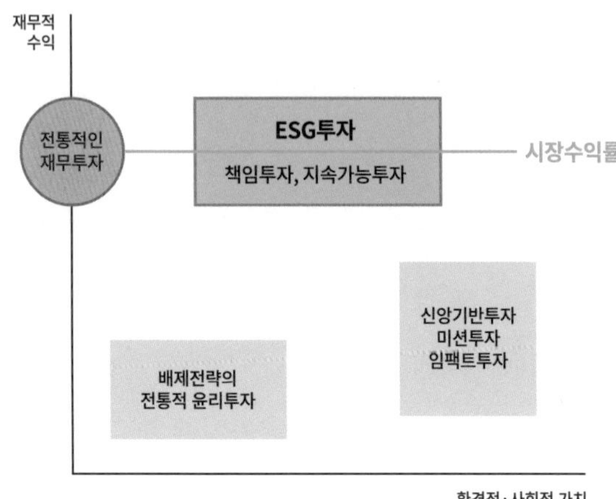

그림 1-4. 전통적인 재무투자와 ESG투자 비교

ESG문제, ESG경영, ESG투자

최근 ESG라는 용어를 어디서나 만날 수 있다. 그런데 ESG는 '투자'만을 수식하지 않는다. ESG문제, ESG경영 등에서 볼 수 있듯이 다양한 단어를 수식한다. 한 가지 유념할 점은 수식의 대상이 되는 단어에 따라 ESG를 고려하는 주체와 방법에 조금씩 차이가 있다는 사실이다. 따라서 ESG라는 용어를 사용할 때 이런 차이를 인지하는 것이 좋다. 환경, 사회, 지배구조라는 세 가지 고려대상을 부를 때 ESG요소ESG Factors라고 한다. ESG요소는 가볍고 무거움, 좋고 나쁨 등의 가치를 품지 않은 중립적인 용어다. 세 가지 요소가 우리 삶에 미치는 영향이 크다는 사실을 강조하거나, 세 가지 요소를 구성하는 구체적인 항목들 예컨대 기후변화, 양성평등, 주주행동 등을 부각하고 싶을 때는 ESG이슈ESG Issues라고 한다. ESG이슈는 ESG요소에 비해 좀 더 긴장

감 있는 용어다. 그런데, ESG이슈는 대부분 우리를 괴롭히는 해결해야 할 숙제다. 이러한 점을 강조하고 싶을 때는 ESG문제ESG Problems라고 한다. ESG문제는 우리 모두의 문제이기 때문에 정부나 국제기구의 관심사가 된다. 따라서 ESG문제를 일으키는 기업이나, 그러한 기업에 투자하는 투자자를 규제한다.

ESG경영ESG Management이란 기업의 활동이 환경, 사회, 지배구조에 미치는 영향을 고려하는 경영방법이다. ESG경영은 CSR경영에 뿌리를 두고 있으며, 경제 내에서 생산을 담당하는 기업이 할 일이다. 사회책임투자를 설명하면서 언급하였듯이 CSR은 19세기부터 강조되기 시작하였고, 20세기 중반에 실천적으로도 정립되었다. 초기에는 기업의 업종과 무관하게 자선을 베푸는 형태로 시작되었으나, 현대적 의미의 ESG경영은 한층 고도화된 모습을 보이고 있다. 환경문제와 관련해서 기업은 생산활동의 과정에서 사용하는 자원이나 배출하는 폐기물을 잘 관리해야 한다. 또한 종업원의 인권, 근로조건, 양성평등 및 고객이나 지역사회와 관련해서 발생할 수 있는 사회문제도 잘 관리해야 한다. 그리고 무엇보다 이러한 의사결정이 합리적으로 이뤄질 수 있도록 지배구조를 확립하고 그 활동을 투명하게 공개해야 한다. 따라서 기업이 ESG경영을 잘하기 위해서는 자신과 관계된 ESG문제를 이해하고, 정부의 정책이나 고객의 요구를 민감하게 파악할 필요가 있다. ESG경영과 유사한 개념으로는 지속가능경영Sustainable Management, 사회책임경영Socially Responsible Management, 공유가치창출

CSV: Creating Shared Value 등이 있다.

ESG투자는 ESG경영을 잘하는 기업이나 실물자산을 선별해서 포트폴리오를 구축하고 관리하는 것을 말한다. 따라서 ESG투자는 ESG경영과, ESG경영은 ESG문제와 직접 연결되어 있다. 한 가지 유념할 점은 ESG투자를 잘하기 위해서 자본시장의 투자자가 알아야 하는 것이 ESG문제나 ESG경영 자체가 아니라는 사실이다. 물론 관련된 지식과 경험이 있다면 없는 것보다 낫겠지만, 그 모든 것을 알 수 없을뿐더러 그것만으로 충분하지도 않다. 투자자가 알아야 하는 것은 ESG경영을 잘하는 기업이나 실물자산을 선별하는 방법이다.

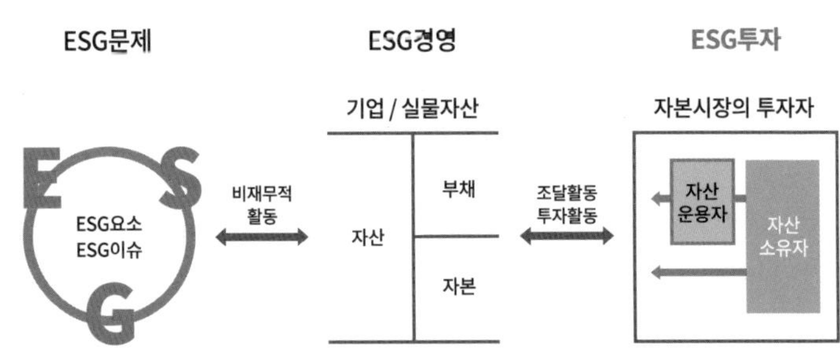

그림 1-5. ESG문제, ESG경영, ESG투자

채권시장의 투자자를 생각하면 쉽게 이해할 수 있다. 그 어떤 유능한 채권투자자도 기업의 신용을 직접 평가하지 않는다. 그보다는 전문적인 채권평가기관이 어디이고, 시시각각 변하는 그들의 평가결과를 어떻게 해석할지를 고민한다. ESG투자에 있어서도 마찬가지다. 기업이나 실물자산의 ESG경영에 대한 정보를 제공하는 기관이 어디이고, 그들 간의 장단점이 무엇이며, 그들의 평가결과를 어떻게 해석할지 알아내는 것이 투자자가 풀어야 할 숙제다. 유감스러운 것은 이러한 인프라가 아직 신용평가와 같은 분야에 비해 성숙하지 않았다는 사실이다. 따라서 ESG투자를 원하는 투자자는 복잡하게 발전하고 있는 ESG투자 관련 서비스의 생태계를 예의주시할 필요가 있다. 이에 대해서는 4장에서 자세히 설명한다.

02

ESG문제와 국제사회의 대응

ESG문제는 세상의 모든 문제

지구의 미래와 환경문제

인류의 미래와 사회문제

기업의 미래와 지배구조문제

ESG문제는 세상의 모든 문제

No Problem without ESG Issues

ESG문제란

모든 이야기의 출발점인 ESG문제로 돌아가 보자. ESG문제란 말 그대로 환경, 사회, 지배구조와 관련해서 우리를 괴롭히는 문제들을 말한다. 그런데, 인간이 자연과 상호작용하면서 발생하는 환경문제, 인간과 인간이 모여 살면서 발생하는 사회문제, 인간이 조직을 갖추면서 발생하는 지배구조문제 외에 우리가 더 고민할 것이 있을까? 존재의 의미, 아름다움의 본질과 같은 철학적인 문제를 제외하고 말이다. ESG문제를 너무 확장하다 보면 결국 세상의 모든 문제가 되고, ESG투자 역시 세상의 모든 것을 고려하는 투자가 되고 만다. 따라서 ESG투자가 전략적으로 의미 있기 위해서는 ESG문제부터 잘 특정해야 한다.

앞에서 ESG문제, ESG경영, ESG투자의 관계를 설명한 바 있다. ESG문제의 해결을 위해서는 기업이 ESG경영을 잘해야 하고, 그것을 촉진하는 데 ESG투자가 이바지할 수 있다는 것이 핵심적인 내용이었다. 그런데, 왜 하필 기업인가? ESG문제를 일으키는 주체는 정부, 소비자 등 다양할 텐데, 왜 ESG정치나 ESG소비는 부각하지 않고 ESG경영만 외치는 걸까? 바로 기업이 주범이라고 생각하기 때문이다. 이것은 기업만이 부도덕하다는 의미가 아니다. 자본주의라는 시스템에서는 생산을 담당하는 기업이 ESG문제의 발생지점이기 쉽고, 해결을 위한 실마리라도 그곳에 있을 가능성이 높다는 의미다. 따라서 ESG문제를 특정할 때 자본주의의 발전과 기업의 활동에 주목할 필요가 있다.

한 가지 더 신경 쓸 것이 있다. ESG문제를 해결하기 위한 국제사회의 노력이 어떤 이슈로 집중되는가 하는 것이다. 이것은 단지 트렌드를 파악하자는 말이 아니다. ESG문제는 아무리 특정해도 방대할 뿐 아니라 문제마다 심각성이 다르다. 또한, 문제가 확인되더라도 그것을 해결할 뾰족한 방법이 없을 수도 있다. 결과적으로 ESG문제에 대한 국제사회의 대응은 심각하면서도 해결책이 보이는 몇 가지 이슈로 집중될 수밖에 없으며, ESG투자의 성과도 그로부터 크게 영향받을 수밖에 없다. 자본시장의 투자자가 ESG문제에 아주 해박할 수는 없어도, 가장 주목받는 ESG이슈 정도는 알아야 하는 이유가 여기에 있다.

지금부터 자본주의의 성장과 함께 ESG문제가 어떻게 정의되어 왔는지, 국제사회는 지금 어떤 ESG이슈에 주목하고 있는지 ESG투자에 꼭 필요한 만큼만 간단히 살펴보자. 그러고 나서 환경, 사회, 지배구조문제 각각에 대해 국제사회가 대응해 온 역사도 시간의 순서에 따라 짚어 보자. ESG문제를 잘 아는 것이 ESG투자의 성공을 보장하지는 않는다. 하지만 ESG투자를 하다 보면 ESG문제와 관련된 많은 단체, 선언, 원칙, 협약 등을 만나게 되는데, 이들의 이름에만 익숙해도 일이 한결 수월해진다.

환경문제

환경문제Environmental Problems란 인간에 의해 발생하는 지구시스템의 급격한 변화를 말한다. 환경오염, 생태계파괴, 기후변화, 자원고갈 등이 대표적인 사례다. 예전에는 대기, 수질, 토양, 해양 등의 오염이나 폐기물과 같이 눈에 잘 보이는 현상에 국한했지만, 지금은 생물다양성 감소나 지구온난화와 같이 느리고 거대한 현상, 화석연료의 고갈과 같은 경제적 현상까지 아우르는 큰 개념이 되었다. 지구시스템의 급격한 변화는 그것에 적응해 있는 생명체에게 부정적인 영향을 미친다. 물론 인간도 예외가 아니다.

인간이 지금처럼 환경에 큰 변화를 초래하지 못하던 시절에는 문제가 심각하지 않았다. 고대 로마나 중세 런던에서 난방용 석탄Sea Coal의 사용을 금지할 정도로 대기오염이 심각했다는 기록이 남아 있기는 하지만, 그것은 많은 사람이 모여 있는 좁은 도시에서 한 번씩 발생하는 문제였다. 그러나 제임스 와트James Watt가 증기기관을 상용화한 18세기에 접어들면서 상황이 달라졌다. 화석연료에 기반한 산업혁명과 그것을 뒷받침한 자유방임적 자본주의가 인간의 생산능력과 함께 오염능력도 엄청나게 증가시켰기 때문이다. 처음에는 얻는 것이 잃는 것보다 많았다. 하지만 누적된 오염의 피해가 견디기 어려운 수준으로 커지는 데는 그리 오래 걸리지 않았다. 1952년 12월, 런던을 며칠 동안 뒤덮으며 수천 명의 목숨을 앗아간 스모그Great Smog가 대표적인 사례다.

20세기 중반은 환경문제에 대한 국제적 관심이 증폭된 시기였다. 여기에는 1962년 생물학자 레이첼 카슨Rachel Carson이 쓴 책『침묵의 봄Silent Spring』이 큰 역할을 하였다. 그녀는 이 책에서 당시 널리 사용되던 DDT라는 농약이 어떻게 생태계를 파괴하는지 고발하였다. 이 책은 충격적인 내용뿐 아니라 출판의 과정에서 그녀가 겪은 기업과의 갈등으로도 화제가 되었다. 고조된 분위기는 시민운동으로 이어졌다. 1969년 미국 캘리포니아에서 벌어진 기름유출사고와 이어진 1970년 대규모 시위가 중요한 계기가 되었다. 이 시위를 기념해서 4월 22일이 지구의 날로 지정됐고, 지금도 큰 행사로 이어지고 있다.

환경문제는 다양한 형태로 발생한다. 그중에서 최근 가장 주목받는 이슈는 기후변화Climate Change다. 태풍, 폭우, 이상기온, 해수면상승 등 여러 기후변화의 중심에는 지구온난화가 자리 잡고 있으며, 그 원인은 탄소를 중심으로 한 온실가스인 것으로 알려져 있다. 따라서 국제사회의 대응도 탄소배출량 감축으로 모아지고 있다. 앞에서 ESG문제에 대한 관심이 심각하면서도 해결책이 보이는 이슈로 집중된다고 했는데, 기후변화가 이러한 조건을 갖추고 있는 것이다.

국제사회가 이렇게 할 일을 찾아가는 데는 과학이 큰 역할을 하였다. 스크립스해양학연구소Scripps Institution of Oceanography의 찰스 킬링Charles D. Keeling이 수십 년 전부터 진행해 온 대기에 관한 연구가 그것이다. 킬링은 1958년부터 하와이 마우나로아산Mauna Loa 정상에서 대기 중의 이산화탄소량을 측정하였다. 그 결과 오랜 기간에 걸쳐 이산화탄소의 밀도가 증가하고 있으며, 이것이 대기온도의 상승과 무관하지 않다는 점을 발견하였다. 그의 관측결과를 나타내는 그래프는 킬링곡선Keeling Curve이라고 불리고 있으며, 지금도 그의 아들 랄프 킬링Ralph Keeling에 의해 매일 업데이트되고 있다. 그래프는 누구나 홈페이지에서 확인할 수 있다.[23] 이후 IPCC의 2001년 배출시나리오에 관한 보고서와 미국 전 부통령 앨 고어Al Gore가 출연한 2006년 다큐멘터리 '불편한 진실An Inconvenient Truth'로 인해 기후변화는 더 큰 관심을 받게 되었다.

기후변화가 환경문제의 중심이슈가 된 것은 세 가지 실천적 의미를 가진다. 첫째, 기후변화는 국지적이지 않아서 세계 모든 국가에 예외 없이 적용된다. 이는 곧 세계 모든 기업에도 적용될 수 있다는 것을 의미한다. 둘째, 기후변화에 대해서는 과학적 연구가 상당히 이뤄졌으며, 특히 온실가스와의 연관성이 입증되어 있다. 이는 인간의 산업활동을 규제해서 문제를 해결할 가능성이 있다는 것을 의미한다. 셋째,

23. https://keelingcurve.ucsd.edu

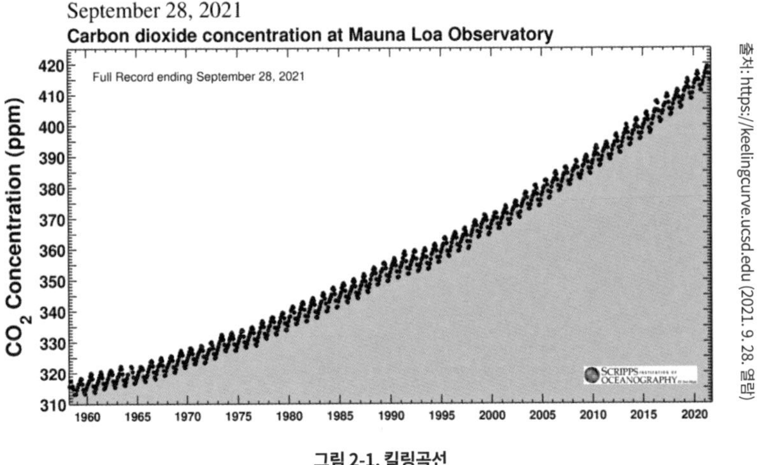

출처: https://keelingcurve.ucsd.edu (2021. 9. 28. 열람)

그림 2-1. 킬링곡선

온실가스 배출량은 직간접적으로 측정 가능하며, 따라서 지구온난화를 완화하기 위해 필요한 감축목표도 수치로 제시할 수 있다. 이는 기업에도 책임을 수치로 부과할 수 있다는 것을 의미한다.

사회문제

사회문제Social Problems란 다수의 사회구성원에게 부정적인 영향을 미치는 상태나 행태를 말한다. 기아와 빈곤, 전쟁과 테러, 반인권과 불평등, 노동착취와 교육격차, 소비자와 지역사회의 소외 등이 대표적인 사례다. 사회문제는 사회구조나 사회제도의 불완전함 때문에 발생하며, 사회적인 노력으로써만 해결 가능할 것을 조건으로 한다. 따라서 개인의 일탈에 의해 발생하고, 개인의 노력으로 해결 가능한 문제는 비록 다수의 사회구성원에게 피해를 주더라도 사회문제라고 부르지 않는다. 사회문제의 사전적 정의는 매우 광범위해서 우리를 괴롭히는 문제 대부분을 포괄한다. 환경문제도 넓게 보면 사회문제 중 하나다. 사회문제의 성질은 시대에 따라 달라진다. 인간이 모여서 산 이후로 사회문제가 발생하지 않은 날은 하루도 없을 것이다. 하지만 고대와 중세의 사회문제가 다르고, 중세와 근세의 사회문제가 다르며, 17~18세기 시민혁명으로 민주주의가 자리 잡은 근대 이후의 사회문제 또한 이전의 모든 시대와 다르다. 사적 소유를 기반으로 민주주의와 함께 자란 자본주의가 팽배한 지금, 사회문제의 가장 큰 특징은 신분과 계급 대신에 자본이라는 권력이 중요한 원인으로 대두했다는 사실이다.

사회문제의 범위와 내용은 지역에 따라서도 달라진다. 어느 사회에서 문제인 것이 다른 사회에서는 문제 되지 않을 수 있고, 한 사회 내에서도 같은 문제에 대한 해석이 갈릴 수 있다. 세계화가 상당히 진행된 지금 대부분의 국가와 민족이 유사한 의식을 공유하게 됐지만, 여전히 문화적 차이는 존재한다. 게다가 환경문제와 달리 사회문제는 정치체제와 연관되어 있어서 전 세계에 동일한 잣대를 적용하기도 어렵다. 다른 국가에 대해 '인권을 유린하지 말라'는 말은 '탄소를 배출하지 말라'는 말보다 하기 어렵다.

사회문제의 시대적·지역적 차이 때문에 환경문제에서의 기후변화와 같이 전 세계가 심각함을 공감하고 해결방안에 대한 합의도 이룬 이슈는 찾아보기 어렵다. 그러나 자본주의가 팽배한 지금, G2 패권경쟁에서 언급한 바와 같이 기업을 감시하고 제재하는 활동은 정치체제를 넘어서 이뤄지고 있다. 반인권적인 강제노동, 아동이나 사회적 약자에 대한 노동착취 등이 주요 이슈다. 이와 함께 근로자, 협력업체, 지역사회, 소비자에 대한 기업의 일상적인 활동도 관심의 대상이다. 근로자에 대해서는 근로의 안정성, 근로환경의 건강성, 사내차별 등이, 협력업체에 대해서는 공정거래와 부정부패 등이, 지역사회와 소비자에 대해서는 술·담배·마약·무기와 같이 부정적인 상품의 공급, 모피·희귀생물·동물실험과 같이 부정적인 원재료나 생산방식의 사용, 거대기업에 의한 지역상권의 파괴 등이 ESG이슈로 자주 거론된다. 사회문제의 또 다른 특징은 그 해결에서 제도화된 프로세스보다 시민사회의 사회운동Social Movement이 큰 역할을 해 왔다는 것이다. 근대적인 사회운동은 민주주의 초기부터 정치운동과 결합한 형태로 나타나기 시작했는데, 19세기 후반의 노동운동과 20세기 중반의 마틴 루터 킹Martin Luther King Jr. 목사로 대표되는 인권운동을 거치면서 크게 성숙하였다. 특히 최근에는 인터넷의 발달로 사회문제가 다뤄지는 모습에도 변화가 일어나고 있다. 과거 사회운동가들은 힘겨운 대면활동을 했지만, 지금은 SNSSocial Networking Service를 통해 신속하게 집단행동을 하고 있다.

지배구조문제

거버넌스Governance란 조직의 의사결정이 이뤄지는 상위의 체계를 말한다. 그러나 이러한 사전적 의미보다 정부, 기업, 사회단체 등 다양한 주체가 함께 참여하는 통치의 체계라는 정치적 의미로 더 많이 사용된다. 이는 국가권력에 의한 일방적 통치를 뜻하는 거버먼트Government에 대비되는 개념이다. 물론 ESG에서 말하는 지배구조는 국가의 통치를 대상으로 하지 않는다. 환경문제나 사회문제와 마찬가지로 기업의 의사결정체계, 즉 기업지배구조Corporate Governance를 대상으로 한다. 기업지배구조는 경영자에 의한 일방적인 의사결정보다 주주, 근로자 등 여러 이해관계자의 참여를 전제한다는 점에서 거버넌스의 정치적 의미와 일맥상통한다. 지배구조문제Governance Problems는 이사회와 주주총회, 내부감사와 관리회계, 외부감사와 경영공시 등에서 주로 발생한다.

지배구조문제는 소유와 경영이 분리된 주식회사 구조와 관련이 깊다. 기업의 소유자는 지분을 가진 주주지만, 주주 대부분은 직접 경영하기보다 전문경영자에게 기업을 맡긴다. 이때 경영자는 주주의 이해보다 자신의 이해에 따라 행동하는 도덕적 해이Moral Hazard를 범하기 쉬운데, 이는 주주에게 경영자를 감시하기 위한 비용을 발생시킨다. 이러한 일련의 문제들을 대리문제Agency Problem 또는 주인대리인문제Principal Agent Problem라고 한다. 대리문제의 해결을 위해서는 주주의 경영참여가 잘 이뤄져야 한다. 문제를 바라보는 시각을 주주자본주의로부터 이해관계자자본주의로 넓히면, 주주뿐 아니라 근로자, 협력업체, 지역사회, 소비자 등의 경영참여도 중요해진다.

지배구조문제와 관련해서 국제사회가 주목하는 핵심적인 이슈는 의사결정의 합리성과 투명성이다. 의사결정의 합리성에 대해서는 이사회와 주주총회가 중요한데, 최고경영자를 감시할 수 있도록 이사진이 구성되어 있는가, 모든 주주가 의견을 자유롭게 개진할 수 있도록 주주총회가 운영되고 있는가 등이 주요 관심사다. 투명성에 대해서는 경영성과에 대한 재무공시가 제대로 이뤄지고 있는가, 비재무적 공시는 적시에 이뤄지고 있는가, 임원의 보수는 적절한가 등이 주요 관심사다. 그리고 이 모든 이슈에 대한 대응수단으로 주주관여Shareholder Engagement나 대리투표Proxy Voting와 같은 주주행동Shareholder Activism이 중요하게 여겨진다.

지배구조문제는 세상을 떠들썩하게 한 여러 사건을 통해 중요해졌다. 2000년대 초 미국에서 벌어진 엔론Enron, MCI 월드콤MCI World-com 등의 회계부정사건은 거대기업의 투명성에 대한 신뢰를 무너뜨렸다. 그 결과 이들 기업은 파산했고, 미국 정부는 상장기업의 회계공시와 투자자보호 의무를 강화한 「사베인스-옥슬리법」을 제정하였다. 2000년대 후반의 글로벌 금융위기 또한 지배구조문제와 무관하지 않다. 주택담보대출의 부실이 그와 관련된 파생적인 금융자산의 건전성에 어떠한 영향을 미치게 될지 금융감독기구뿐 아니라 금융기관 자신도 제대로 파악하지 못한 결과이기 때문이다. 그에 대한 대응으로 G20이 FSB를 설치하는 등 금융산업 규제를 위한 국제협력이 시작되었다. 한편 투자자의 행동이 지배구조문제를 해결할 수 있는 가능성은 1980년대 말부터 미국의 CalPERS가 선보였다. CalPERS는 주주행동을 통해 여러 거대기업의 최고경영자와 이사진을 교체하는 데 성공하였다. 이는 전 세계 기관투자자의 주주행동을 불러일으킨 시발점이 되었다.

두 세계의 갈등

환경, 사회, 지배구조문제의 개념과 국제사회가 주목하는 핵심적인 이슈를 살펴보았다. 그 과정에서 이들 문제가 역사의 시작에서부터 존재했지만, 본격적으로 우리를 괴롭힌 것은 자본주의가 발전한 이후라는 것을 알 수 있었다. 자본주의라는 시스템과 더불어 ESG문제가 커진 사실은 그것이 어느 한 사람의 탓이 아니라는 것을 의미한다. 이는 ESG문제가 한 사람의 노력만으로는 해결하기 어렵다는 것도 의미한다. 우선 환경문제만 해도 전 세계가 함께 대응해야 한다는 것을 우리는 알고 있다. 그런데 왜 국제사회는 그동안 협력하지 않은 것일까?

누구의 책임인가?

ESG문제는 어느 날 갑자기 생긴 것이 아니다. 지난 수 세기 동안 누적된 것이다. 이는 그동안 지구의 온도를 상승시키고, 부당하게 노동을 착취하며, 불투명한 경영을 하면서 부를 축적한 주체가 있다는 것을 의미한다. 그들은 누구일까? 두말할 것 없이 지금 선진국Advanced

Country이라 불리는 서방 세계다. 그들은 콜럼버스가 신대륙에 도달한 무렵 대항해시대를 열어 식민지를 개척했고, 근대국가의 틀을 형성한 이후에는 제국주의로 발전하였다. 이렇게 확보한 아시아, 아프리카, 남아메리카의 식민지와 석탄에 기반한 산업혁명은 지금 우리가 보고 있는 서방 우위 세계질서의 바탕이 되었다. 20세기 후반에 이르기까지 지금의 선진국이 ESG문제의 주범이었던 것이다.

중국이 세계의 공장으로 기능하기 시작한 것은 불과 수십 년 전 일이다. 사실 1980년대부터 경제개발을 시도했으나, WTO에 가입한 것이 2001년이니 제대로 돈을 번지는 20년 남짓 된다. 이러한 사정은 나머지 개발도상국Developing Country에서도 크게 다르지 않다. 개발도상국 대부분은 제2차 세계대전이 끝난 20세기 중반에 와서야 산업화를 이룰 수 있었다. 문제는 이미 부를 축적한 선진국이 이러한 개발도상국에 ESG문제를 함께 해결하자고 손을 내밀고 있다는 사실이다. 물론 지금 지구의 온도를 상승시키고, 부당하게 노동을 착취하며, 불투명한 경영을 하는 쪽은 개발도상국이다. 하지만 지난 수 세기 동안 그보다 혹독한 방법으로 부를 축적한 선진국의 손을 개발도상국이 선뜻 잡을 수 있겠는가?

협력의 실마리

꼬여 버린 역사에도 불구하고 환경문제에 관해서는 협력의 실마리를 찾아가는 듯하다. 선진국과 개발도상국이 폭넓게 참여한 국제협약이 이뤄졌기 때문이다. 협약의 성사에는 선진국이 자신의 책임을 인정하고, 개발도상국에 대해 양보와 지원을 약속한 것이 주요하게 작용하였다. 이러한 해법이 환경문제의 해결에 실질적으로 이바지할지, 나아가서 사회문제와 지배구조문제의 해결에도 적용될 수 있을지는 좀 더 두고 볼 문제지만 말이다.

그 시작은 1992년 채택된 기후변화협약이다. 여기서 선진국과 개발도상국이 '공동의, 차별화된 책임Common But Differentiated Responsibilities'이라는 원칙에 따라 각자의 능력에 맞게 온실가스를 감축하고, 24개 선진국은 개발도상국의 기후변화 적응을 위해 재정과 기술을 지원하기로 약속한 것이다. 이후 기후변화협약에 따른 당사국총회는 해를 거듭하면서 추가적인 약속을 이끌어냈으며, 그 정점에 2015년 파리협약이 있다. 파리협약에서는 기후변화에 대해 전 세계 대부분의 국가가 각자의 의무를 이행하겠다고 약속하였다.

국제협력의 수단

국가들이 협력하는 목적은 다양하다. 가장 흔한 목적은 무역을 비롯한 경제협력이고, 분쟁의 해결과 같은 정치적인 목적으로 협력하기도 한다. 협력은 협약을 맺거나, 회의체를 구성하거나, 공식적인 기구를 설치하는 방법으로 추진된다. 그중 가장 규모가 크고 결속력 있는 수단은 국제기구를 설치하는 것이다. 국제기구International Organization란 다수의 주권국가가 조약을 체결해서 설치한 국제법상 실체로서, 회원Membership, 목표Aim, 조직Structure을 구성요소로 한다. 국제기구는 정부가 참여하기 때문에 민간단체와 구별해서 정부 간 기구IGO: Inter-Governmental Organization라고 부르기도 한다.

사실 협력수단 간 경계는 다소 모호하다. EU의 경우 다른 국제기구와 달리 정치적·경제적 연합체라는 점에서 결속력이 매우 강하며, G7, G20과 같은 국제회의체는 웬만한 국제기구보다 영향력이 크다. ESG 투자에서 큰 역할을 하는 기후변화협약은 국제기구나 국제회의체에 비해 느슨한 수단인 국제협약이지만, 지속적인 당사국총회를 통해 구속력을 강화하고 있다. 따라서 국제협력의 여러 수단들은 형식이 아닌 내용을 통해 경중을 판단해야 한다.

ESG문제의 해결을 위해서는 국제협력이 필수적이다. 따라서 국제기구, 국제회의체, 국제협약의 역할이 중요하며, 실제로 다양한 협력수단이 활용되고 있다. 또한 정부와 무관한 민간단체도 큰 영향력을 행사하고 있다. 뒤에서 환경, 사회, 지배구조문제 각각에 대해 국제협력이 어떻게 이뤄지고 있는지 살펴볼 것이다. 여기서는 그전에 대표적인 국제기구와 국제회의체에 어떤 것이 있는지 간단히 알아보자. 전 세계를 대상으로 하는 UN, 유럽을 대상으로 하는 EU, 세계 주요국을 대상으로 하는 OECD와 G20 정도는 개요를 알고 읽는 것이 도움될 것이다.

UN

UNUnited Nations, 국제연합을 들어 보지 못한 사람은 없을 것이다. UN은 제2차 세계대전 중 태동했으며, 1945년 '국제기구에 관한 연합국 회의'에 참석한 50개국이 UN헌장Charter of the United Nations에 서명함으로써 정식으로 출범하였다. UN은 국제평화와 안전유지, 국가 간 우호증진, 국제문제 해결, 인권 및 자유에 대한 국제협력 등 매우 다양한 목적을 가지고 있다. 목적이 다양한 만큼 조직도 크고 복잡하다. UN은 최고심의기관인 총회General Assembly, 실무를 담당하는 사무국Secretariat, 분야별 이사회Councils, 국제사법재판소International Court of Justice 등으로 구성되어 있다. 이사회에는 안전보장이사회Security Council, 경제사회이사회Economic and Social Council, 신탁통치이사회Trusteeship Council의 세 가지가 있는데, 이 중 신탁통치이사회는 제2차 세계대전 직후 신탁통치가 필요한 몇몇 국가를 위해 설치됐으나, 이제는 활동이 종료된 상태다. 따라서 UN의 뼈대는 총회, 사무국, 안전보장이사회, 경제사회이사회, 국제사법재판소의 5개 기관이라고 할 수 있다.

UN을 구성하는 각 기관은 다양한 산하 및 관련기구를 두고 있는데, 그 수가 많아서 외우는 것이 불가능할 정도다. 하지만 기구의 종류를 구분하는 기본적인 용어는 알아두는 것이 좋다. 산하 및 관련기구는 크게 사업 및 기금Programmes and Funds과 전문기구 및 관련기구Specialized Agencies and Related Organizations의 두 가지로 나뉜다.[24] 사업 및 기금은 UN이 특정한 이슈를 심도 있게 다룰 필요가 있을 때 설치하는데, UNEPUN Environment Programme, UN환경계획, UNICEFUN Children's Fund, 유니세프, UNCTADUN Conference on Trade and Development, UN무역개발회의 등이 우리에게 익숙한 이름이다. 전문기구 및 관련기구는 좀 더 독립적이면서 고유의 기능이 있는 조직을 말한다. 그중에는 UN과 별개로 설립된 것도 있다. ILOInternational Labour Organization, 국제노동기구, WTOWorld Trade Organization, 세계무역기구, IMFInternational Monetary Fund, 국제통화기금 등이 우리에게 익숙한 이름이다. 사실 기구의 이름만 봐서는 그 종류가 무엇이고, UN의 어느 기관에 속한 것인지 알기 어렵다. 개별 기구마다 고유의 역사와 방대한 조직을 가지고 있기 때문이다.

UN이 국제사회의 이슈를 다루는 전형적인 모습은 다음과 같다. 회원국이 함께 대응해야 할 중요한 이슈가 있을 때 총회의 안건으로 상정한다. 그 결과 결의Resolution나 선언Declaration이 채택되기도 하고, 국제협약으로 이어지기도 한다. 구체적인 활동은 주로 산하 및 관련기

24. 외교부 국제기구국, 『2020 유엔개황』, 외교부, 2020.

구에 의해 수행되는데, 그것을 위한 이니셔티브Initiative나 워킹그룹Working Group을 결성해서 추진하는 것이 보통이다. UN이 총회에서 환경문제를 다루고, UNEP라는 산하기구가 설치되어 실질적인 활동을 하며, UNEP가 ESG금융이라는 구체적인 사안을 다루기 위해 UNEP FIUNEP Financial Initiative를 결성한 것이 대표적인 사례다.

EU

EUEuropean Union, 유럽연합는 특정한 목적을 달성하거나, 문제를 해결하기 위해 조직된 국제기구라기보다 하나의 유럽을 지향하는 정치적·경제적 연합체에 가깝다. 유럽은 오래전부터 이를 추구했는데, 1952년에 결성된 ECSCEuropean Coal and Steel Community, 유럽석탄철강공동체, 1957년 이를 전 산업으로 확대한 EECEuropean Economic Community, 유럽경제공동체, 같은 해 결성된 EURATOMEuropean Atomic Energy Community, 유럽원자력공동체 등이 초기 시도였다. 그 뒤로도 여러 기구가 생기고 합쳐졌는데, 1963년 ECEuropean Community, 유럽공동체가 결성되면서 단일화한 모습을 갖추게 되었다. 그리고 1993년 마침내 유럽단일시장과 EU가 출범하였다. EU 회원국은 2019년까지 28개국이었으나, 2020년 영국이 탈퇴해서 현재는 27개국이다.

EU는 이사회Council, 유럽집행위원회European Commission, 유럽의회European Parliament, 유럽사법재판소Court of Justice of the European Union, 유럽회계감사원European Court of Auditors의 5개 기관으로 구성되어 있다. 그

리고 통화정책을 담당하는 중앙은행으로 유럽중앙은행European Central Bank을 별도로 두고 있다. 이 중 중요한 의사결정을 담당하는 기관은 이사회다. 이사회는 EU정상회의European Council, EU이사회Council of the European Union, 흔히 EU각료이사회, 사무국으로 구성되어 있다. 1952년 ECSC의 총회 형식으로 설치된 유럽의회European Parliament는 EU 결성 초기에는 큰 역할을 하지 않았으나, 점차 입법, 예산 등의 분야에서 권한을 키워 가고 있다.[25]

EU 내에서 실행의 역할을 하는 기관은 유럽집행위원회라고 할 수 있다. 유럽집행위원회는 일반적인 국가의 행정부에 해당하며, 법안을 발의할 권한도 가지고 있다. 따라서 EU 차원의 이니셔티브는 유럽집행위원회가 제안하고 추진하는 경우가 많다. 예를 들어 2019년 기후와 환경을 고려함으로써 지속가능성을 추구하는 정책 로드맵인 유럽그린딜European Green Deal도 유럽집행위원회가 제시한 것이다. 최근 EU는 환경문제와 관련해서 많은 계획과 정책을 발표하고 있다. 그때마다 간단히 'EU가 발표한 것'이라고 소개되는 경우도 있지만, 좀 더 구체적으로 'EU의 기관 중 어느 곳이 발표한 것'이라고 소개되는 경우도 많다. 만약 EU의 조직에 대한 개요를 알고 있다면, 정책의 위계나 단계를 이해하는 데 도움이 될 것이다.

25. 외교부 유럽국 서유럽과, 『EU 개황』, 외교부, 2020.

OECD

OECDOrganization for Economic Co-operation and Development, 경제협력개발기구는 제2차 세계대전 직후인 1948년에 유럽에 대한 미국의 원조사업인 마셜플랜Marshall Plan을 지원하기 위해 설립된 OEECOrganization for European Economic Co-operation, 유럽경제협력기구에 기원을 두고 있다. 1951년 마셜플랜이 종료되자 OEEC는 일반적인 경제협력으로 성격을 전환했는데, 1950년대 후반 유럽에 EEC와 같은 경제기구가 여럿 설립되자 1961년 미국, 캐나다 등을 포함해서 세계 주요국 경제기구로 다시 변모한 것이다.[26]

OECD는 각료이사회Ministerial Council Meeting와 상주대표이사회Council at Permanent Representatives Level로 구성된 이사회, 집행위원회와 같이 이사회 산하에 설치된 직속위원회Council Committee, 이사회 밖에 분야별로 설치된 전문위원회Committee, 사무국, 민간자문기구, 부속기구, 특별기구 등 복합한 조직으로 구성되어 있다. 이들 기관은 국제문제 해결을 위해 다양한 활동을 하고 있는데, 특히 세계경제의 구조개혁을 촉진하는 것이 중요한 비중을 차지한다. 여기에는 규제개혁, 실업대책, 사회복지, 환경관리, 지역개발 등의 이슈가 포함되어 있어서 ESG투자와 관련된 활동도 활발하게 하고 있다. 특히 ESG투자와 관련된 통계와 연구를 풍부하게 제공하고 있으니 홈페이지를 자주 들러 보도록 하자.

26. 한국은행 국제협력국, 『국제금융기구』, 한국은행, 2018.

G20

G20Group of 20, 주요 20개국 협의체은 아시아 금융위기를 계기로 1999년에 출범하였다. 1975년에 설립된 G7을 보완한 확대회의라고도 할 수 있다. 1970년대 이후 G20이 출범하기 전까지 세계경제의 최상위 회의체는 G7이었다. 서방 선진 7개국이 참가하는 G7은 1971년 미국의 금태환 중지에 따른 변동환율제 이행, 1973년 제1차 석유파동으로 인한 물가 급등, 그로 인한 세계경제 침체 등에 대처하기 위해 설립되었다. 적정환율 유지, 대외불균형 해소 등 국제공조가 필요한 분야에서 G7은 상당한 성과를 거두었다. 그러나 아시아 금융위기를 겪으면서 소수의 국가만 참여하는 회의체의 한계가 드러났다. 그 결과 1999년 6월과 9월에 열린 회의에서 정책협력 대상을 신흥시장국까지 확대하기로 하였다. 그 과정에서 1998년 G22, 1999년 G33 회의가 열리기도 했지만, 최종적으로 20개국 상설회의체를 만들게 된 것이다.

설립 당시 G20은 경제 각료의 회의체였다. 그러나 2000년대 후반 글로벌 금융위기가 발생하자 더 신속하고 책임 있는 의사결정을 위해 정상회의를 포함하게 되었고, 그 결과 위상이 한층 격상되었다. G20의 주요 회의는 정상회의, 재무장관·중앙은행총재회의, 그리고 정상회의의 사전교섭 성격인 셰르파회의의 세 가지다. 이들은 다시 여러 실무회의에 의해 뒷받침되고 있다.

글로벌 금융위기에 대한 대응이 중요한 임무로 부상한 만큼, G20은 전 세계 금융시스템의 규제와 관련해서 큰 역할을 하고 있다. 대표적인 활동이 FSB를 설치한 것인데, FSB는 은행, 증권, 보험, 회계 등 금융산업 전반에 대해 상당한 권한을 가지고 규제를 하고 있다. 그러니 G20과 FSB는 ESG투자와도 관련이 깊다. 특히 FSB는 기후 관련 금융공시에 관해 TCFD라는 태스크포스를 조직하고, 공시체계에 대한 권고안을 내기도 하였다.

지구의 미래와 환경문제

Environmental Issues and the Future of the Earth

환경으로 눈을 돌린 국제사회

UNCHE와 UNEP

환경문제가 국제사회에서 처음 제대로 다뤄진 것은 1972년 스웨덴 스톡홀름에서 열린 UNCHEUN Conference on the Human Environment, UN인간환경회의에서였다. 이 회의에서 환경에 대한 최초의 UN선언인 인간환경선언Declaration of the UNCHE, 흔히 스톡홀름선언이 채택되었고, 이듬해에는 환경 관련 국제기구 중 가장 영향력이 크다고 할 수 있는 UNEPUN Environment Programme, UN환경계획도 설립되었다. 세계 환경의 날World Environment Day이 6월 5일인 것도 이 회의의 개막일을 기념한 것이다. UNEP의 사업계획은 UNEAUN Environment Assembly, UN환경총회에서 다루어진다. UNEA는 UN 회원국 전체가 참가하는 회의로서, 2012년 브라질 리우데자네이루에서 열린 UN총회 이후 2년마다 개최되고 있다. UNEP는 환경문제와 관련된 다양한 활동을 하는데, 여기에는 SDGs 지표 관리, 온실가스와 관련된 탄소배출량간극보고서Emissions

Gap Report 발간 등이 포함된다. UNEP는 UNGC와 함께 ESG투자에 대해서도 중추적인 역할을 하고 있다.

브룬틀란보고서와 지속가능발전

UNCHE의 성과는 한참 뒤인 1983년까지 이어졌다. 환경문제에 대한 국제사회의 협력이 생각보다 쉽지 않다는 인식에 따라, WCEDWorld Commission on Environment and Development, 세계환경개발위원회가 결성된 것이다. WCED는 초대 회장인 그로 할렘 브룬틀란Gro Harlem Brundtland의 이름을 따라 브룬틀란위원회라고도 불린다.

WCED는 1987년 일명 브룬틀란보고서라고 불리는 『우리 공동의 미래Our Common Future』를 발간하고 공식적으로 해산했는데, 여기서 지속가능발전이라는 개념이 탄생하였다. ESG투자의 개념에서도 소개했듯이, 지속가능발전에 대한 브룬틀란위원회의 정의는 "미래 세대가 그들의 필요를 충족하는 것을 해치지 않으면서 현재 세대의 필요를 충족하는 것"이다. 정말 간결하면서 함축적인 문장이라고 하지 않을 수 없다. 이후 지속가능성Sustainability은 환경뿐 아니라 ESG 전반에 걸쳐 중요한 개념으로 자리를 잡는다. 밀레니엄을 맞아 UN이 수립한 MDGs와 그것을 이어받은 SDGs에서도 지속가능성이 중심적인 개념임은 말할 필요도 없다.

IPCC와 기후변화시나리오

1988년은 기후변화가 환경문제의 중심이슈로 부상한 계기가 마련된 해다. 인간의 활동과 기후변화의 관계에 대한 과학적 근거를 제공하기 위해 IPCCIntergovernmental Panel on Climate Change, 기후변화에 관한 정부 간 협의체가 만들어졌기 때문이다. IPCC는 WMOWorld Meteorological Organization, 세계기상기구와 UNEP가 함께 결성하였다.

현재 IPCC는 기후변화협약과 관련된 보고서를 발간하는 역할을 한다. IPCC 평가보고서Assessment Report는 기후변화와 관련해서 가장 포괄적이고 권위 있는 연구결과로 여겨지고 있다. IPCC 평가보고서는 1990년 이후 총 다섯 차례 발간됐으며, 그때마다 국제사회에 큰 파장을 불러일으켰다. 현재 여섯 번째 보고서 작업이 진행되고 있는데, 실무그룹보고서들은 2021년부터 이미 발간되고 있으며, 종합보고서는 2022년 정식으로 발간될 계획이다.

IPCC 평가보고서는 인간의 활동이 기후변화에 어떤 영향을 미치는지 예측하는 기후변화시나리오를 담고 있다. 2001년 3차 평가보고서의 배출시나리오에 관한 특별보고서Special Report on Emission Scenarios, 2014년 5차 평가보고서의 대표농도경로Representative Concentration Pathways, 6차 평가보고서에서 공개될 공통사회경제경로Shared Socioeconomic Pathways가 그것인데, 각국 정부와 국제단체들이 이를 근거로 기후 관련 정책을 수립하고 결과를 평가하고 있다.

기후변화협약

UNCED와 UNFCCC

1992년에는 UNCHE 20주년을 맞아 UNCEDUN Conference on Environment and Development, UN환경개발회의가 브라질 리우데자네이루에서 열렸다. 이 회의는 지구정상회의Earth Summit 또는 리우정상회의Rio Summit라는 이름으로 더 유명하다. 비록 구속력은 없지만, 이 회의에서 지속가능발전에 대한 최초의 실행계획인 의제21Agenda 21이 채택되었다. UNCED의 가장 큰 성과는 UNFCCCUN Framework Convention on Climate Change, 기후변화에 관한 UN기본협약: 흔히 기후변화협약의 체결이라고 할 수 있다. 이 협약에서 선진국과 개발도상국이 '공동의, 차별화된 책임'이라는 원칙에 따라 각자의 능력에 맞는 온실가스 감축을 약속했다는 사실은 앞에서 이미 소개한 바 있다. 협약의 최고의사결정기구는 COPConference of Parties, 당사국총회인데, 매년 꾸준히 개최되면서 기후변화와 관련된 국제협력을 이끌고 있다. 우리에게 익숙한 파리협약도 2015년 열린 COP2121번째 COP에서 체결된 것이다.

교토의정서와 도하개정안

1997년 일본 교토에서 열린 COP3에서는 선진국의 온실가스 감축의무를 수치로 규정한 교토의정서Kyoto Protocol가 채택되었다. 선진국에 대해서만 의무를 부과한 것은 그들이 더 큰 책임과 부담능력이 있다고 보았기 때문이다. 교토의정서는 이산화탄소를 비롯한 여섯 가지 온실가스를 정의하고, 1차 공약기간인 2008~2012년 동안 배출량을 1990년 대비 5.2% 감축하도록 의무를 부과하였다. 또한 청정개발메커니즘Clean Development Mechanism, 배출권거래제Emission Trading Scheme, 공동이행제도Joint Implementation 등 신축메커니즘Flexibility Mechanism도 도입하였다.

그러나 교토의정서의 길은 순탄하지 않았다. 미국 때문이다. COP3에서 빌 클린턴Bill Clinton 대통령이 의욕적으로 교토의정서에 서명했으나, 2001년 그 뒤를 이은 조지 W. 부시George W. Bush 대통령이 취임과 동시에 미국 경제에 해가 된다는 이유로 탈퇴해 버린 것이다. 이 사건으로 교토의정서는 다소 힘이 빠진 채 이어지게 된다. 2007년 인도네시아 발리에서 열린 COP13에서는 교토의정서의 1차 공약기간 종료에 대비해서 Post-2012 체제를 준비하기로 했으나, 선진국과 개발도상국이 의견 차이를 좁히지 못하고 실패하였다. 그 대신 2010년 멕시코 칸쿤에서 열린 COP16에서 2020년까지 자발적으로 온실가스 감축을 이행하기로 약속하였다. 2012년 도하에서 열린 COP18에서는 교토의정서의 2차 공약기간2013~2020년에 대한 도하개정안Doha Amendment이 채택되었다. 그러나 교토의정서 불참국인 미국 외에도 일본, 러시아, 캐나다, 뉴질랜드 등이 이에 참여하지 않았다.

환경문제에 대한 최근 움직임

UNEP FI와 GIC

UNEP FIUN Environment Program Finance Initiative, UNEP 금융이니셔티브는 이름에서 알 수 있듯이 UNEP의 이니셔티브다. UNEP는 1992년 UNCED 이후 금융산업에 관심을 보이기 시작하였다. 이 회의를 계기로 상업은행과 투자은행을 중심으로 한 FIIFinancial Institutions Initiative와 보험회사를 중심으로 한 IIIInsurance Industry Initiative가 지속가능발전을 모토로 구성됐고, 두 기관이 2003년 통합해서 현재의 UNEP FI로 발전하였다.

UNEP FI는 총회, 운영위원회, 산업위원회, 주제별·지역별 자문그룹 등으로 구성되어 있다. 여기서 주목할 것은 산업위원회인데, UNEP FI는 금융산업을 은행, 보험, 투자의 세 부문으로 구분하고 있다. 각 부문은 자신의 특성에 맞는 원칙을 제정해서 지속가능금융을 추구하고 있다. 이 책에서 여러 번 강조한 책임투자원칙은 그중 투자부문의 원칙에 해당한다. 은행과 보험부문의 원칙은 책임투자원칙이 발표된 2006년보다 나중에 제정되었다. 2012년 제정된 지속가능보험원칙PSI: Principles for Sustainable Insurance, 2019년 제정된 책임은행원칙PRB: Principles for Responsible Banking이 그것이다. ESG투자에 시사하는 바가 큰 원칙은 당연히 책임투자원칙이다. 이 원칙과 서명기관을 관리하고 ESG투자와 관련된 교육을 실시하는 등, 실질적인 활동은 앞에서 소개한 PRI가 하고 있다. UNEP FI는 환경 관련 기구인 UNEP의 이니셔티브지만, 환경뿐 아니라 사회와 지배구조이슈도 중요하게 다루고 있다.

2012년에는 기후변화에 대응하는 또 다른 기관투자자 단체인 GICGlobal Investor Coalition on Climate Change가 결성되었다. GIC는 현재 파리협약의 목표를 지원하는 활동에 주력하고 있다. 회원으로는 세계적인 환경단체인 CeresCoalition of Environmentally Responsible Economies, IIGCCInstitutional Investors Group on Climate Change, IGCCInvestor Group on Climate Change, AIGCCAsia Investor Group on Climate Change의 4개 단체가 참여하고 있다.

Ceres는 1989년 지속가능경영을 지향하며 사회책임투자자, 환경운동가 등이 결성한 비영리단체로서, 현재 세계적인 환경단체가 되었다. Ceres는 결성되던 해 발표한 10가지 행동강령인 Ceres 원칙Ceres Principle으로 유명하며, 1997년에는 ESG경영 보고표준기관인 GRI의 설립을 주도하기도 하였다. GRI에 대해서는 4장에서 자세히 설명한다. Ceres가 환경단체로서 전 세계 기관투자자를 회원으로 하는 반면, 나머지 단체들은 기후변화에 주목하는 지역별 기관투자자 단체다. IIGCC는 2001년 유럽에서, IGCC는 2005년 호주와 뉴질랜드에서, AIGCC는 2016년 아시아에서 각각 설립되었다. GIC는 2017년부터 기후행동 100+Climate Action 100+라는 5개년 목표의 프로젝트를 진행하고 있다. 이는 온실가스 배출을 많이 하는 기업을 견제하는 것을 목적으로 한다. 기후행동 100+에는 GIC의 4개 회원단체와 PRI가 참여하고 있다.

SDGs

UNCHE 20주년을 맞아 개최된 UNCED로부터 다시 20년이 흐른 2012년, 흔히 Rio+20이라고 불리는 UNCSDUN Conference on Sustainable Development, UN지속가능발전회의가 열렸다. 이 회의에서는 2015년부터 2030년까지의 지속가능발전을 위한 구체적 목표를 설정하기로 약속했는데, 그 결과 2015년 UN총회에서 17개 목표, 169개 세부지표로 구성된 SDGsSustainable Development Goals, 지속가능발전목표가 채택되었다. SDGs는 2000년에 채택되어 2015년에 종료된 MDGsMillennium Development Goals, 밀레니엄발전목표의 뒤를 이은 것이다.

MDGs는 주로 사회문제를 다루었다. 그러나 SDGs는 사회문제와 함께 환경문제도 포괄적으로 다루고 있다. 이들 목표는 ESG문제의 해결을 위한 국제협력의 기본적 가치로 여겨지고 있으며, 특히 SDGs는 지금 이행되고 있는 목표라는 점에서 큰 의미가 있다. MDGs와 SDGs 두 가지 목표에 대해서는 뒤에서 사회문제를 다룰 때 좀 더 자세히 설명한다.

파리협약

2011년 남아프리카공화국 더반에서 열린 COP17에서는 2020년 이후의 기후변화체제 수립을 위한 더반플랫폼Durban Platform이 채택되었다. 이에 따라 2012년부터 새로운 협약을 위한 협상이 시작되었다. 이전과 차이는 선진국뿐 아니라 개발도상국도 광범위하게 의무를 부담하는 체제를 추구했다는 것이다. 그 결과 2013년 폴란드 바르샤바에서 열린 COP19에서 기온상승 억제를 위한 국가온실가스감축목표 또는 국가기여방안NDCs: Nationally Determined Contributions을 자발적으로 제출하기로 약속했으며, 2015년 프랑스 파리에서 열린 COP21에서 이를 담은 파리협약Paris Agreement을 체결하게 되었다.

파리협약에 따라 선진국에만 온실가스 감축의무를 부과하던 교토의정서를 넘어, 대부분 국가가 자국의 상황을 반영해서 온실가스 감축에 참여하는 보편적 신기후체제가 마련되었다. 하지만 교토의정서처럼 파리협약의 길도 순탄하지 않았다. 역시 미국 때문이다. 버락 오바마Barack Obama 대통령이 서명한 파리협약을 그 뒤를 이은 도널드 트럼프Donald Trump 대통령이 또 탈퇴해 버린 것이다.[27] 하지만 유럽을 중심으로 협약의 이행은 지속됐으며, 우리나라도 국내 비준을 2016년 완료하고 각종 제도를 정비하였다. 파리협약은 현재 환경문제와 관련해서 가장 중심적인 국제사회의 약속으로 기능하고 있다. 파리협약에 따라 각국 정부가 발표한 NDCs는 UNFCCC의 NDC 등록소Registry 웹사이트에서 확인할 수 있다.[28]

27. 2021년 조 바이든(Joe Biden) 대통령이 취임하면서, 미국은 파리협약에 재가입하였다.
28. https://www4.unfccc.int/sites/NDCStaging/Pages/All.aspx

유럽그린딜과 핏포55

2019년 EU는 새로운 성장전략으로 유럽그린딜European Green Deal을 발표하였다. 이는 기후변화문제를 기회로 전환해서 EU의 경제를 지속가능하게 만든다는 일련의 정책 로드맵으로서, 2050년까지 탄소중립을 달성하는 것을 최상위 목표로 하고 있다. EU는 후속조치로 유럽그린딜투자계획European Green Deal Investment Plan, 공정전환메커니즘Just Transition Mechanism, 「유럽기후법안European Climate Law」 등을 줄줄이 내놓았다.

특히 2021년에는 유럽그린딜의 중간실행계획으로 핏포55Fit for 55를 발표하였다. 여기에는 2050년 탄소중립을 위해 2030년까지 온실가스 순배출량을 1990년의 55%로 감축한다는 중간목표와 그것을 실현하기 위한 정책패키지가 담겨 있다. 정책패키지에는 항공·해상·육상운송과 건축물 등으로 탄소배출권거래제 확대적용, 온실가스 감축노력이 미흡한 국가에서 수입되는 제품에 비용을 부담시키는 탄소국경조정제도Carbon Border Adjustment Mechanism, 친환경 전환과정에서 배제되는 부문을 위한 지원대책 등이 포함되어 세계의 주목을 받고 있다. 유럽그린딜과 핏포55는 환경문제와 관련해서 나머지 세계에 비해 앞서 있는 유럽의 위상을 여실히 보여 준다. 그러나 그에 따른 규제가 보호무역의 효과를 가져올 수 있기 때문에, 나머지 세계에서는 마냥 부러운 눈으로 쳐다볼 수만은 없는 것이 현실이다.

인류의 미래와 사회문제

Social Issues and the Future of Humanity

경제개발에 주목한 전후 국제사회

IMF와 WBG

역사적으로 국제기구를 비롯한 대부분 국제협력은 사회문제와 관련된 것이었다. 제1차 세계대전의 결과로 결성된 국제연맹League of Nations과 제2차 세계대전의 결과로 결성된 UN도 전쟁처리, 평화정착, 경제개발 등 당면한 사회문제를 해결하는 것이 목적이었다. 물론 그중에서 ESG이슈와 관련이 깊은 것은 경제개발이다. 세계경제의 안정, 특히 저개발국의 성장을 촉진하기 위해서는 돈이 필요하다. UN이 결성되던 당시 설치되어 지금까지 활동하고 있는 양대 돈줄은 IMFInternational Monetary Fund, 국제통화기금와 IBRDInternational Bank for Reconstruction and Development, 국제부흥개발은행다. 이들 기구는 ESG문제를 직접 담당하지 않는다. 하지만 많은 사업에 관여하고 금융감독의 기능도 하고 있기 때문에, ESG투자와 관련해서도 자주 마주치게 된다. IMF와 IBRD는 제2차 세계대전이 막바지로 치닫고 있던 1944년 미국이 주도해서 체결된 브레튼우즈협정Bretton Woods Agreement에 따라, 1945년에 설립되었다. IMF는 당초 달러화를 기축통화로 하는 브레튼우즈체제Bretton Woods System를 유지하는 것이 임무였으나, 1970년대 이 체제가 붕괴되면서 지금은 회원국에 대한 금융지원 활동을 주로 하고 있다. ESG문제와 관련해서 주목할 점은 IMF가 FSB와 함께 국제금융질서의 안정을 위한 활동도 하고 있다는 사실이다. IBRD는 명칭 그대로 전후복구자금과 개발도상국의 경제개발자금을 지원할 목적으로 설립된 기구다. 경제개발이라는 용어의 범위가 매우 넓기 때문에, 사회문제와 관련된 여러 사업에도 IBRD의 자금이 관여된다. IBRD와 자매기구인 IDAInternational Development Association, 국제개발협회를 묶어서 세계은행World Bank이라고 하며, 여기에 IFCInternational Finance Corporation, 국제금융공사, MIGAMultilateral Investment Guarantee Agency, 국제투자보증기구, ICSIDInternational Centre for Settlement of Investment Disputes, 국제투자분쟁해결센터까지 합쳐서 WBGWorld Bank Group, 세계은행그룹라고 한다. 이들 기구의 내용을 속속들이 알 필요는 없지만, 이름 정도는 기억하도록 하자.

UN의 경제개발 관련 산하기구들

선진국과 저개발국의 경제적 격차를 줄이는 것은 저개발국의 사회문제 해결뿐 아니라 세계질서 유지에도 중요하다. IMF와 WBG가 이를 위한 자금을 지원하고 있지만, 더 적극적으로 사업을 발굴하고 진행하는 활동 역시 누군가 해 줄 필요가 있다. 이러한 역할을 하는 대표적인 기구로는 1965년에 설립된 UNDPUN Development Programme, UN개발계획가 있다. UNDP는 UN 내에서도 큰 규모의 개발협력기금을 집행하는 편이다. 당연히 ESG문제와 관련된 사업도 다양하게 하고 있다. 1964년에 설립된 UNCTADUN Conference on Trade and Development, UN무역개발회의는 주로 외국인 직접투자Foreign Direct Investment와 국제자금 흐름의 관점에서 경제개발을 다룬다. UNDP와 마찬가지로 활동내용은 매우 다양한데, 매년 발간하는 『세계투자보고서World Investment Report』를 통해 주요 관심사를 확인할 수 있다. 최근 발간된 보고서는 코로나19의 영향, ESG투자 등을 비중 있게 다루고 있다. UN 내에는 이 밖에도 특정한 사회문제를 겨냥하는 수많은 조직들이 있어서 일일이 나열하기가 불가능할 정도다.

기업의 사회적 책임

ILO와 국제노동기준

현존하는 국제기구 중 가장 오래된 것은 ILOInternational Labour Organization, 국제노동기구다. 지금은 UN의 전문기구이지만, ILO는 제1차 세계대전이 끝나고 1919년에 맺어진 베르사유조약에 따라 국제연맹의 산하기구로 설립되었다. 자본주의 성장과 함께 불거진 노동문제에 대한 국제사회의 관심도 그만큼 오래된 것이다.

ILO는 노동자의 기본권리를 보장하기 위해 수립한 국제노동기준International Labour Standards으로 유명하다. 국제노동기준은 일종의 협약으로서, ILO 회원국은 이 협약을 자국 내에서 비준해야 한다. ILO 회원국이 아닌 경우 무역이나 투자와 관련해서 불이익을 받기 때문에, 국제노동기준은 상당한 영향력이 있다. 그뿐만 아니라 뒤에서 설명할 UNGC, UNGP, SDGs 등에서 이념적 원칙으로 역할하고 있다.

UNGC와 10대 원칙

ESG경영에 가장 직접적으로 관여하는 국제기구는 UNGCUN Global Compact, UN글로벌콤팩트다. UNGC는 인권, 노동, 환경, 반부패 등 기업경영과 관계된 핵심가치를 추구하기 위해 2000년에 설립되었다. UNGC는 기업이 UNGC 10대 원칙을 준수해서 지속가능경영을 하도록 독려하고, 나아가 SDGs를 추구해서 사회에 이바지하도록 돕는 것을 목적으로 한다.

UNGC 10대 원칙이란 1948년 UN총회에서 채택된 세계인권선언Universal Declaration of Human Rights, 1998년에 발표된 작업장에서의 기본원칙과 권리에 관한 ILO선언ILO Declaration on Fundamental Principles and Rights at Work, 1992년 UNCED에서 채택된 환경과 개발에 관한 리우선언Rio Declaration on Environment and Development, 2003년에 맺어진 UN부패방지협약UN Convention against Corruption에 기초해서 UNGC가 수립한 기업경영의 원칙을 말한다. 이 원칙은 기업의 사회적 책임과 관련해

서 가장 널리 인용되는 규범으로서, 그 내용은 다음과 같다. 애초에 9대 원칙으로 출발했으나, UN부패방지협약이 체결된 후 2004년에 원칙 10이 추가되었다.

인권

원칙 1. 기업은 국제적으로 선언된 인권보호를 지지하고 존중해야 한다.

원칙 2. 기업은 인권침해에 연루되지 않도록 적극적으로 노력한다.

노동

원칙 3. 기업은 결사의 자유와 단체교섭권의 실질적인 인정을 지지한다.

원칙 4. 모든 형태의 강제노동을 배제한다.

원칙 5. 아동노동을 효율적으로 철폐한다.

원칙 6. 고용 및 업무에서 차별을 철폐한다.

환경

원칙 7. 기업은 환경문제에 대한 예방적 접근을 지지한다.

원칙 8. 환경적 책임을 증진하는 조치를 수행한다.

원칙 9. 환경친화적 기술의 개발과 확산을 촉진한다.

반부패

원칙 10. 기업은 부당취득, 뇌물 등을 포함해서 모든 형태의 부패에 반대한다.

UNGC는 ESG경영뿐 아니라 ESG투자에도 큰 영향을 미치고 있다. UNGC는 10대 원칙의 시행을 위해 전문가그룹인 액션플랫폼Action Platforms을 운영하고 있는데, 여기서도 지속가능금융은 중요한 비중을 차지하고 있다. 기업의 경영이 변화하기 위해서는 투자자의 행태부터 바뀌어야 한다고 판단하기 때문이다. UNGC는 UNEP FI와 협력해서 2004년 『배려하는 자가 승리한다: 변화하는 세상에 금융시장을 연결하다』라는 제목의 보고서를 발간하기도 하였다. 여기서 UNGC는 기관투자자에게 기업이 행태를 변화시킬 수 있도록 ESG 투자를 해야 하며, 그것이 장기적인 투자성과에도 도움된다고 주장하였다. 이 보고서는 ESG투자라는 용어의 기원을 설명하면서 언급한 바 있다.

사회문제에 대한 최근 움직임

GIIN

GIINGlobal Impact Investing Network은 임팩트투자에 주목하는 단체 중에시 규모가 가장 큰 것으로 알려져 있다. GIIN은 임팩트투자라는 용어를 만든 록펠러재단의 주도하에 2009년에 설립됐으며, 전 세계 주요 금융기관을 회원으로 두고 있다. GIIN은 매년 『임팩트투자자 연례조사Annual Impact Investor Survey』를 발간하고 있는데, 여기에는 임팩트투자의 시장규모와 동향에 관해 자세한 정보가 수록되어 있다. 2020년 보고서는 기관투자자 약 300곳에 대한 설문조사 결과를 담고 있다. 최근 GIIN은 R3 CoalitionResponse, Recovery and Resilience Investment Coalition이라는 이름의 이니셔티브를 발족하였다. 코로나19 극복을 위한 임팩트투자를 지향하는 조직이다.

UNGPs

2011년 UN인권위원회UN Human Rights Council가 채택한 31가지 원칙인 UNGPsUN Guiding Principles on Business and Human Rights는 인권 및 노동문제와 관련해서 중요하게 다뤄지는 원칙이다. UNGPs는 기업경영과 관계된 UN의 프레임워크인 '보호, 존중, 치유Protect, Respect and Remedy'의 실행지침으로서, 1970년대부터 논의되다가 2008년 존 러기John Ruggie 교수에 의해 틀이 갖춰지게 되었다. 그래서 UNGPs는 러기원칙Ruggie Principle 또는 러기프레임워크Ruggie Framework라고 불리기도 한다.

UNGPs는 크게 국가, 기업, 구제수단의 세 가지 내용으로 구성되어 있다. 국가의 의무로는 세계인권선언에 근거해서 인권보호를 위한 정책을 입안하고 집행할 것을, 기업의 책임으로는 인권존중을 실현하기 위해 권리침해와 관련된 실사를 이행할 것을, 구제수단에 대해서는 국가가 기업의 활동에 따른 피해자를 구제하기 위해 사법적·행정적·입법적 수단을 동원할 것을 각각 강조하고 있다.

MDGs와 SDGs

새천년을 맞이하던 2000년, 미국 뉴욕에서 UN밀레니엄정상회의가 열렸다. 그 결과 2015년까지 전 세계 빈곤을 절반으로 줄인다는 계획을 담은 MDGsMillennium Development Goals, 밀레니엄발전목표가 2001년에 발표되었다. MDGs는 빈곤과 기아의 퇴치, 보편적 기초교육의 달성,

남녀평등과 여성권익 향상, 아동사망률 감소, 보건, 질병퇴치, 지속가능한 환경보전 및 이를 위한 범지구적 협력구축이라는 여덟 가지 목표와 그 하위의 21개 세부목표로 구성되었다. MDGs는 국제기구, 비영리단체 등 다양한 주체가 참여해서 합의를 이끌어 냈다는 점과 지금 시행되고 있는 SDGs로 이어졌다는 점에서 의미가 있다.

MDGs가 발표된 지 십수 년이 지난 2012년에는 지속가능발전의 필요성을 다시 한번 환기한 UNCSD가 열렸다. 세계 각국은 이 회의를 전후로 2015년에 종료되는 MDGs를 대체할 후속목표 설정에 관해 논의하기 시작하였다. 그 결과 2015년에 2016~2030년을 목표기간으로 하는 SDGs가 채택되었다. MDGs는 원칙적으로 모든 국가에 적용됐지만, 실제로는 개발도상국에 초점이 맞춰져 있었다. 그러나 SDGs는 선진국·개발도상국·저개발국을 모두 포괄하며, 그 내용도 더욱 광범위하다.

SDGs는 17가지 목표와 총 169개의 세부지표로 구성되어 있는데, 이는 당시까지 제기된 국제사회의 중요한 이슈들을 망라한 것이다. 또한 지금 적용되고 있는 목표이기 때문에, 많은 국가와 단체가 정책을 수립할 때 참고하고 있다. 17가지 목표는 빈곤의 종식No Poverty, 기아의 종식Zero Hunger, 건강과 복지Good Health and Well-being, 양질의 교육Quality Education, 성 평등Gender Equality, 깨끗한 물과 위생Clean Water and Sanitation, 지속가능한 에너지Affordable and Clean Energy, 양질의 일자리와 경제 성장Decent Work and Economic Growth, 혁신과 인프라 구축Industry, Innovation and Infrastructure, 불평등 완화Reduced Inequalities, 지속가능한 도시와 거주지 조성Sustainable Cities and Communities, 책임 있는 소비와 생산Responsible Consumption and Production, 기후행동Climate Action, 해양 생태계 보호Life Below Water, 육상 생태계 보호Life On Land, 평화·정의·제도 구축Peace, Justice and Strong Institutions, 목표 달성을 위한 파트너십Partnerships For The Goals으로 구성되어 있다. 2016년 COP22에서, UN 사무총장은 SDGs에 대해 "우리는 대안을 가지고 있지 않다. 왜냐하면 또 다른 지구가 없기 때문이다"[29]라고 역설하였다.

SDGs는 UN뿐 아니라 다른 국제기구들도 함께 지지하고 있다. 특히 OECD는 ESG투자의 관점에서 SDGs를 바라보는 연구보고서를 최근 연이어 내놓고 있다. 2019년 보고서인 『사회적 임팩트투자 2019: 지속가능발전을 위해 필수적인 임팩트』[30], 2020년 보고서인 『ESG투자: 실행, 과정, 도전』[31] 등이 그 사례다. 이들 보고서는 ESG투자의 참가자, 평가방법, 투자방식 등을 구체적으로 다루고 있어서 투자자에게 좋은 참고가 된다.

29. "We don't have plan B because there is no planet B."
30. OECD, *Social Impact Investment 2019: The Impact Imperative for Sustainable Development*, Paris: OECD Publishing, 2019.
31. R. Boffo and R. Patalano, *ESG Investing: Practices, Progress and Challenges*, Paris: OECD, 2020.

기업의 미래와 지배구조문제

Governance Issues and the Future of Business

산업부문의 성장과 대리문제

US-GAAP과 IFRS

지배구조문제가 기업의 소유와 경영이 분리된 데서 출발했고, 이를 대리문제라고 한다는 것은 앞에서 이미 설명하였다. 대리문제를 피하기 위한 가장 기본적인 수단은 기업경영과 관련된 정보를 주주나 다른 이해관계자에게 투명하게 공개하는 것이다. 특히 재무성과에 대한 보고는 오래전부터 중요하게 다뤄져 왔다.

미국의 경우, 1929년 대공황 이전까지 통일된 원칙 없이 기업에 따라 다양한 양식으로 재무성과를 보고하였다. 그러나 1933년 「증권법Securities Act」과 1934년 「증권거래법Securities Exchange Act」이 제정되면서, 상장기업 모두에게 적용되는 회계기준을 갖추게 되었다. 이를 감독하는 기관은 「증권거래법」에 따라 1934년에 설립된 증권거래위원회SEC: Securities and Exchange Commission다. 실제로 회계기준을 수립하는 일은 1973년에 설립된 비영리단체인 FASBFinancial Accounting Standards

Board, 재무회계기준위원회가 담당하고 있으며, 회계기준의 명칭은 '일반적으로 인정된 회계원칙Generally Accepted Accounting Principles'이다. 이를 간단히 US-GAAP이라고 부른다. 이러한 과정은 다른 국가에서도 유사하게 진행되었다. 그 결과 세계 각국이 나름의 회계기준을 가지게 됐는데, 세계화가 광범위하게 진행되자 국가 간 회계기준의 차이가 문제를 일으키기 시작하였다. 이를 해결하기 위해 여러 가지 노력이 이뤄졌으며, 그 결과 2001년 IASBInternational Accounting Standards Board, 국제회계기준위원회가 설립되어 IFRSInternational Financial Reporting Standards, 국제재무보고기준가 갖추어졌다. 결과적으로 현재 재무보고기준은 미국의 US-GAAP과 나머지 세계의 IFRS 양대 축으로 유지되고 있다.

이러한 재무공시는 주주나 다른 이해관계자에게 유용한 정보를 제공하지만, 한편으로는 공시의 범위가 좁다는 비판도 받고 있다. 재무공시는 전통적인 회계기준에 의존하며, 정보가 자산, 부채, 자본, 손익 등 재무적 거래에 한정되어 있기 때문이다. 그러나 기업경영과 관계된 중요한 정보Material Information에는 재무적 거래만 있는 것이 아니다. 기업의 비재무적 활동 또한 경영성과에 큰 영향을 미칠 수 있는데, 우리가 관심을 두고 있는 ESG경영이 그 대표적인 사례다. 따라서 비재무적 정보의 공시에 대한 개선이 필요하다는 지적이 일고 있으며, 이에 대응하기 위해 FASB와 IASB는 보완된 보고기준을 마련 중이다.

ICGN

1980년대 미국에서는 기업지배구조의 중요성과 기관투자자의 주주행동에 대한 관심이 크게 증가하였다. 이러한 추세는 1990년대에도 지속됐으며, 1994년 미국의 CIICouncil of Institutional Investors, 기관투자자협의회가 이를 위한 기구의 필요성을 제안하기에 이르렀다. 그 결과 1995년에 ICGNInternational Corporate Governance Network, 세계기업지배구조네트워크이 설립되었다.

ICGN은 전 세계 기관투자자와 기업을 회원으로 하며, 지배구조에 대한 원칙과 가이드라인을 제정해서 전파하고 있다. ICGN의 핵심적인 두 가지 원칙은 세계지배구조원칙Global Governance Principles과 세계스튜어드십원칙Global Stewardship Principles인데 전자는 기업, 후자는 금융기관을 위한 것이다.

OECD의 기업지배구조원칙

OECD는 지배구조문제에 관한 활동을 적극적으로 하는 편이다. OECD는 1996년 각국 정부, 국제기구 및 민간부문과 협력해서 기업지배구조 개선방안을 강구하기로 하고, 1998년 조사보고서를 발표하였다. OECD 각료이사회는 이를 근거로 기업지배구조테스크포스Ad-Hoc Task Force on Corporate Governance를 조직해서 1999년 OECD 기업지배구조원칙OECD Principles of Corporate Governance을 발표하였다.

이 원칙은 주주의 권리, 주주의 평등대우, 이해관계자의 역할, 공시투명성, 이사회의 책임 등을 주요 내용으로 하는데, 특히 주주의 권리와 공시투명성은 ESG투자에 대해 중요한 의미를 가진다. 주주의 권리에 관해서는 기업정보의 공시와 획득, 주주총회 참석과 의결권 행사, 이사의 선임 등이, 공시투명성에 관해서는 기업의 재무 및 영업성과, 주주구성과 의결권, 이사의 보수, 종업원과 기타 이해관계자에 관한 사항, 기업지배구조와 정책 등이 포함되어 있다. 2015년 OECD는 G20과 함께 기업지배구조원칙을 개정하였다. 개정된 원칙은 자본시장, 이해관계자의 역할, 공시와 투명성, 이사회의 책임 등을 더욱 강조하였다. OECD의 기업지배구조 원칙은 투자뿐 아니라 은행, 보험 등 다양한 영역에서 보고기준이나 참고자료로 활용되고 있다.

금융부문의 위기와 감독문제

GIPS

일반기업과 마찬가지로 금융기관에도 재무공시는 중요하다. 따라서 금융기관의 종류별로 엄격하고 차별화된 보고기준이 마련되어 있다. 이와 함께 금융기관에 요구되는 또 다른 공시는 투자성과에 관한 것이다. 고객이 맡긴 자금이 현재 어떤 성과를 내고 있는지 정확하게 알려줄 필요가 있기 때문이다. 현재 가장 널리 사용되는 보고기준은 CFA협회CFA Institute의 GIPSGlobal Investment Performance Standards, 국제투자성과기준다.

고객의 자금을 대신 운용하는 금융기관 입장에서 투자성과를 공정하고 투명하게 보고하는 것은 가장 기본적인 신인의무라고 할 수 있다. 이를 위한 최초의 기준은 CFA협회의 전신인 AIMRAssociation for Investment Management and Research이 1987년에 발표한 AIMR-PPSAIMR-Performance Presentation Standards였다. 이후 더욱 엄격하고 정교한 기준의 필요성이 대두되어 AIMR-PPS가 GIPS로 발전한 것이다. GIPS는 사용주체에 따라 회사Firm, 자산소유자Asset Owner, 검증자Verifier의 세 가지 버전으로 제공되고 있다. 이 중 회사는 자산운용자를 의미한다. GIPS는 특히 투자기구의 성과평가에 주목한다. 자산운용자가 투자성과 공시기간을 자의적으로 선택하거나 수익률이 우수한 투자기구만을 골라서 투자성과를 왜곡하는 문제를 방지하기 위해서다. 한편 CFA협회도 FASB나 IASB와 마찬가지로 비재무적 정보의 투명한 공시에 대한 필요를 느끼고 보완된 보고기준을 준비하고 있다. 그 일차적인 결과물로 2021년 5월 ESG 공시기준에 대한 초안을 발표한 바 있다.

글로벌 금융위기

금융기관의 지배구조와 관련해서는 정부에 의한 감독이 중요한 이슈다. 금융기관의 경우 일반기업에 비해 감독의 중요성이 더 크기 때문에, 세계 각국은 중앙은행, 금융감독기구, 거래소 등 나름의 금융감독제도를 구축해 왔다. 특히 2000년대 후반 발생한 글로벌 금융위기는 세계 각국이 이러한 제도를 한층 강화하게 하였다.

2000년대 초 IT버블 붕괴와 2001년 9·11 사태로 경기가 급격히 침체되자, 미국은 경제활성화를 위해 금융규제를 완화하였다. 그중에는 모기지Mortgage 즉 주택담보대출에 대한 규제완화도 포함됐으며, 결과적으로 2000년대 중반부터 주택가격이 상승하였다. 그 과정에서 서브프라임모기지Sub-Prime Mortgage와 이를 유동화한 MBSMortgage Backed Securities의 발행규모도 커졌다. 그러던 중 2007년 주택가격이 하락하면서 급격하게 모기지의 부실이 증가하였다. 그 영향은 모기지를 기초로 발행된 MBS로 퍼졌고, 이는 금융기관의 부실로 이어졌다. 여기에는 뱅크런Bank Run에 취약한 그림자금융Shadow Banking System이 큰 역할을 하였다. 그림자금융이란 예금자보호제도와 엄격한 규제가 마련되어 있는 은행과 달리, 그러한 장치가 느슨한 금융기관들이 서로 협업하는 과정에서 결과적으로 은행과 같은 기능을 하게 되는 현상을 말한다. 당시 모기지가 MBS로, 이것이 다시 CDOCollateralized Debt Obligations로 변형되고, 이를 금융투자상품인 MMFMoney Market Fund가 ABCPAsset Backed Commercial Paper나 RPRepurchase Agreement의 형태로 매입한 것이 전형적인 사례다. 결국 MMF의 투자자가 모기지대출을 한 셈이 된 것이다.

글로벌 금융위기를 계기로 세계 각국은 금융규제를 정비하였다. 미국의 경우 2010년 「도드-프랭크 월가 개혁 및 소비자 보호법Dodd-Frank Wall Street Reform and Consumer Protection Act」을 제정했는데, 이 법은 대공황 이후 가장 근본적이고 혁신적인 금융개혁이었다고 평가된다. 여기에는 FSOCFinancial Stability Oversight Council, 금융안정감독위원회의 설치, 헤지펀드나 PEFPrivate Equity Fund와 같은 사모펀드 운용자에 대한 규제 등이 포함되었다. 영국은 은행법을 강화하였다. 2009년「은행법Banking Act 2009」을 통해 중앙은행에 금융안정 책임을 부여했으며, 2012년과 2016년에는「금융서비스법Financial Services Act 2012, 2016」을 개정해서 감독기능을 중앙은행으로 일원화하였다. EU는 2014년에 ESFSEuropean System of Financial Supervisors, 유럽금융감독시스템를 출범하였다. 이를 통해 거시건전성 감독은 ESRBEuropean Systemic Risk Board, 유럽시스템리스크위원회가, 미시건전성 감독은 업종별로 EBAEuropean Banking Authority, 유럽은행감독당국, EIOPAEuropean Insurance and Occupational Pension Authority, 유럽보험연금감독당국, ESMAEuropean Securities and Markets Authority, 유럽증권시장감독당국 및 각 회원국의 금융감독기구가 담당하도록 하였다. 또한 ECBEuropean Central Bank, 유럽중앙은행는 시스템적으로 중요한 은행에 대한 감독을, 회원국의 금융감독기구는 중요도가 낮은 회원국 소재 은행에 대한 감독을 각각 담당하도록 하였다.

G20과 FSB

글로벌 금융위기를 겪으면서 깨달은 또 하나의 사실은 금융기관의 경우 일반기업에 비해 글로벌화가 훨씬 치밀하게 진행되어 있어서, 개별 국가의 감독만으로 시스템리스크를 충분히 관리하기 어렵다는 것이었다. 따라서 국제사회는 글로벌 금융감독시스템을 강화하게 됐는데, 그 중심적인 역할을 G20이 하고 있다. 1970년대부터 세계경제의 중심 협의체로 기능하던 G7이 1990년대 말 아시아 금융위기를 겪으면서 G20으로 확대되고, 2000년대 후반 글로벌 금융위기를 겪으면서 정상회의로 승격된 역사에 대해서는 앞에서 설명한 바 있다.

G20 정상들은 2009년에 기존 FSFFinancial Stability Forum, 금융안정포럼를 확대해서 FSBFinancial Stability Board, 금융안정위원회를 설립하고, 은행, 증권, 보험, 회계 등 금융산업 전 분야의 감독기구를 총괄하게 하였다. 특히 은행과 관련된 규제는 바젤은행감독위원회BCBS: Basel Committee on Banking Supervision가 담당하고 있는데, 자본규제, 레버리지규제, 유동성규제, 거액익스포저규제 등을 주요 내용으로 하는 바젤III를 강력히 시행하고 있다. G20은 최근 녹색금융에 대한 규제와 지원도 시행하고 있다. 특히 GFSGGreen Finance Study Group, 녹색금융스터디그룹는 환경 관련 리스크분석, 환경 관련 공공데이터의 접근성 개선 등에 관한 연구를 진행해서 발표한 바 있다.

지배구조문제에 대한 최근 움직임

비재무공시의 제도화

기업의 재무보고와 금융기관의 투자성과보고는 지배구조문제의 해결을 위한 기본적인 조건이다. 여기에 더해서 최근 비재무적 활동의 공시에 대해서도 선진국을 중심으로 제도화가 진행되고 있다. 비재무적 활동은 ESG투자에서 중요하게 고려된다. 한 가지 문제는 아직 공시에 대한 표준이 마련되지 않아서 혼란이 있다는 사실이다. 이에 대해서는 4장에서 자세히 설명한다.

그럼에도 비재무적 활동의 공시에 대한 제도화는 빠르게 진행되고 있다. 그 대표적인 사례가 EU의 NFRDNon-financial Reporting Directive, 비재무보고지침다. 2014년에 제정된 이 지침은 임직원 500인 이상의 기업이 ESG와 관련된 비재무적 활동을 의무적으로 공시하도록 하였다. 이는 당시로써는 파격적인 규제로 받아들여졌다. 하지만 이후로도 규제는 계속 강화됐고, 전 세계 많은 국가들이 비슷한 제도를 도입하게 되었다.

스튜어드십코드의 확산

스튜어드십코드Stewardship Code란 자산소유자나 자산운용자와 같은 기관투자자가 고객에게 부담하는 수탁자책임을 나타낸 것으로서, 투자대상 기업의 장기적이고 지속가능한 성장을 위해 주주권을 적극적으로 행사할 것을 주요 내용으로 한다. 스튜어드십코드는 공신력 있는 기관이 표준안을 작성하고, 기관투자자가 자발적으로 그것을 채택하는 방식으로 운영된다. 스튜어드십코드는 글로벌 금융위기를 극복하는 과정에서 2010년 영국이 처음 도입했으며, 이후 여러 국가로 퍼져 나갔다.

영국은 스튜어드십코드와 관련해서 지금도 가장 앞서 나가고 있다. 담당기구인 FRCFinancial Reporting Council, 재무보고위원회는 2019년 스튜어드십코드의 개정판을 공개했는데, 여기서는 주식뿐 아니라 다른 자산군까지 적용대상을 확대하고, 스튜어드십코드의 준수 여부에 대한 보고의무도 강화하였다. 우리나라의 경우 2016년에 한국스튜어드십코드를 제정한 바 있다. 이후 크게 활성화되지는 않았으나, 2018년 국민연금기금이 스튜어드십코드를 도입하면서 관심을 받게 되었다. 한국스튜어드십코드는 일곱 가지 원칙으로 구성되어 있으며, 그 내용은 아래와 같다. 참고로 한국스튜어드십코드는 한국기업지배구조원이 관리하고 있다.

1. 기관투자자는 고객, 수익자 등 타인 자산을 관리·운영하는 수탁자로서 책임을 충실히 이행하기 위한 명확한 정책을 마련해 공개해야 한다.
2. 기관투자자는 수탁자로서 책임을 이행하는 과정에서 실제 직면하거나 직면할 가능성이 있는 이해상충 문제를 어떻게 해결할지에 관해 효과적이고 명확한 정책을 마련하고 내용을 공개해야 한다.
3. 기관투자자는 투자대상회사의 중장기적인 가치를 제고하여 투자자산의 가치를 보존하고 높일 수 있도록 투자대상회사를 주기적으로 점검해야 한다.
4. 기관투자자는 투자대상회사와의 공감대 형성을 지향하되, 필요한 경우 수탁자 책임 이행을 위한 활동 전개 시기와 절차, 방법에 관한 내부지침을 마련해야 한다.
5. 기관투자자는 충실한 의결권 행사를 위한 지침·절차·세부기준을 포함한 의결권 정책을 마련해 공개해야 하며, 의결권 행사의 적정성을 파악할 수 있도록 의결권 행사의 구체적인 내용과 그 사유를 함께 공개해야 한다.
6. 기관투자자는 의결권 행사와 수탁자 책임 이행 활동에 관해 고객과 수익자에게 주기적으로 보고해야 한다.
7. 기관투자자는 수탁자 책임의 적극적이고 효과적인 이행을 위해 필요한 역량과 전문성을 갖추어야 한다.

03

ESG투자의 전략과 방법

ESG투자의 전략

주식에 대한 ESG투자

채권에 대한 ESG투자

부동산에 대한 ESG투자

ESG투자의 전략

The Strategies of ESG Investing

네 가지 전략

이제 우리의 관심사인 투자에 관해 이야기해 보자. 지금까지 줄곧 ESG문제의 해결을 위해서는 기업이 ESG경영을 해야 하고, 그것을 촉진하는 데 ESG투자가 이바지할 수 있다고 말해 왔다. 하지만 이 말을 투자자의 입장에서 좀 더 솔직하게 고쳐 써 보자. "ESG문제 때문에 ESG경영을 외면하는 기업은 성공하기 어렵고, 따라서 투자자가 좋은 성과를 내기 위해서는 ESG투자를 해야 한다." 투자를 할 때 ESG 요소를 고려하지 않을 수 없는 이유는 여기에 있다. 기업에 대한 투자뿐 아니라 실물자산에 대한 투자에서도 마찬가지다.

투자전략이란 투자의 목적을 달성하기 위해 자산배분과 종목선택을 하는 과정에서 적용하는 원칙이나 절차를 말한다. 자본시장이 성장하면서 투자전략도 다양하게 발전해 왔는데, 크게 보면 정성적 전략Qualitative Strategies에서 정량적 전략Quantitative Strategies으로 변해 가는 모습을 보인다. 전자는 직관, 토론, 면담 등의 방법으로 전문가의 식견을 모으는 것이고, 후자는 통계적·계량적 기법을 의사결정의 과정에 도입하는 것이다. 이는 ESG투자에 있어서도 마찬가지다. 전통적 윤리투자에서 최근의 ESG투자에 이르기까지 투자자는 조금씩 다른 목적을 추구하며 정성적·정량적 전략을 개발해 왔다. 그중 대표적인 것으로는 네거티브선별, 포지티브선별, 동종최고선별, 규범기반선별, ESG통합, 임팩트투자, 테마투자, 경영관여, 대리투표 등이 있다.[32] 이들 전략 간에는 유사한 것도 있고 겹치는 것도 있다. 따라서 몇 가지로 범주화하는 것이 편한데, 이 책에서는 배제전략, 통합전략, 테마전략, 행동전략의 네 가지로 묶기로 한다.

각 전략의 구성은 다음과 같다. 먼저 네거티브선별을 배제전략으로 분류한다. 네거티브선별, 포지티브선별, 동종최고선별, 규범기반선별이 모두 같은 '선별'이라는 말로 끝나기 때문에 유사해 보이지만, 사실 네거티브선별과 나머지 선별 간에는 큰 차이가 있다. 네거티브선별은 투자자가 배제하고자 하는 특정한 섹터나 종목에 대한 지식만 있어도 시행할 수 있다. 그러나 포지티브선별은 전체 섹터와 종목을 체계적인 기준으로 비교하지 않으면 시행할 수 없다. 각 섹터 내에서 ESG성과가 우수한 종목을 선별하는 동종최고선별이나 종합적인

32. 투자전략의 종류는 GSIA, *Global Sustainable Investment Review 2020*, 2020; PRI, *What is Responsible Investment?*, 2020; Matthew W. Sherwood and Julia Pollard, *Responsible Investing: An Introduction to Environmental, Social, and Governance Investments*, New York: Routledge, 2019; Cary Krosinsky and Sophie Purdom, *Sustainable Investing: Revolutions in Theory and Practice*, New York: Routledge, 2017 등을 참고해서 선정하였다. 각 자료를 찾아서 읽어 보면 도움이 될 것이다.

원칙을 적용해서 선별하는 규범기반선별은 말할 것도 없다. 따라서 이들은 좀 더 계량적인 ESG통합과 묶어서 통합전략으로 분류한다. 전통적 윤리투자의 한 종류로 언급했던 임팩트투자는 테마투자와 묶어서 테마전략으로 분류한다. 그리고 기업이나 실물자산의 소유자로서 권리를 행사하는 것과 관계된 경영관여와 대리투표는 행동전략으로 분류한다. 이제 전략을 범주화했으니 그 내용을 하나씩 살펴보자.

배제전략

배제전략Exclusion Strategy이란 ESG이슈와 관련해서 부정적인 영향을 발생시키는 기업이나 실물자산을 투자대상에서 제외하는 전략을 말한다. 자산배분과 종목선택 과정에서 사용되는 네거티브선별Negative Screening이 대표적인 사례다. 한 가지 유념할 점은 배제전략이 신규투자에서만 가능한 것이 아니라는 사실이다. 이미 투자해서 보유하고 있는 포트폴리오에도 배제전략을 도입할 수 있는데, 이때는 해당 기업이나 실물자산으로부터 자금을 거둬들이는 회수전략Divestment Strategy의 모습을 띠게 된다. 이 책을 꼼꼼히 읽은 독자라면 남아프리카공화국의 아파르트헤이트 사례를 기억할 것이다.

배제전략에서 배제의 대상으로 자주 언급되는 것이 바로 죄악주Sin Stock다. 이는 술, 담배, 마약, 포르노, 무기 등 사회에 부정적인 영향을 미치는 제품이나 서비스를 생산하는 기업의 주식을 말한다. 한 가지 아이러니한 것은 이러한 기업의 상당수가 직간접적으로 정부와 거래를 한다는 사실이다. 정부가 관여할 경우 투자위험이 낮으므로, 투자 입장에서는 죄악주를 쉽게 포기할 수 없다. 결과적으로 ESG투자가 부상함에도 기관투자자의 포트폴리오에서 죄악주의 비중은 크게 낮아지지 않고 있다. ESG경영을 위한 규제와 지원을 강화하고 있는 각국 정부가 앞으로 이러한 산업을 어떻게 대할지 두고 볼 일이다.

오래전 신앙기반투자는 말할 것도 없고, 최근의 ESG투자도 배제전략을 많이 사용한다. 배제의 대상은 이제 죄악주뿐 아니라 ESG요소를 두루 반영해서 확대되었다. 그런데, 배제전략은 투자의 유니버스가 좁아지고 경우에 따라서는 투자회수를 할 수도 있기 때문에, 수익률 저하로 이어질 가능성이 높다. ESG투자의 성과에 관한 초기 연구 중에는 부정적인 결과를 보고한 사례가 많은데, 이는 당시의 ESG투자가 대부분 배제전략을 택했기 때문이다.

그런데 곰곰이 생각해 보면, 배제전략이 수익률 면에서 불리한 이유가 전략의 특징뿐 아니라 산업분류체계의 한계에도 기인하는 것을 알 수 있다. 현재 자본시장에서 사용되는 대표적인 산업분류체계는 1999년 MSCI와 S&P가 개발한 GICSGlobal Industry Classification Standard와 2005년 다우존스와 FTSE가 개발한 ICBIndustry Classification Benchmark의 두 가지다. GICS는 상장기업을 11개 섹터Sectors, 24개 산업부문Industry Groups, 69개 산업Industries, 158개 하위산업Sub-Industries으로 구분하며, MSCI와 S&P의 벤치마크지수에 사용되고 있다. 그리고 ICB는 상장기업을 11개 산업Industries, 20개 슈퍼섹터Supersectors, 45개

섹터Sectors, 173개 하위섹터Sub-Sectors로 구분하며, FTSE와 STOXX의 종목분류에 사용되고 있다. 두 산업분류체계는 생산물의 성격, 자산이나 매출의 구성, 밸류체인Value Chain 등을 고려해서 기업의 재무적 특성을 잘 반영하도록 만들어졌다. 하지만 업종별 ESG특성은 고려하지 않는다. 따라서 이를 기준으로 배제전략을 구사할 경우, 특정한 산업이나 섹터가 통째로 배제되는 결과가 발생할 수도 있다.

이러한 문제를 인식해서 ESG요소, 특히 환경요소를 고려한 녹색분류체계Green Taxonomy의 수립이 세계 각국에서 이뤄지고 있다. 가장 대표적인 녹색분류체계는 2000년에 발표된 EU분류체계EU Taxonomy다. 이 분류체계의 근간인 EU분류체계규정EU Taxonomy Regulation은 기후변화 완화Climate change mitigation, 기후변화적응Climate change adaptation, 수자원과 해양자원의 지속가능한 이용과 보호The sustainable use and protection of water and marine resources, 순환경제로의 전환The transition to a circular economy, 오염의 방지와 관리Pollution prevention and control, 생물다양성과 생태계의 보호와 복원The protection and restoration of biodiversity and ecosystems 등 여섯 가지 목표를 설정하고, 이에 부합하는 경제활동을 판단하기 위한 기준을 두고 있다. 녹색분류체계는 배제전략뿐 아니라 다른 계량적인 전략에서도 중요하게 활용될 수 있어서 큰 의미가 있다.

통합전략

통합전략Integration Strategy은 투자의사결정의 과정에서 ESG요소를 체계적으로 반영하는 전략을 말한다. 이를 위해서는 투자자에게 ESG요소를 검토하는 내용과 절차가 제도화되어 있어야 하고, 계량분석을 할 수 있도록 자본시장에 인프라가 갖춰져 있어야 한다. 통합전략의 개념은 OECD의 ESG통합에 대한 정의[33]에 잘 드러나 있다. "ESG통합이란 ... ESG요소가 포트폴리오의 성과와 투자자의 책무에 영향을 미친다는 사실을 투자정책과 원칙에 반영하고, 그러한 영향에 대한 분석을 자산배분과 가치평가모형에 적용하는 것이다."

통합전략은 계량분석의 성격에 따라 개별 자산에 대한 투자분석에서 ESG요소를 고려하는 리서치기반Research-based 또는 기본적Fundamental 분석과 미리 구축된 모형에 ESG 관련 지표를 입력해서 포트폴리오를 조정하는 시스템 분석으로 다시 나뉜다. 전자는 저평가된 자산을 선별하는 데 ESG요소를 고려하는 것이고, 후자는 ESG요소를 고려해서 최적화나 벤치마킹과 같은 계량투자Quantitative Investment를 하는 것이다. 한 가지 문제는 두 방법 모두 상당한 수준의 인프라를 요구한다는 사실이다. 가장 중요한 인프라는 자본시장에 존재하는 기업이나 실물자산에 대한 ESG평가와 ESG평가의 결과를 토대로 작성된 수익률지수인 ESG지수인데, 이들이 잘 갖춰져 있을 경우 전통적

---

33. OECD, *Investment governance and the integration of environmental, social and governance factors*, 2017. 본문 내용은 OECD의 정의를 읽기 편하게 요약한 것이다.

인 재무투자와 마찬가지로 ESG등급을 고려한 자산배분, ESG모멘텀에 따른 종목선택, ESG지수를 추종하는 패시브투자 등을 할 수 있다. ESG평가, ESG지수 그리고 이들을 가능하게 하는 ESG보고에 대해서는 4장에서 자세히 설명한다.

더 초보적인 통합전략으로는 포지티브선별Positive Screening과 동종최고선별Best-in-class Screening이 있다. 포지티브선별은 네거티브선별의 반대 전략인데, 앞에서 언급했듯이 그 난이도는 네거티브선별보다 높다. 네거티브선별을 위해서는 ESG이슈와 관련해서 문제가 되는 자산을 제외하면 되지만, 포지티브선별을 위해서는 일정한 기준을 정립하고 유니버스 전체를 분석해서 순위를 매겨야 하기 때문이다. 실제로 주식시장에서는 포트폴리오의 ESG성과를 높이기 위해 포지티브선별에 의한 미세조정을 하는 틸팅Tilting 기법도 활용되고 있다. 동종최고선별은 좀 더 실용적이고 흑백논리에서 벗어난 방법이라고 할 수 있다. 이는 ESG이슈에 부합하는 기업이나 실물자산의 조건을 전체 유니버스에 적용한 후, 섹터마다 최선의 종목을 선별하는 방법이다. 이 경우 네거티브선별이나 포지티브선별과 같이 특정 섹터가 완전히 배제되어 유니버스가 축소되는 일이 없다. 어떻게 보면, 수익률을 위해 ESG성과를 약간 양보하는 전략이라고도 할 수 있다.

규범기반선별Norm-based Screening 또한 통합전략의 한 가지 모습이다. 그러나 통합전략의 발전과 함께 그 필요성이 조금씩 감소하고 있다. 여기서 규범이란 PRI와 같은 국제단체가 ESG투자의 원칙과 가이드라인을 제시하고, 기관투자자가 이를 준수하기로 서명하며, 실제로 그 결과를 주기적으로 보고함으로써 관리되는 체계를 말한다. 이러한 규범은 ESG투자에 대한 기관투자자의 참여를 확산시키고 그들의 투자행태를 구속하는 효과가 있지만, 정교한 통합전략이 발전하면서 투자전략으로서의 역할은 상대적으로 약해지고 있는 것이다.

테마전략

테마전략Themed Strategy의 전형은 임팩트투자라고 할 수 있다. 임팩트투자는 특정한 종류의 외부효과를 발생시키는 것을 목적으로 하기 때문이다. 앞에서 임팩트투자라는 용어가 2007년 록펠러재단에 의해 만들어졌고, 이 재단이 기관투자자 단체인 GIIN의 결성을 주도했다고 소개한 바 있다. GIIN은 임팩트투자를 재무적 수익과 함께 사회적·환경적 영향을 발생시키기 위해 기업, 조직, 펀드 등에 투자하는 것으로서, 시장수익률이나 그 이하의 수익률을 목표로 한다고 정의하였다. 임팩트투자의 이러한 정의는 재무적 수익도 양보하지 않는 최근의 ESG투자와 결을 달리한다. 그래서 스위스의 기관투자자 단체인 SSFSwiss Sustainable Finance는 임팩트투자를 "1990년대 미국에서 투자수익과 자선이라는 두 가지 가치가 합쳐져서 발생한 것"으로 소개하고 있다.[34]

---

34. Swiss Sustainable Finance, *Handbook on Sustainable Investments: Background Information and Practical Examples for Institutional Asset Owners*, Middletown, DE, USA: CFA Institute Research Foundation, 2019.

최근에는 ESG이슈와 관련된 다양한 테마를 소재로 하는 투자가 빠르게 증가하고 있다. 테마투자는 과거부터 주식시장에서 널리 활용되고 있는 기법인데, 특정한 경향, 사건, 경기 등에 주목해서 초과수익을 추구하는 것을 말한다. 2020년 코로나19가 우리를 괴롭히는 동안 소위 언택트주Un-tact Stock가 여러 투자자를 기쁘게 해 준 것이 한 사례다. 이러한 테마투자는 임팩트투자와 달리 재무적 수익을 양보하지 않는다.

테마전략은 주로 공모펀드, 특히 ETF에서 각광받고 있다. 다수의 투자자로부터 자금을 모집하는 공모펀드의 특성상 ESG라는 테마가 좋은 마케팅 요소가 되기 때문이다. 가장 선호되는 테마는 환경과 관련된 것인데, 기후변화, 탄소배출 등 수치적인 측정방법이 개발된 분야에 펀드설정이 집중되고 있다. 사례를 찾는 것은 어렵지 않다. 인터넷 검색창에 'ESG ETF'라고 치면 한눈에 보기 어려울 만큼 주식형 ETF가 많이 검색된다. 테마전략은 채권이나 부동산투자에도 적지 않게 활용된다. 녹색채권이나 사회적채권에 투자하는 채권형 펀드, 그린빌딩에 투자하는 부동산펀드는 테마전략을 활용하는 대표적인 사례다.

행동전략

행동전략Activism Strategy은 네 가지 전략 중에서 가장 특수하다. 사용되는 시점부터 나머지 세 전략과 다르기 때문이다. 배제·통합·테마전략이 투자시점에 사용되는 반면, 행동전략은 투자 후 자산을 보유하는 동안 사용된다. 주식, 채권, 부동산 등에 투자할 경우 투자자는 주주·채권자·소유자의 지위를 가지게 되는데, 이 지위를 이용해서 기업이나 실물자산이 ESG경영을 하도록 독려하는 것이 바로 행동전략이다. 행동전략은 이러한 행동이 경영을 변화시킬 수 있고, 장기적으로 투자자에게도 유리하다고 믿는다.

행동전략은 주주행동Shareholder Activism, 주주관여 또는 주주참여Shareholder Engagement 등의 용어에서 드러나듯 주식시장에서 발달하였다. 여기서 행동, 관여, 참여는 큰 구별 없이 사용된다. 행동전략은 협조적인 방법으로 기업과 소통하는 협조적 관여Collaborative Engagement와 공격적으로 기업의 변화를 유도하는 공격적 관여Hostile Engagement로 구분된다. 구체적인 방법에는 주주로서 경영자와 일상적으로 소통하는 것, 주주총회의 승인을 얻어 이사회에 참여하는 것, 주주총회에 의안Resolution을 제출해서 관철하는 것, 적대적 인수합병Hostile Takeover을 시도해서 경영자에게 충격을 주는 것 등이 있다. 배제전략에서 언급한 투자회수도 이미 주식을 소유한 투자자만이 할 수 있다는 점에서 일종의 행동전략이라고 할 수 있다.

이 중 가장 널리 사용되는 방법은 주주총회에 의안을 제출하고, 다른 주주의 의결권을 모아 대리투표 또는 위임투표Proxy Voting를 하는 것이다. 가장 공식적인 방법일 뿐 아니라 그 과정에서 경영자, 다른 주주, 기타 이해관계자에게 해당 의안을 알리고 관심을 불러일으키는 효과도 있기 때문이다. 하지만 위임장으로 경쟁하는 것이 쉬운 절차가 아니기 때문에, 투자자 대부분은 이러한 업무를 대행해 주는 위임자문기관Proxy Advisory Company의 도움을 받고 있다.

과거 기관투자자는 주주총회에서 소위 섀도보팅Shadow Voting을 해 왔다. 자신을 제외한 주주들의 의견을 비율대로 따라간 것이다. 그러나 앞으로는 기관투자자를 중심으로 행동전략을 채택하는 사례가 늘어날 전망이다. 국민의 자금을 대신 운용하는 자산소유자를 중심으로 스튜어드십코드Stewardship Code를 채택하는 사례가 많아지고 있기 때문이다. 앞에서 설명했듯이 스튜어드십코드란 기관투자자가 고객에게 부담하는 수탁자책임을 나타낸 것으로서, 기업이나 실물자산의 가치 제고와 지속가능한 성장을 위해 의결권을 적극적으로 행사하는 것을 주요 내용으로 한다. 우리나라도 2016년에 한국스튜어드십코드를 제정한 것 또한 앞에서 소개한 바 있다.

채권의 경우 의결권이 없으므로, 행동전략과 무관하다고 여겨져 왔다. 그러나 최근 발행되는 ESG채권은 발행대금이 원래 목적한 ESG 관련 용도로 사용되고 있는지 지속적으로 검사를 받기 때문에, 이제는 채권자도 행동전략과 무관하다고 볼 수 없다. 부동산의 경우는 투자자가 소유권을 취득하기 때문에 자산의 경영에 직접 참여한다. 사모펀드의 형태로 투자하는 경우에도 수익자총회 등의 절차에서 의결권을 행사하기 때문에 행동전략을 구사할 수 있다.

투자전략별 시장규모

GSIA는 격년으로 발간하는 보고서에서 ESG투자의 전략을 네거티브·배제선별Negative / Exclusionary Screening, 포지티브·동종최고선별Positive / Best-in-class Screening, 규범기반선별Norms-based Screening, ESG통합ESG Integration, 지속가능·테마투자Sustainability-themed / Thematic Investing, 임팩트·커뮤니티투자Impact / Community Investing, 경영관여·주주행동Corporate Engagement and Shareholder Action의 일곱 가지로 나누고 있다. Eurosif[35]나 RIAA[36]와 같은 GSIA의 회원단체들도 홈페이지에서 나름의 분류를 제공하고 있는데, 단어선택에만 차이가 있을 뿐 내용은 거의 동일하다.

GSIA는 일곱 가지 전략의 시장규모를 <그림 3-1>과 같이 보고하고 있다. 단, 한 건의 투자가 여러 전략을 동시에 추구할 수 있으므로, 전략별 시장규모의 합은 전체 ESG투자의 시장규모보다 크다. 2020년을 기준으로 할 때 전자는 58.6조 달러, 후자는 35.3조 달러다.

가장 큰 비중을 차지하는 전략은 ESG통합으로서, 시장규모가 25조 달러를 넘는다. 그 뒤를 네거티브·배제선별15조 달러, 경영관여·주주행동10.5조 달러, 규범기반선별4.1조 달러이 따르고 있다. 전통적인 네거티브·배제선별은 적용하기가 간편하기 때문에 2018년까지 가장 큰 비중을 차지하였다. 그러나 ESG 관련 정보체계가 발달하면서 ESG통합

35. http://www.eurosif.org/responsible-investment-strategies
36. https://responsibleinvestment.org/what-is-ri/ri-explained

의 비중이 빠르게 성장해서 2020년 순위가 바뀌었다. 이는 2016년 대비 성장률을 통해 확인할 수 있다. 네거티브·배제선별의 성장률이 0%인 반면, ESG통합의 성장률은 143%에 달한다. 가장 큰 성장률을 기록한 전략은 지속가능·테마투자다. 이는 최근 테마형 ETF가 크게 늘었기 때문으로 보인다. 반대로 규범기반선별은 ESG통합과 같이 고도화한 전략의 비중이 늘어나면서 마이너스 성장을 기록하였다.

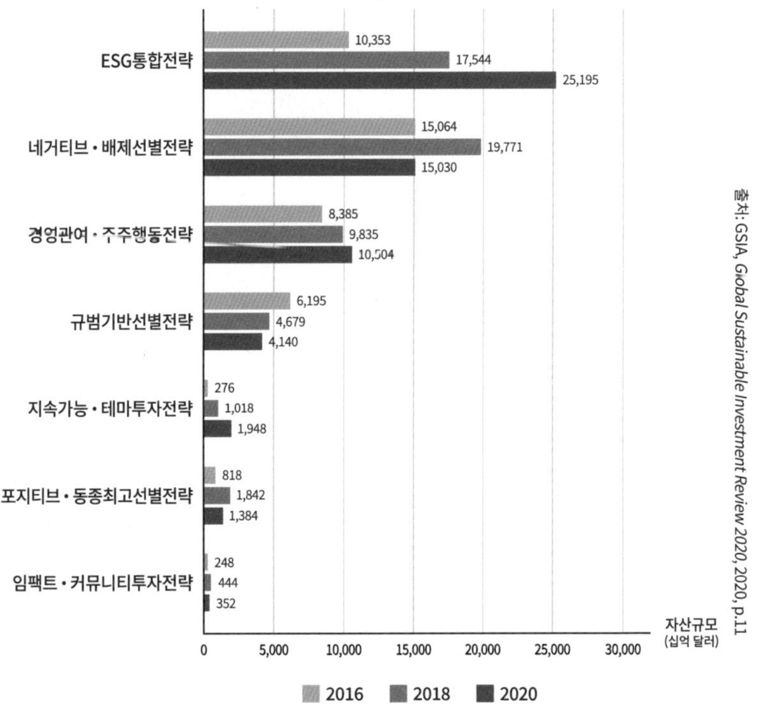

그림 3-1. GSIA의 투자전략별 ESG투자 자산규모

한편 각 전략 내에서 지역별 비중을 살펴보면, 재미있는 사실을 발견할 수 있다. 네거티브·배제선별, 규범기반선별과 같이 전통적인 전략에서는 유럽의 비중이 높은 반면, ESG통합, 지속가능·테마투자와 같이 최근 성장하는 전략에서는 미국의 비중이 압도적으로 높은 점이다. 1장에서 살펴본 ESG투자의 시장규모에서 전통적으로 유럽이 가장 큰 시장을 형성하고 있었으나, 최근 미국이 급성장해서 순위가 바뀌었다는 것을 확인한 바 있다. 두 가지 통계를 종합해 보면, 최근 미국에서 이뤄지고 있는 ESG통합과 지속가능·테마투자가 ESG투자의 성장을 주도하고 있다는 것을 알 수 있다.

세 가지 자산

구체적인 ESG투자의 방법을 살펴보기 전에 투자의 대상이 되는 자산을 먼저 이해할 필요가 있다. 투자는 결국 자산을 취득하는 형식으로 이뤄지므로, 투자의 방법도 자산의 종류에 따라 달라지기 때문이다. 그렇다면 세상의 투자자는 어떤 자산에 투자하고 있을까? 자본시장에서는 투자자산을 크게 전통자산과 대체자산으로 구분한다. 전통자산에는 주식과 채권이 포함되고, 대체자산에는 파생상품, 비상장지분, 비은행대출, 실물자산이 포함된다. 실물자산 중에서는 부동산, 인프라, 에너지, 원자재가 대표적인 자산이다. 지금부터 이들 자산의 개념과 특성에 대해 간단히 알아보자.

전통자산과 대체자산

자본시장에서 거래되는 가장 대표적인 자산은 주식이나 채권 같은 증권Securities이다. 증권이 출현한 것은 불과 수백 년 전으로서, 부동산과 같은 실물자산에 비해 역사가 아주 짧다. 그러나 증권은 형식이 표준화되고 적은 금액으로 분할되며 거래소에 상장될 경우 유동성도 높기 때문에, 자본시장을 성장시키고 자본주의의 발전을 견인해 왔다. 따라서 현대사회에서 증권은 전통자산Traditional Assets이라 불리고 있다.[37]

전통자산 중 주식Stock은 고위험 고수익이라는 특성이 있다. 주식의 가격은 거시경제나 산업동향으로부터 영향을 받으며, 주식을 발행한 기업의 가치를 반영한다. 특히 상장주식은 거래소에서 빈번하게 거래되기 때문에, 가격을 관찰하기 쉽고 유동성도 높다. 가장 대표적인 자산인 만큼 투자이론 역시 상장주식을 중심으로 발전해 왔다. 상장주식은 거래소가 위치한 지역이나 섹터에 따라 분류된다. 또한 스타일과 같은 요인Factor을 기준으로 분류되기도 한다.

채권Bond은 주식에 비해 저위험 저수익의 특성을 띤다. 채권의 가격은 시장이자율로부터 영향을 받으며 표면이자율, 잔여만기, 신용등급 등을 반영한다. 채권은 주식과 달리 장외거래, 즉 거래소 밖에서 거래되는 비중이 크다. 하나의 기업이 발행조건이 다른 여러 채권을 발행하며, 일반채권뿐 아니라 후순위채권, 전환사채, 교환사채 등 종류도

37. 민성훈, 『부동산투자론』, 한숲, 2020.

다양해서 표준화하기 어렵기 때문이다. 따라서 주식시장에서는 거래소의 역할이 크고, 채권시장에서는 매매, 중개, 인수 등의 기능을 하는 금융기관의 역할이 크다.

주식이나 채권이 아닌 투자자산은 매우 다양한데, 이를 묶어서 대체자산Alternative Assets이라고 부른다. 대체자산에는 파생상품, 비상장지분, 비은행대출, 실물자산이 포함되며, 각기 다른 특성이 있다. 대체자산의 공통점 중 하나는 주로 사모펀드Private Fund를 통해 투자가 이뤄진다는 사실이다. 대체자산은 건당 투자금액이 크고 유동성이 낮으며 투자기간이 길다. 더구나 종류별로 전문가도 세분되어 있어서, 다수의 투자자로부터 자금을 모집하고 가입과 환매가 자유로운 공모펀드Public Fund로 투자하는 것이 불편하기 때문이다.

파생상품Derivatives이란 주가, 금리, 환율 등 기초자산의 가격에 따라 가치가 결정되는 금융상품을 말한다. 파생상품에는 선물Future, 옵션Option, 스왑Swap 등이 있으며, 거래소에서 거래되는 장내파생상품과 거래소 밖에서 거래되는 장외파생상품으로 구분된다. 파생상품은 위험의 헤지Hedge 수단으로도 많이 사용된다. 기관투자자는 파생상품에만 단독으로 투자하기보다는 기초자산이 되는 주식이나 채권과 합성 포지션을 구축하는 경우가 많다. 이러한 투자는 주로 헤지펀드Hedge Fund를 통해 이루어진다.

비상장지분PE: Private Equity은 아직 거래소에 상장되지 않은 기업의 지분을 말한다. 기업이 상장되기 전에는 주식회사 외의 법적 형태를 취하는 경우도 있으므로, 취득하는 지분이 주식이 아닐 수도 있다.[38] PE에 대한 투자는 기업의 라이프사이클이나 투자전략에 따라 벤처캐피탈VC: Venture Capital, 성장캐피탈Growth Capital, 바이아웃Buyout, 구조조정Distressed 또는 Special Situation 등으로 구분된다. 이 중 바이아웃이나 구조조정은 상장기업을 대상으로 하기도 한다. 이러한 투자는 주로 PEFPrivate Equity Fund를 통해 이루어진다.[39]

비은행대출PD: Private Debt은 은행이 잘 취급하지 않는 메자닌대출Mezzanine Loan, 후순위대출 등을 말한다. LTVLoan to Value가 높은 부동산 담보대출, 인프라 개발사업에 대한 프로젝트파이낸싱 등 특수한 대출도 PD에 해당한다.[40] PD의 시장규모는 은행권의 시장상황이나 정부규제로부터 영향을 많이 받는다. PD는 PEF에 의해 시작됐는데, 최근 시장규모가 커지면서 PD만 취급하는 펀드를 PDFPrivate Debt Fund라고 부르고 있다.

실물자산Real Asset은 부동산Real Estate, 인프라Infrastructure, 에너지Energy, 원자재Commodities와 같이 유형의 실체가 있는 자산을 말한다. 부동산에 대한 투자는 개발과 매입의 두 가지로 할 수 있다. 전자는 투

38. PE는 비상장지분 외에도 비상장주식, 사모지분, 사모주식, 사모투자 등 여러 이름으로 불린다. 자본시장에서 'Private'은 비상장(예: Private Company)과 사모(예: Private Fund)의 두 가지 의미로 사용되는데, 자산을 지칭하는 Private Equity에서는 전자로 해석하는 것이 맞는다고 생각된다. 또한 투자의 대상에 주식회사뿐 아니라 합자회사(Limited Partnership) 등 다양한 기업이 포함될 수 있으므로, 이 책에서는 비상장지분이라고 부르기로 한다.
39. VC의 경우, PE와 구분해서 별도의 자산으로 분류하기도 한다.
40. PD는 비은행대출보다 사모대출, 사모채권 등으로 더 많이 불린다. 하지만 비상장지분과 비슷한 이유로 이 책에서는 비은행대출이라고 부르기로 한다.

자의 목적물을 직접 짓는 것이고, 후자는 남이 지은 목적물을 사는 것이다. 인프라나 에너지에 대한 투자는 개발 또는 채굴의 방식으로 이루어진다. 준공 후 바로 매각하지 않고 장기간 보유하면서 투자비를 회수하는 것이 일반적이다. 원자재란 천연자원이나 농산물 중에서 석유, 구리, 옥수수와 같이 국제적으로 표준화되어 거래되는 것을 의미한다. 원자재는 주로 선물의 형태로 거래된다. 실물자산에 대한 투자도 주로 부동산펀드Real Estate Fund, 인프라펀드Infra Fund, 에너지펀드Energy Fund, 원자재펀드Commodity Fund 등 사모펀드를 통해 이루어진다. 따라서 실제로 투자자가 취득하는 자산은 실물이 아닌 펀드의 지분인 경우가 많다.

주식, 채권, 부동산

<그림 3-2>는 지금까지 설명한 투자자산을 주식에서 원자재에 이르기까지 성격에 따라 나열한 것이다. 보다시피 자산의 종류가 다양해서 ESG투자에 대한 이야기를 하기 위해서는 자본시장에서 차지하는 비중이 크면서 성격이 차별화되는 것 몇 가지를 선별할 필요가 있다. 대표적인 자산에 대한 ESG투자를 파악하고 나면, 나머지에 대해서도 감을 잡을 수 있을 것이다.

먼저 전통자산을 구성하는 주식과 채권은 빼놓을 수 없다. 두 자산은 자본시장에서 차지하는 비중이 클 뿐 아니라 자본Equity과 부채Debt라는 두 포지션을 대표하기 때문이다. 실제로 기관투자자 중에는 대체

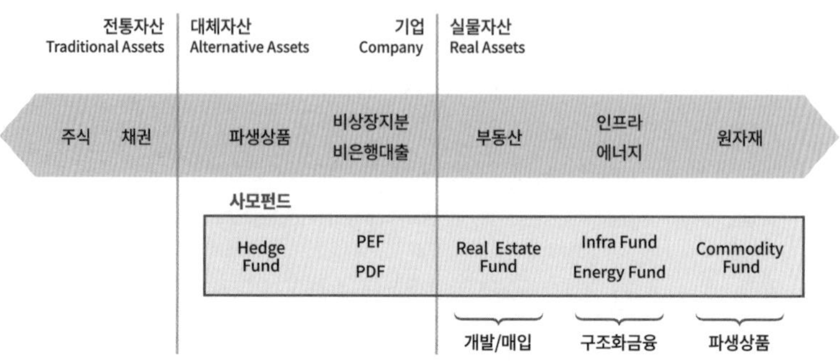

그림 3-2. 전통자산과 대체자산

자산에 투자하지 않고 주식과 채권으로만 포트폴리오를 구성하는 곳도 적지 않다. 이제 남은 일은 주식이나 채권과 성격이 차별화되는 대체자산을 찾는 것이다.

대체자산은 기업과 실물자산 중 어느 것과 관계되는지에 따라 둘로 나눌 수 있다. 이 중에서 주식이나 채권과 차별화되는 것은 당연히 실물자산이다. 파생상품, 비상장지분, 비은행대출은 전통자산처럼 기업과 연관되어 있다. 주식이나 채권을 기초로 파생된 금융상품이거나, 기업에 대한 지분 또는 대출이기 때문이다. 따라서 실물자산에 비해 주식이나 채권과 유사한 성격을 띤다.

실물자산 중에서 원자재는 주로 선물의 형태로 거래되기 때문에, 재무적 특성이 주식이나 채권을 기초자산으로 하는 파생상품과 유사하다. 또한 인프라와 에너지는 프로젝트파이낸싱 형태로 투자가 이뤄져서 유동성 있는 투자자산이라기보다 구조화금융에 가깝다. 반면 부동산의 경우 개발뿐 아니라 매입이 큰 비중을 차지하고 있어서, 상대적으로 거래가 빈번하다. 또한 실물자산의 특성이 강해서 주식이나 채권과 수익위험특성이 차별화되어 있다. 따라서 예전부터 주식, 채권과 함께 기관투자자의 포트폴리오에서 중요한 비중을 차지해 왔다. 이러한 점을 고려해서 앞으로는 주식, 채권, 부동산의 세 가지 자산을 대상으로 ESG투자에 대한 이야기를 할 것이다. 별도의 언급이 없다면 주식은 상장주식을 의미한다.

투자자산별 시장규모

GSIA에 따르면, 2020년 전체 ESG투자에서 주식이 차지하는 비중이 51%, 채권이 차지하는 비중이 36%, 부동산이 차지하는 비중이 3%였다. 나머지 10%는 헤지펀드, PE, VC 등으로 구성되었다. 그런데 이러한 비중은 기관투자자의 일반적인 자산배분과 크게 다른 것이다. 기관투자자 대부분은 안전자산인 채권에 가장 큰 비중을 할당하며, 주식만큼은 아니더라도 부동산에 이보다 많은 비중을 할당한다. 이렇게 일반적인 자산배분과 ESG투자의 자산배분에 차이가 나는 것은 ESG투자를 위한 인프라의 수준이 자산에 따라 다르기 때문으로 생각된다. 주식의 경우 ESG보고, ESG평가, ESG지수가 발달해 있어서 ESG투자를 실행하는 것이 상대적으로 수월하다. 반면 채권이나 부동산의 경우 아직 그렇지 못해서 ESG투자를 실행하기 어렵고, 성과를 평가하기도 어렵다. 이러한 현실은 역설적으로 향후 채권과 부동산에 대한 ESG투자의 시장규모가 크게 성장할 것을 암시한다.

주식에 대한 ESG투자

ESG Investing in Stocks

액티브투자

주식은 거래소를 통해서 누구나 직접 투자할 수 있다. 또한 펀드시장도 발달해 있어서 전문가의 도움을 받는 간접투자도 쉽게 할 수 있다. 주식은 다른 자산에 비해 해외투자도 활성화되어 있다. 국내에서 대부분의 선진시장과 상당수 신흥시장에 어렵지 않게 투자할 수 있으며, 전 세계 주식시장을 대상으로 포트폴리오를 구성하는 펀드도 출시되어 있다. 따라서 ESG투자를 하기에도 유리한 조건이다. 주식에 대해서는 투자의 전략도 다양하게 개발되어 있다. 앞에서 설명한 ESG투자의 전략들은 대부분 주식시장에서 발전한 것이다.

자본시장에서는 투자의 방법을 흔히 액티브투자Active Investing와 패시브투자Passive Investing로 구분한다. 액티브투자는 시장 평균을 초과하는 높은 수익률을 목표로 과감하게 종목을 선택하는 방법이고, 패시브투자는 시장의 평균적인 수익률을 목표로 구성종목의 비중을 시장과 똑같이 복제하는 방법이다. ESG투자도 이렇게 두 가지로 구분할 수 있다. 지금부터 계량모형을 활용한 통합전략과 테마전략을 중심으로 액티브투자에 대해 먼저 알아보자.

CAPM

액티브투자를 위해 종목을 선택하는 방법은 다양하다. 섹터나 지역별로 시장의 흐름을 읽고 먼저 움직일 수도 있고, 종목별로 가격이 균형수준에서 이탈했는지 분석할 수도 있으며, 기업의 특성이 변하는 추세를 관찰해서 상승의 모멘텀을 포착할 수도 있다. 이 외에도 많은 방법이 개발되어 있는데, 그 중심에는 주식에 대한 가치평가가 자리잡고 있다. 액티브투자는 기본적으로 주식의 내재가치Intrinsic Value를 평가해서 그보다 낮은 시장가격Market Price에 거래되는 종목, 즉 저평가된 종목을 찾는 일이기 때문이다. 가격이 가치로부터 멀리 이탈할 경우 다시 가치의 수준으로 돌아온다는 평균회귀성향Mean Reversion Tendency을 믿는 것이다.[41]

지금 우리가 주로 사용하는 투자이론은 20세기 중반에 정립된 현대포트폴리오이론MPT: Modern Portfolio Theory이다. 폰 노이만John Von Neumann과 오스카르 모르겐슈타인Oskar Morgenstern의 기대효용이론, 해리 마코위츠Harry Markowitz의 포트폴리오선택이론, 윌리엄 샤프William F.

41. 이러한 접근방법을 기본적 분석(Fundamental Analysis)이라고 한다. 이와 대비되는 접근방법으로 기술적 분석(Technical Analysis)이 있는데, 이는 주가의 과거 패턴을 관찰해서 미래를 예측하는 것이다. 기술적 분석 또한 액티브투자에 활용되고 있지만, 관찰대상이 주가에 한정되어 있어서 ESG요소를 고려하기는 어렵다.

Sharpe의 자본자산가격결정모형, 유진 파마Eugene Fama의 효율적 시장 가설 등으로 구성된 MPT는 21세기인 지금까지도 투자이론에서 중심의 자리를 내놓지 않고 있다. 그중에서 자본자산가격결정모형이 자본시장에서 널리 사용되는 가치평가모형이다.

자본자산가격결정모형CAPM: Capital Asset Pricing Model은 개별 주식의 위험을 체계적 위험과 비체계적 위험으로 나눈다. 여기서 체계적 위험은 시장 전체의 변동에 기인하는 위험이고, 비체계적 위험은 개별 주식의 특성에 기인하는 위험이다. 그런데 비체계적 위험의 경우, 서로 특성이 다른 다수의 주식으로 포트폴리오를 구성하면 분산효과에 의해 제거할 수 있다. 따라서 CAPM은 체계적 위험만이 수익으로 보상된다고 본다. 이런 아이디어를 담아 어떤 주식 i의 기대수익률 $E(R_i)$를 수식으로 나타내면 다음과 같다. 여기서 R은 수익률Return, E는 기댓값Expectation의 약자다.

$$E(R_i) - R_f = \beta_i[E(R_m) - R_f]$$

$E(R_i)$: 주식 i의 기대수익률

$E(R_m)$: 주식시장 전체의 기대수익률

R_f: 무위험이자율

β_i: 주식 i의 베타

CAPM에서 $E(R_m)$은 시장 전체의 기대수익률, 즉 모든 주식의 기대수익률의 평균값을 의미한다. 그리고 R_f는 무위험자산Risk Free Asset, 즉 국가가 발행한 채권과 같이 투자위험이 없는 자산의 수익률을 의미한다. 위 식은 개별 주식과 시장 전체의 기대수익률에서 무위험이자율을 뺀 값, 즉 두 위험프리미엄 간에 일정한 비율이 존재한다고 말하고 있다. 그 비율의 이름은 베타β다. 베타는 개별 주식마다 값이 다르다. 베타가 1보다 크면 시장의 변화에 크게 반응하는 주식이라는 뜻이고, 1보다 작으면 그 반대의 주식이라는 뜻이다. 따라서 베타를 체계적 위험의 척도라고 부른다.

수식에 대한 설명을 이해하지 못해도 좋다. 중요한 것은 CAPM이 시장 전체의 기대수익률이라는 단일요인으로 개별 주식의 기대수익률을 계산하고 있다는 사실을 알아채는 것이다. 이 기대수익률로 도출한 가치가 실제로 거래되는 가격보다 높으면, 살 만한 주식이다. CAPM은 이론이 정치하고 모형이 직관적이어서 널리 활용되고 있다.

다요인모형

하지만 CAPM이 실증적으로도 탄탄하게 지지되는 것은 아니다. 저 간단한 수식으로 계산한 값과 실제 수익률이 잘 들어맞지 않기 때문이다. CAPM의 낮은 설명력은 이론가들이 시장수익률 외에 주식수익률에 영향을 미치는 다른 변수를 찾아 헤매게 하였다. 그 결과 여러 변수가 발견됐는데, 이를 주가의 이례현상Anomaly이라고 한다. 주가의 이례현상을 가장 폭넓게 정리한 학자는 유진 파마와 케네스 프렌치Kenneth French다. 이들은 1950년대부터 발견된 다양한 변수를 비교해서 시장수익률과 함께 시가총액과 장부가시가비율이 주식수익률에 체계적인 영향을 미친다는 것을 밝히고, 아래 수식과 같은 3요인모형Three Factor Model을 제시하였다.[42, 43]

$$E(R_i)-R_f=\beta_i[E(R_m)-R_f]+\gamma_i E(SMB)+\delta_i E(HML)$$

SMB: *Small Minus Big*

HML: *High Minus Low*

여기서 *SMB*는 소형주Small 수익률지수에서 대형주Big 수익률지수를 차감한Minus 스프레드로서 기업의 규모에 따른 주식수익률 차이를 나타내고, *HML*은 장부가시가비율이 높은High 주식의 수익률지수에서 낮은Low 주식의 수익률지수를 차감한Minus 스프레드로서 성장주와 가치주의 수익률 차이를 나타낸다. 즉 3요인모형은 CAPM에 두 가지 재무요인을 추가한 것이다. 이후에도 모형의 개발은 계속되었다. 최근 성과가 좋은 주식이 그러한 성과를 계속 이어가는 모멘텀Momentum을 나타내는 UMDUp Minus Down 변수를 추가한 4요인모형,

42. Eugene F. Fama and Kenneth R. French, "The Cross-Section of Expected Stock Returns," *The Journal of Finance* 47(2), Jun. 1992, pp.427~465.
43. Eugene F. Fama and Kenneth R. French, "Common Risk Factors in the Returns on Stocks and Bonds," *Journal of Financial Economics* 33(1), Feb. 1993, pp.3~56.

기업의 수익성을 나타내는 RMWRobust Minus Weak 변수와 투자의 적극성을 나타내는 CMAConservatively Minus Aggressively 변수를 추가한 5요인모형 등이 그 사례다.

새로운 모형은 새로운 투자를 탄생시켰다. 우리가 익숙한 대형주와 소형주, 가치주와 성장주 구분은 3요인모형에서 비롯한 것이며, 이는 규모와 가치성장이라는 변수를 이용해서 수익위험특성의 일관성을 추구하는 스타일투자Style Investment를 유행하게 하였다. 그리고 4요인모형, 5요인모형 등 재무요인이 추가된 모형들은 좀 더 계량화된 팩터투자Factor Investment를 발전시켰다. 이론이 책 속에 머무르지 않고 실제 투자의 방법으로 이어진 것이다.

ESG요소의 투입

투자자와 이론가는 좀 더 복잡해진 가격결정모형에 만족하였을까? 그렇지 않다. 세상에 완전한 모형은 존재할 수 없기 때문이다. 따라서 최근에도 이론의 개발은 꾸준히 이뤄지고 있다. 여기에는 크게 두 가지 갈래가 있는데, 그중 한 갈래는 더 다양한 재무요인과 더 복잡한 계량모형을 개발하는 것이고, 나머지 한 갈래는 재무요인뿐 아니라 비재무적 요인에도 관심을 쏟는 것이다. 그리고 주식투자의 성과에 영향을 미치는 것으로 여겨지는 비재무적 요인으로 최근 급부상하고 있는 것이 바로 ESG요소다.

ESG요소가 가격결정모형에 반영되기 위해서는 다른 재무요인처럼 계량적으로 측정되어야 한다. 하지만 비재무적 요인이라는 말 자체에서 느낄 수 있듯이, 기업의 ESG경영을 수치로 나타내는 것은 쉬운 일이 아니다. 회계기준과 같이 어떤 항목을 어떤 방법으로 수치화할 것인가에 대한 규칙이 정립되지 않았기 때문이다. 하지만 최근 ESG평가가 발전하면서 상황이 달라지고 있다. ESG평가란 마치 신용평가처럼 기업의 ESG경영을 점수나 등급으로 나타내는 것을 말한다. 이를 이용할 경우, 다른 재무요인과 마찬가지로 ESG요소도 가격결정모형에 포함할 수 있다. 만약 ESG요소가 의미 있는 가격결정요인이라면, 아래와 같은 모형을 이용해서 저평가된 주식을 찾을 수 있을 것이다.

$$E(R_i) - R_f = \beta_i[E(R_m) - R_f] + \gamma_i E(SMB) + \delta_i E(HML) + \cdots + \dot{E}\dot{S}\dot{G}$$

실제로 주식시장에서는 ESG요소를 고려한 액티브투자가 이미 이뤄지고 있다. 여기에는 ESG평가의 결과, 즉 등급이나 점수를 가치평가에 반영하는 방법, ESG평가의 결과가 상승 또는 하락하는 추세를 통해 주가상승의 모멘텀을 포착하는 방법 등이 활용되고 있다.

패시브투자

주식시장에서 액티브투자와 패시브투자는 시기에 따라 비중을 달리하면서 공존하고 있다. 둘 사이의 인기는 펀드시장에서 어느 전략을 추구하는 상품이 더 많은가를 통해 파악할 수 있는데, 최근 발견되는 경향은 패시브투자의 압도적인 성장이다. 글로벌 금융위기 이후 미국을 중심으로 장기간 주가가 상승하면서 주가지수의 수익률만으로도 만족할 수 있기 때문인지, 과거 가치투자가 유행한 때만큼 액티브투자의 성과가 만족스럽지 못하기 때문인지 그 이유는 단정적으로 말하기 어렵다. 하지만 언젠가부터 새롭게 설정되는 펀드의 대부분이 특정한 인덱스를 추종하는 패시브펀드인 것만은 분명한 사실이다.

자연스러운 결과지만, 주식에 대한 ESG투자에서도 패시브투자는 큰 역할을 하고 있다. ESG경영을 잘하는 기업들의 평균적인 수익률을 추종하는 것이 투자자 사이에서 인기를 끌고 있는 것이다. 하지만 이러한 투자가 말처럼 쉽지는 않다. ESG경영을 잘하는 기업을 선별해야 하고, 각 기업에 대한 투자비중도 결정해야 하기 때문이다. 이를 위해서는 앞에서 언급한 ESG평가 이상의 정보가 필요하다.

직접투자

패시브투자는 거래소가 발표하는 종합주가지수를 추종하기도 하고, 전문적인 지수작성기관이 거래소를 초월해서 발표하는 주가지수를 추종하기도 한다. 우리나라의 KOSPI, 미국의 NASDAQ과 같은 지수를 추종하는 것이 전자에 해당하고, 미국의 S&P 500, 전 세계의 MSCI World와 같은 지수를 추종하는 것이 후자에 해당한다. 주가지수는 다양한 목적에 맞게 계속 개발되고 있기 때문에, 그 수를 헤아릴 수 없을 만큼 많다.

패시브투자가 어려운 이유는 주가지수를 구성하는 종목의 수가 많고, 각 종목의 시가총액 비중이 시시각각 변하기 때문이다. 우리나라의 KOSPI만 해도 800개가 넘는 종목으로 구성되어 있어서, 모든 종목을 포함하는 포트폴리오를 구성하는 것은 불가능에 가깝다. 따라서 시가총액 비중이 높은 종목들로 포트폴리오를 구성하고 주가의 변화에 따라 비중을 조절하는 방법을 사용하는데, 거래비용을 최소화하면서 전 종목으로 구성된 종합주가지수를 정확하게 추종하는 것이 쉬울 리가 없다. 구체적인 종목과 그것들의 비중을 종합주가지수가 시시각각 알려 주는 데도 말이다.

패시브 ESG투자를 하기 위해서는 ESG지수가 필요하다. ESG지수란 거래소나 지수작성기관이 ESG요소를 고려해서 만든 주가지수, 즉 ESG경영을 잘하는 기업으로 구성된 주가지수를 말한다. 다행히 주식시장이 발달한 국가의 경우 거래소들이 이미 ESG지수를 발표하고 있다. 우리나라의 한국거래소도 마찬가지다. 전 세계를 대상으로 주가지수를 발표하는 지수작성기관들도 다양한 ESG지수를 발표하고 있다. 따라서 일정 규모 이상의 자산을 운용하는 투자자는 마음만 먹으면 이들 지수를 추종하는 ESG투자를 할 수 있다. 만약 ESG지수를 기초자산으로 하는 선물과 같은 파생상품이 존재한다면, 작은 규모의 자산으로도 ESG지수를 추종할 수 있을 것이다. 하지만 아직 그러한 파생상품은 활성화되어 있지 않다.

간접투자

실제로 직접 포트폴리오를 구성해 가면서 패시브투자를 하는 투자자는 흔치 않다. 이는 큰 규모의 자산을 운용하는 기관투자자도 마찬가지다. 그보다는 패시브투자를 대신해 주는 펀드를 활용하는 경우가 많다. 앞에서 언급한 바와 같이, 최근 설정되는 펀드 중에는 특정한 지수를 추종하는 인덱스펀드나 ETF가 큰 비중을 차지하고 있다. 그 중에는 ESG투자를 하는 것도 적지 않다.

현재 세계적으로 규모가 큰 자산운용자는 대부분 패시브투자를 주로 하고 있다. 이들은 기존의 지수를 추종하기도 하지만, 새롭게 설정되는 인덱스펀드나 ETF를 위해 지수를 개발하기도 한다. 특히 새로운 트렌드를 반영하는 투자를 할 때는 지수 개발이 필수적이다. '전기차, 배터리 펀드', '인공지능, 신기술 ETF'와 같은 이름의 것들은 'KOSPI 200 펀드', 'S&P 500 ETF'와 같은 이름의 것들과 달리 자체적인 지수를 개발한 상품일 가능성이 높다.

ESG투자에서도 두 가지 모습이 다 발견된다. 비록 통계적으로 확인할 수는 없지만, 거래소나 지수작성기관이 발표하고 있는 기존 ESG

지수를 추종하는 것보다 고유의 ESG지수를 개발하는 인덱스펀드나 ETF가 더 많아 보인다. 하지만 아직 ESG지수를 작성할 때 어떤 종목을 포함해야 하는지에 대한 공감대가 충분하게 형성된 것은 아니다. ESG지수는 ESG평가에 기반할 수밖에 없는데, ESG평가부터 아직은 발전하는 과정에 있기 때문이다. 이 와중에도 시장은 경쟁적으로 성장하고 있다. ESG투자를 지향하는 인덱스펀드나 ETF에 대해서는 5장에서 자세히 알아본다.

채권에 대한 ESG투자

ESG Investing in Bonds

일반채권

채권투자자는 채권을 만기까지 보유함으로써 매입시점에 수익률을 확정할 수도 있고, 만기 전에 채권을 매각함으로써 시장이자율의 변동에 따른 매매차익을 추구할 수도 있다. 어느 전략이건 제대로 구사하기 위해서는 시시각각 변하는 신용등급별·잔여만기별·발행주체별 채권수익률의 변화를 잘 관찰해야 하는데, 대부분 채권시장에는 이러한 정보를 수집해서 제공하는 체계가 갖춰져 있다. 주로 금융기관 협회나 전문적인 지수작성기관이 그 역할을 한다.

일반적인 채권을 대상으로 ESG투자를 하는 방법은 주식투자와 크게 다르지 않다. ESG경영을 잘하는 기업이 발행하는 채권을 매입하면 된다. 기업을 선별하는 방법 또한 주식투자와 유사하다. 섹터와 같은 큰 기준으로 투자대상 또는 투자배제 기업을 걸러낼 수도 있고, ESG 평가와 같이 좀 더 계량적인 수단을 활용해서 기업을 선별할 수도 있다. 실제로 자본시장에서는 이러한 채권투자가 이뤄지고 있고, ESG

경영을 잘하는 기업들로 구성된 채권지수도 발표되고 있다.

직접투자

채권은 발행시장에서 매입할 수도 있고, 유통시장에서 매입할 수도 있다. 하지만 어느 경우이건 거래소 밖에서 매입하는 경우가 더 많다. 장외거래가 주를 이루는 채권시장에서 투명성과 효율성을 높이는 중요한 도구는 신용평가다. 공신력 있는 신용평가기관이 부여한 신용등급은 채권의 가격 또는 수익률에 결정적인 영향을 미친다. 이러한 채권시장의 특징은 ESG경영을 잘하는 기업의 채권에도 동일하게 적용된다. 한 가지 아쉬운 점은 채권을 발행하는 모든 기업이 ESG평가를 받는 것은 아니라는 사실이다. 현재 ESG평가는 주로 상장기업, 그중에서도 일부만 받고 있다. 따라서 채권을 발행하는 기업 중에서 ESG등급이나 ESG점수를 받은 곳은 소수에 불과하다. 이러한 현실은 채권에 대한 정교한 ESG투자를 어렵게 한다.

투자의 목적도 주식과 다소 다르다. 주식투자에는 ESG경영을 잘하는 기업을 지원하는 윤리적 목적과 ESG요소를 고려해서 투자성과를 개선하는 수익적 목적이 모두 존재한다. 하지만 채권투자에서는 아직 전자가 주를 이루고 있다. 기왕 채권에 투자할 거라면 ESG경영을 잘하는 기업을 대상으로 한다는 식이다. 이는 기업의 ESG경영과 채권수익률 간의 상관관계가 계량적으로 충분히 확인되지 못했기 때문일 수도 있다. 하여간 최근 ESG투자를 지향하는 기관투자자가 늘어나면서, ESG경영 측면에서 문제가 있는 기업의 채권이 과거에 비해 선호되지 않는 것만은 분명하다.

간접투자

채권에 대한 ESG투자가 주목을 받으면서, 이를 돕는 펀드 또한 출시되고 있다. 이들은 대부분 패시브투자를 하고 있으며, 따라서 ESG경영을 잘하는 기업으로 구성된 채권지수도 다수 개발되어 있다. ESG투자를 하는 인덱스펀드나 ETF가 추종하는 채권지수는 기존의 일반적인 채권지수를 바탕으로 기업을 선별하거나 비중을 조정해서 만든 것이 주를 이루고 있다. S&P 500 Bond 지수의 구성종목으로 S&P 500 ESG Bond 지수를 만드는 식이다. 하지만 최근에는 특정한 주제와 논리로써 자체적인 지수를 개발하는 인덱스펀드나 ETF도 점차 출시되고 있다.

채권에 대한 패시브투자에는 종목별 비중에 대한 논란이 있다. 대부분 채권지수는 주식지수와 마찬가지로 시가총액 비중대로 작정되는데, 여기에 이론적인 근거가 부족하다는 것이다. 주식의 시가총액은 그 기업의 가치를 반영한다. 따라서 시가총액을 기준으로 주가지수를 작성하는 것은 시장의 전체적인 가치변동을 반영한다는 의미가 있다. 하지만 채권의 시가총액은 그 기업이 발행한 채권, 즉 부채의 크기를 반영한다. 따라서 이를 기준으로 채권지수를 작성할 경우, 부채가 많은 기업의 비중이 커지는 문제가 발생한다. 경기의 변동성이 작은 시기에는 이러한 논란이 불거지지 않는다. 하지만 중앙은행이 금리를 낮추어 신용등급 간 스프레드가 감소하고 기업의 부채가 급증하는 경제위기의 시기에는 논란이 커지기도 한다. 이러한 문제는 ESG경영을 잘하는 기업으로 구성한 채권지수에서도 동일하게 발생할 수 있다.

ESG채권

기업은 여러 종류의 채권을 발행할 수 있다. 신용에 근거해서 발행하는 일반적인 무보증사채와 달리, 제3자의 보증을 활용한 보증사채나 양질의 담보자산을 활용한 담보부사채로 신용을 보강할 수도 있고, 무보증사채 내에서도 선순위사채·후순위사채를 구분할 수 있으며, 미래에 그 기업이나 다른 기업의 주식으로 바꿀 수 있는 옵션을 부여해서 전환사채·교환사채를 설계할 수도 있다. 심지어 만기가 없어 주식과 성질이 거의 유사한 신종자본증권을 발행할 수도 있다. 이 모든 채권에 대해 만기, 이자율, 이자지급주기 등을 자유롭게 정할 수 있는 것은 말할 필요도 없다. 그래서 신용등급도 기업이 아닌 개별 증권을 대상으로 매기는 것이다.

이러한 특성 때문에 채권에 대한 투자의 초점은 기업보다 개별 증권에 맞춰져 있다. 그런데 ESG투자에서는 개별 증권의 중요성이 더욱 두드러진다. ESG경영과 직접 관련된 목적으로 발행되는 ESG채권이 개발됐기 때문이다. 실제로 자본시장에서 채권에 대해 ESG투자를 한다고 하면, ESG경영을 잘하는 기업의 일반채권을 매입하는 것보다는 ESG채권을 매입하는 것을 의미한다. 관련 통계도 대부분 ESG채권을 대상으로 작성되고 있다.

지속가능채권과 기후채권

ESG채권은 발행목적 자체가 환경이나 사회에 긍정적인 영향을 미치도록 설계된 채권을 말한다. 따라서 어떤 채권이 ESG채권에 해당하는지 판단하기 위해서는 자금의 용도에 대한 기준을 먼저 설정해야 하며, 발행 이후 만기에 이르기까지 발행대금이 계획대로 집행되는지도 확인해야 한다. 물론 이러한 기준의 설정과 확인은 공신력이 있는 기관이 해야 한다. 현재 ICMA와 CBI의 두 개 기관이 ESG채권의 인증 또는 평가에 대해 세계적으로 권위를 인정받고 있다.

자본시장 참여자의 협회이자 자율규제기관인 ICMAInternational Capital Market Association, 국제자본시장협회는 ESG채권을 지속가능채권Sustainability Bond이라고 부르고 있으며, 이에 대해 녹색채권원칙Green Bond Principles, 사회적채권원칙Social Bond Principles 및 이 둘을 포괄하는 지속가능채권가이드라인Sustainability Bond Guidelines을 제정해서 운영하고 있다. 이름에서 알 수 있듯이, 녹색채권은 자금의 용도가 환경문제와 관련된 채권, 사회적채권은 자금의 용도가 사회문제와 관련된 채권을 말한다. 기업이 채권을 발행하면서 이러한 원칙과 가이드라인을 준수할 경우 지속가능채권으로 인증을 받게 되고, 투자자는 이 인증을 확인함으로써 손쉽게 ESG투자를 할 수 있다.

CBIClimate Bond Initiative, 기후채권이니셔티브는 기후문제와 관련된 프로젝트의 자금조달비용을 낮추기 위해 설립된 기관이다. CBI가 다루는 ESG채권을 기후채권Climate Bond이라고 한다. CBI는 기후채권기준Climate Bonds Standard을 통해 채권의 발행과 사후관리에 관한 사항을 정하고 있으며, 기후채권인증Climate Bonds Certification도 하고 있다. ICMA의 원칙이 ESG문제를 포괄적으로 다루는 데 반해, CBI의 기준은 환경문제 그중에서도 기후문제에 특화되어 있다. 이 역시 투자자가 채권에 대한 ESG투자를 손쉽게 할 수 있도록 돕는다.

ESG채권은 EIBEuropean Investment Bank와 세계은행World Bank에 의해 2007년 처음 발행되었다. 우리나라의 경우 최근 들어 시장이 성장하고 있는데, 주로 그린에너지 관련 사업, 그린빌딩의 건설이나 매입, 사회적 주택의 공급 등을 위한 채권이 큰 비중을 차지하고 있다. 아직은 공공부문이 주도하고 있지만, 민간부문의 발행도 빠르게 증가하고 있다. ICMA, CBI와 같은 채권의 인증이나 평가에 대해서는 4장에서 자세히 설명한다.

지속가능연계채권

ICMA의 지속가능채권, CBI의 기후채권과 같은 ESG채권은 엄밀한 기준에 부합하는 ESG투자를 가능하게 하는 반면에 시장규모가 한정되는 단점도 있다. 자금의 용도가 ESG 관련 사업으로 제한되기 때문에, 이론적으로 해당 사업의 시장규모 이상은 발행될 수 없기 때문이다. 게다가 발행기업 입장에서 자금의 용도를 미리 정하고 사후적으로 꼼꼼히 보고하는 것 또한 그리 편한 일이 아니다.

이러한 불편함을 고려해서 최근 개발된 것이 지속가능연계채권Sustainability-Linked Bond이다. 지속가능연계채권은 ICMA의 새로운 원칙인 지속가능연계채권원칙Sustainability-Linked Bond Principles을 준수해서 발행되는 채권으로서, 기존 ESG채권과 달리 자금의 용도를 제한하지 않는다. 그 대신 발행기업의 ESG경영을 측정할 수 있는 핵심성과지표KPIs: Key Performance Indicators를 정하고, 그것을 개선하는 지속가능성성과목표SPTs: Sustainability Performance Targets를 달성하도록 한다. 발행기업이 SPTs를 달성하는 유인은 이자율에 있다. 만약 목표를 달성하지 못하면 이자율이 높아지도록 설계되기 때문이다.

지속가능연계채권은 직접적으로 ESG 관련 사업을 하지 않는 기업도 발행할 수 있다. 또한 구조화금융Structured Finance의 성장으로 발행기업과 투자자의 니즈에 부합하는 증권을 설계하는 기술이 발달해 있기 때문에, 향후 다양한 형태로 진화할 가능성도 있다. 따라서 채권에 대한 ESG투자를 원하는 투자자는 지속가능연계채권에 많은 기대를 하고 있다. 2019년 이탈리아의 전기 및 가스업체인 에넬Enel에 의해 처음 발행된 지속가능연계채권이 앞으로 어떻게 성장할지 관심을 두고 지켜보자.

부동산에 대한 ESG투자

ESG Investing in Real Estate

부동산매입

자본주의 시스템에서 ESG문제를 일으키는 주범으로 기업이 지목됨에 따라, ESG투자의 관심은 ESG경영을 촉구할 수 있는 주식에 집중되었다. 여기에 기업의 자금조달에서 또 다른 한 축을 담당하는 채권이 2000년대 후반 가세하면서, 전통자산에 대한 ESG투자가 틀을 갖추게 되었다. 한편 채권과 비슷한 시기에 부동산에 대한 ESG투자도 관심을 받기 시작하였다. 특히 온실가스가 기후변화의 원인으로 밝혀지고 온실가스 배출량에서 부동산이 차지하는 비중이 크다는 사실이 알려지면서, 부동산은 ESG투자에서 매우 중요한 비중을 차지하게 되었다. 이러한 추세는 ESG투자와 무관하게 오래전부터 발달해 온 그린빌딩 인증제도에 의해 더욱 촉진되고 있다.

부동산은 주식이나 채권에 비해 투자의 방법이 다양하다. 부동산의 라이프사이클에 따라 개발Development 또는 매입Acquisition을 선택할 수 있고, 취득하는 자산의 형태에 따라 주식과 같은 상장부동산Public

Real Estate 또는 실물자산이나 사모펀드와 같은 비상장부동산Private Real Estate을 선택할 수 있으며, 투자자의 포지션에 따라 지분투자Equity Investment 또는 채권투자Debt Investment를 선택할 수도 있다. 먼저 부동산 매입에 대해 상장부동산과 비상장부동산으로 나누어 ESG투자의 방법을 살펴보자.

상장부동산

부동산투자의 수단이 되는 상장주식에는 크게 두 가지가 있다. 리츠REITs: Real Estate Investment Trusts와 리옥스REOCs: Real Estate Operating Companies가 그것이다. 리츠는 자산과 매출 대부분이 부동산투자와 관계되고 이익을 전부 배당하는 등 금융상품의 성격을 띠는 회사다. 리츠로 인정받기 위해서는 금융감독기구로부터 인가를 받거나 등록을 해야 하는데, 이 경우 법인세를 감면받는다. 주식이 상장되어 거래되는 특수한 부동산펀드인 셈이다. 리옥스는 리츠와 유사하게 부동산투자를 하지만 금융감독기구로부터 리츠로 인정받지 않은 회사를 말한다. 따라서 각종 금융규제로부터 자유롭고, 이익을 배당하는 대신 사내에 유보할 수 있어서 리츠에 비해 성장성이 크다. 하지만 리츠와 달리 법인세를 납부해야 한다. 결국 절세와 배당을 추구하는지, 자율과 성장을 추구하는지에 따라 리츠와 리옥스 간 선택이 이루어진다. 물론 어느 경우이건 주식이 상장되기 때문에 누구나 쉽게 투자할 수 있다. 상장부동산에 대한 투자방법은 주식과 동일하다. 그 형태가 주식이니 당연한 일이다. 리츠와 리옥스의 주식에 대해서는 거래소에서 시시각각 가격이 형성되고 다양한 지수도 발표되기 때문에, 액티브투자와 패시브투자를 둘 다 할 수 있다. 또한 상당수의 리츠와 리옥스에 대해서 ESG평가가 이뤄지고 있고 규모가 큰 시장에서는 ESG지수도 발표되고 있어서, 이를 이용한 ESG투자도 일반주식과 동일하게 할 수 있다. 구체적인 방법은 주식에 대한 ESG투자의 설명을 참고하기 바란다.

비상장부동산

자본시장에서는 상장부동산과 대비해서 비상장부동산이라는 표현을 자주 사용하는데, 왠지 어색하게 느껴질 수 있다. 부동산은 기본적으로 장외에서 거래되므로 비상장이라는 수식어가 불필요해 보이기 때문이다. 주식이나 채권에 대한 설명에서는 상장과 비상장 대신 직접투자와 간접투자의 구분을 사용하였다. 투자자가 직접 매입하면 직접투자, 자산운용자가 대신 투자해 주는 펀드에 가입하면 간접투자다. 하지만 부동산에 대해서는 흔히 간접투자의 한 종류인 사모펀드를 직접투자의 대상인 실물자산과 묶어서 비상장부동산으로 분류한다. 이것이 상장부동산과의 특성 차이를 더욱 잘 반영하기 때문이다. 부동산시장에서는 개인투자자뿐 아니라 기관투자자의 거래에서도 비상장부동산이 상장부동산보다 큰 비중을 차지하고 있다.[44]

부동산은 유형의 실체가 있는 실물자산이기 때문에, 보유하는 동안 적극적으로 관리해야 한다. 또한 임대라는 서비스를 제공해서 수익도 창출해야 한다. 이는 사고파는 것만으로도 투자가 가능한 주식이나 채권과 다른 특성으로서, 결과적으로 부동산투자에 일종의 경영활동이 수반되게 한다. 부동산에 대해서는 투자와 경영의 경계가 선명하지 않다고도 볼 수 있다. 따라서 부동산에 대한 ESG투자에서는 주식이나 채권처럼 자산의 특성도 중요하지만, 그것을 보유하는 동안 투자자가 하는 활동도 중요하다.

자산의 특성과 관련해서는 투자대상인 부동산이 환경적·사회적으로 어떤 영향을 미치는가가 중요하다. 환경적으로는 에너지나 물의 소비량, 오염물질이나 탄소의 배출량, 건축물의 재료가 주변지역이나 사용자의 건강에 미치는 영향 등이 폭넓게 고려되며, 사회적으로는 부동산 용도나 임차인 업종의 반사회성, 교통유발이나 조망침해, 피고용자나 지역주민에 대한 배려 등이 폭넓게 고려된다. 투자자의 활동 역시 유사한 이슈를 고려대상으로 한다. 앞에서 열거한 환경적·사회적 이슈들은 어떤 부동산인가에 따라 어느 정도 결정되지만, 소유자가 어떻게 운영하는가에 의해서도 달라지기 때문이다. 운영과 관련해서 한 가지 추가되는 것은 지배구조이슈다. 합리적 의사결정과 투명성은 실물자산에서도 문제가 되지만, 특히 사모펀드에서 더욱 두드러진다. 사모펀드는 리츠나 리옥스에 비해 의사결정이나 공시와 관

44. Private Real Estate를 사모부동산이라고 부르기도 한다. 하지만 PE나 PD와 마찬가지로 자산에 대한 수식어로서 '사모'가 적당하지 않다고 판단하기에, 이 책에서는 비상장부동산이라고 부르기로 한다.

련된 규제를 덜 받기 때문에, 지배구조문제가 쉽게 발생할 수 있다. 그런데 투자자가 이러한 이슈를 일일이 검토해서 부동산에 투자하는 것은 쉬운 일이 아니다. 따라서 ESG투자가 활성화되기 위해서는 부동산의 ESG성능을 평가하는 전문적인 서비스가 필요하다. 다행히 부동산시장에서는 ESG투자라는 용어가 유행하기 이전부터 그린빌딩Green Building을 인증하는 서비스가 발달해 있다. 그린빌딩은 환경적으로 우수한 건축물을 말한다. 이를 인증해서 등급이나 점수를 부여하는 서비스는 민간부문과 공공부문 모두에서 발달해 있다. 민간부문의 인증은 LEED나 BREEAM과 같이 세계적으로 권위를 인정받는 서비스가 있을 정도로 성장해 있고, 공공부문의 인증은 세계 각국이 법령에 따라 최소기준을 준수하도록 강제하는 방향으로 도입되고 있다. 따라서 투자자는 그린빌딩 인증의 도움을 받아 환경적으로 우수한 부동산에 투자할 수 있다.

하지만 그린빌딩은 ESG투자의 세 가지 요소 중 환경 하나에 집중되어 있다. 따라서 투자자가 균형 있는 ESG투자를 하기 위해서는 더욱 확대된 ESG평가가 필요하다. 이러한 니즈에 맞추어 최근에는 투자자의 관점에서 환경뿐 아니라 사회와 지배구조이슈를 두루 고려하는 평가서비스가 출현하고 있다. GRESB가 대표적인데, 개별 자산뿐 아니라 펀드에 대한 ESG평가도 제공하고 있어서 부동산에 대한 ESG투자의 확대에 기여하고 있다. LEED, BREEAM, GRESB 등 부동산의 ESG평가에 대해서는 4장에서 자세히 설명한다.

부동산개발

부동산개발은 토지, 노동, 자본을 투입해서 실물자산인 부동산을 생산하는 활동이다. 그 과정에서 창출되는 부가가치를 획득하는 것이 부동산개발의 목적이다. 부동산개발에는 물리적·행정적 활동이 수반되기 때문에 환경이나 사회에 미치는 영향이 크다. 따라서 여러 가지 ESG이슈에 노출된다. 우리가 주변에서 부동산개발과 관련된 갈등을 쉽게 볼 수 있는 것도 이 때문이다.

부동산개발은 부지확보, 개발계획, 인허가, 건설, 운영, 판매 등 여러 단계를 거쳐 이루어진다. 각 단계마다 해야 하는 일이 달라서, 그와 관련된 ESG문제도 다양하게 발생한다. 따라서 투자자 입장에서는 매입에 비해 개발에 대한 ESG투자가 더 어려울 수밖에 없다. 다행인 것은 앞에서 설명한 ESG평가가 실물자산뿐 아니라 개발사업에 대해서도 제공된다는 사실이다. 부동산개발의 방법으로 ESG투자를 하고 싶다면 이를 활용하면 된다. ESG평가는 부동산개발을 주로 하는 리츠, 리옥스, 사모펀드에 대해서도 이뤄지고 있다. 지금부터 개발의 과정을 부지확보와 건설로 나누어 ESG투자의 관점에서 고려해야 하는 사항을 살펴보자. 개발계획, 인허가, 운영, 판매 등의 과정은 개발의 목적물과 관계되므로 따로 설명한다.

부지확보

부지확보는 개발사업의 시작에 해당하는 단계로서, 토지를 매입하는 것뿐 아니라 토지의 사용자를 명도하고 토지에 설정된 각종 권리와 분쟁을 해결하는 것까지 포괄하는 작업이다. 따라서 한 명의 소유자로부터 나대지를 매입하는 특수한 경우가 아니라면, 많은 수의 소유자·임차인·점유인 및 이해관계자와 협상을 해야 한다. 개발사업의 규모가 클수록 협상할 상대가 많아지며, 그중에는 개발사업에 찬성하지 않는 주체가 있게 마련이다. 따라서 여러 가지 사회문제가 발생할 수 있다.

먼저 다수의 소유자로부터 토지를 매입하는 과정에서 소유자 간 갈등이 불거질 수 있다. 소유자마다 매매조건에 차이가 있고, 일부 소유자 간에 담합이 형성될 수도 있기 때문이다. 개발사업의 공공성이 인정되어 법적으로 수용권이 발생할 경우, 매각을 원치 않는 소유자와 투자자 간에도 갈등이 발생할 수 있다. 이러한 갈등은 소유자의 단체행동으로 이어져 지역사회에 피해를 주기도 한다. 더욱 심각한 갈등은 소유자보다 임차인, 점유인 등의 명도 과정에서 발생한다. 사용자를 명도하면서 임차권과 점유권을 보호하는 법령을 위반할 수도 있고, 합법적으로 명도하더라도 사회적 약자를 배려하지 못하는 상황이 발생할 수도 있다. 심지어 명도의 과정에서 물리적 충돌이 일어나는 경우도 드물지 않다. 부동산의 사용자는 대부분 그곳에서 생업이나 주거를 영위하기 때문에, 예상치 못한 명도로부터 큰 손해를 입을 수 있다.

부지확보 과정에서 발생하는 사회문제는 비용을 증가시키거나 사업을 지연시켜 투자자에게 재무적 손실을 일으킨다. 또한 개발사업에 대한 평판에 악영향을 미쳐 개발 후 운영과 매각에도 부정적으로 작용할 수 있다. 최근에는 매각을 원치 않는 소유자를 지주공동사업의 형태로 참여시키거나, 명도에 대한 대비가 되지 않은 사용자에게 별도의 사업장이나 주거시설을 제공하는 등, 사회문제를 해결하기 위한 다양한 방법이 시도되고 있다.

건설

부지 내의 지장물을 철거하고, 토지의 형질을 변경하며, 건축물을 시공하는 건설행위는 환경, 사회, 지배구조의 세 가지 요소 모두와 밀접하게 연관된다. 그중 가장 흔하게 거론되는 것은 환경문제다. 철거의 과정에서 오염물질이나 위험물질이 노출되고, 시공의 과정에서 소음과 분진이 발생하며, 거대한 차량과 장비가 출입하면서 주변지역을 훼손할 수 있기 때문이다. 특히 대규모 개발사업의 경우 자연을 파괴하거나 희귀생물의 서식지를 없앨 수도 있어서, 시민단체의 저항을 받는 것도 자주 볼 수 있다.

환경문제 못지않게 사회문제도 발생한다. 여기에는 지역주민과 마찰을 빚는 것뿐 아니라 고용이나 하도급과 관련된 문제도 큰 비중을 차지한다. 건설에는 정규직 외에 일용직 근로자의 고용도 필요하며, 공종별로 협력업체에 외주를 주는 일도 빈번하다. 그 과정에서 열악하고 위험한 노동환경, 국적이나 성별에 따른 차별과 인권침해, 불공정한 하도급계약 등 다양한 문제가 발생할 수 있다. 특히 화재, 붕괴 등 때때로 발생하는 인명사고는 건설의 진행에 치명적이다. 흔하지는 않지만 건설 현장에서 보전가치가 있는 유물이 출토되어 신중한 처리가 요구되는 경우도 있다.

건설은 부지확보에서 목적물의 완성에 이르는 기간 대부분을 차지하기 때문에, 지배구조문제도 중요하게 대두된다. 건설의 진행뿐 아니라 그것에 수반되는 자금조달과 관련된 업무도 이 시기에 이루어진다. 부동산개발은 프로젝트파이낸싱의 형태로 부지확보와 건설에 필요한 자금을 조달하는 경우가 많다. 여기에는 자금을 대여하는 금융기관, 금융기관에 보증을 제공하는 신용공여기관, 시공을 확약하는 건설회사 등 다양한 이해관계자가 참여한다. 이들과 맺은 계약에 따라 합법적이고 합리적으로 의사결정을 하고, 개발사업과 관련된 중요사안을 투명하게 보고하는 것은 프로젝트파이낸싱에 의한 금융구조를 유지하는 데 필수적이다.

이 외에도 건설의 과정에서 많은 ESG문제가 발생할 수 있다. 부동산개발의 투자자는 이들 문제를 이해하고 효과적으로 예방 및 대응하는 방안을 준비해야 한다. 과거에는 건설의 과정에서 발생하는 문제가 어느 정도는 불가피하다고 여기는 견해도 있었다. 하지만 더는 그렇지 않다는 것을 누구나 알고 있다.

개발의 목적물

사실 부지확보나 건설보다 부동산개발에 대한 ESG투자에서 더 중요하게 여기는 요소는 개발의 목적물, 즉 어떤 부동산을 짓는가 하는 것이다. 개발의 과정은 짧지만, 그 결과 존속하는 부동산은 오랜 기간 환경, 사회, 지배구조에 영향을 미치기 때문이다. 이것은 투자자가 부동산을 개발한 후 일정 기간 보유하다가 매각을 하건, 보유하지 않고 즉시 매각을 하건 변하지 않는 사실이다.

개발된 부동산은 환경적으로 주변의 도시나 자연과 상호작용하며, 사회적으로 피고용자와 지역사회에 영향을 미치고, 운영의 과정에서 합리적 의사결정이나 투명성과 같은 지배구조이슈에 노출된다. 이와 관련된 사항은 부동산매입에서 살펴본 것과 동일하므로, 자세한 설명은 생략한다.

04

ESG투자의 생태계와 인프라

ESG투자의 생태계

ESG보고

ESG평가

ESG지수

ESG투자의 생태계

The Ecosystem of ESG Investing

OECD와 WEF의 안내서

누가 ESG투자를 둘러싼 시장을 움직이고 있을까? 시장의 성장기에는 그 시장을 형성하고 이윤을 추구하는 주체가 수없이 나타나고 사라지기 마련이다. 그러다 차츰 변화가 줄어들고 구조가 안정되면서 성숙기로 접어든다. 물론 ESG투자는 아직 하루하루 키가 자라는 성장기에 있다. 따라서 투자자뿐 아니라 그들에게 새로운 서비스를 제공하는 기업, 시장의 질서를 구축하는 기구와 단체, 시장 바깥에서 규제와 지원을 하는 정부조직과 국제기구가 우후죽순 나타나고 있다. 시장이 활성화하는 것은 반길 일이다. 하지만 최근에는 참여자가 너무 많고 다양해서, 일목요연하게 파악하기조차 쉽지 않게 되었다. 난감한 일이 아닐 수 없다.

다행인 것은 이런 불편함을 덜어 주기 위해 ESG투자를 둘러싼 시장의 참여자를 잘 정리해서 알려 주는 안내서가 발간되고 있다는 사실이다. OECD와 WEFWorld Economic Forum, 세계경제포럼; 흔히 다보스포럼가 그 주인공이다. 이들은 ESG금융 또는 ESG투자의 생태계라는 이름으로 복잡한 시장을 몇 가지 기능으로 나누어 소개하고 있다. OECD는 보고서를 통해, WEF는 웹사이트를 통해 정보를 제공하는데, 특히 WEF의 경우 각 기능마다 대표적인 주체에 대한 소개도 곁들이고 있어서 좋은 참고가 된다. 두 기관은 같은 시장을 다루지만, 그것을 구성하는 기능은 조금 다르게 나누고 있다. 그만큼 ESG투자를 둘러싼 시장은 아직 여물지 않은 상태에 있는 것이다. 지금부터 OECD와 WEF의 안내에 따라 ESG투자의 생태계를 돌아보자.

OECD의 ESG금융 생태계

OECD는 2020년에 발간한 보고서 『ESG투자: 실행, 과정, 도전』[45]에서, ESG금융 생태계Ecosystem of ESG Finance를 <그림 4-1>과 같이 제시하였다. OECD는 기업 즉 주식이나 채권 같은 증권의 발행자Issuers에서부터 개인을 포함한 최종투자자End Investors에게 이르는 자본시장의 사슬에 ESG등급의 평가기관Rating Providers, ESG지수의 작성기관Indices, ESG펀드를 만들고 운용하는 자산운용자Asset Managers, 신인의무를 지고 최종투자자의 돈을 관리하는 기관투자자Institutional Investors의 네 집단이 관여한다고 보았다. 여기서 평가기관과 지수작성기관은 ESG 관련 정보의 공급자, 자산운용자와 기관투자자는 ESG 관련 정보의 수요자에 해당한다.

45. R. Boffo and R. Patalano, *ESG Investing: Practices, Progress and Challenges*, Paris: OECD, 2020.

이러한 사슬은 세 가지 제도에 의해 지탱된다. ESG경영과 관계된 보고를 담당하는 공시관련기관Disclosure Organisations, 거래소나 금융감독기구와 같은 규제 및 감독기관Rules & Requirements, 윤리기준을 제정하는 국제기구나 민간단체Ethical Standard Setters가 그것이다. 이들의 유기적인 협력을 통해 ESG금융의 생태계가 유지된다고 OECD는 설명하고 있다.

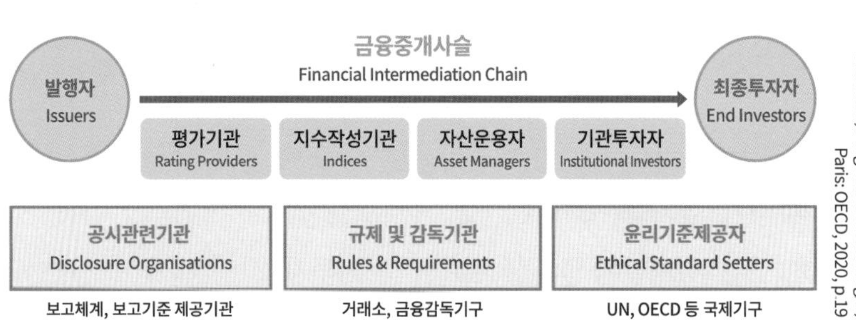

그림 4-1. OECD의 ESG금융 생태계

출처: R. Boffo and R. Patalano, *ESG Investing: Practices, Progress and Challenges*, Paris: OECD, 2020, p.19

WEF의 ESG 생태계지도

WEF도 OECD와 유사하게 안내하고 있다. 하지만 ESG 관련 정보의 수요자를 제외하고, 공급자와 제도를 세분해서 차별화한 내용을 보여 주고 있다. WEF는 이를 ESG 생태계지도ESG Ecosystem Map라고 부르는데, 별도의 웹사이트[46]에서 계속 업데이트하고 있어서 매우 편리하다. 업데이트가 중요한 이유는 실제로 ESG투자의 생태계가 하루가 멀다고 업데이트되고 있기 때문이다.

46. https://widgets.weforum.org/esgecosystemmap/index.html#

WEF는 ESG투자의 생태계를 크게 여섯 가지 기능으로 나누고 있다. 체계개발자Framework Developers, 기준설정자Standard Setters, 정보검증자Assurers, 정보제공자Data Providers, 주주행동자문기관Voting and Engagement Services, 연합 및 단체Coalitions and Initiatives가 그것이다. 이 중 정보제공자는 다시 시장전반Market, ESG전문ESG-Exclusive, ESG요소특화Specialized의 세 집단으로 나누는데, 여기서 ESG요소특화란 환경·사회·지배구조 중 어느 하나, 또는 기후변화와 같이 그 안에서 다시 세부적인 이슈 하나에 집중해서 정보를 제공하는 집단을 말한다. 그리고 연합 및 단체도 일반적인 것Broader Coalitions and Initiatives과 투자자로 구성된 것Investor Coalitions and Initiatives의 두 가지로 세분하고 있다.

체계개발자와 기준설정자는 OECD 생태계의 공시 관련 기관에 해당한다. 체계개발자는 ESG공시와 관련된 개념과 원칙을 정립하는 역할을 하고, 기준설정자는 좀 더 구체적인 가이드라인을 수립하는 역할을 한다. 공신력이 중요한 만큼 둘 다 국제기구, 정부, 비영리단체 등이 주도하고 있다. 회계제도에서 미국의 FASB나 나머지 세계의 IASB를 생각하면 쉽게 이해할 수 있을 것이다. 회계제도의 외부감사에 해당하는 정보검증자의 역할도 넓게 보면 이 범주에 속한다. 현재 대형 회계법인이나 ESG요소에 특화된 리서치기관이 이 역할을 하고 있다. 이들은 모두 ESG공시 또는 ESG보고와 관련된 일을 한다.

정보제공자는 OECD 생태계의 평가기관과 지수작성기관에 해당한다. 그뿐만 아니라 이들을 위한 기초정보의 제공자도 포괄한다. 다만,

평가나 지수와 같은 기능별 분류 대신에 시장전반, ESG전문, ESG요소특화 등 다루는 정보의 범위에 따라 분류한다는 점에서 OECD와 차이가 있다. 투자자 입장에서는 두 가지 분류를 다 고려하는 것이 좋다. ESG평가는 S&P, 무디스, 피치와 같은 신용평가기관뿐 아니라 ESG등급만 전문적으로 평가하는 기관도 제공하고 있다. 반면 ESG지수는 MSCI, S&P다우존스, FTSE러셀 같은 전통적인 지수작성기관이 주로 제공하고 있다. 이렇게 평가나 지수에 한정하지 않고, ESG투자와 관련된 기초정보까지 폭넓게 제공하는 기관으로는 블룸버그Bloomberg나 톰슨로이터Thomson Reuters 같은 종합매체와 각종 협회 및 단체가 있다.

주주행동자문기관은 주주총회의 위임자문기관에서 출발해서 지금은 위임장경쟁뿐 아니라 주주행동과 관계된 종합적인 서비스를 제공하는 주체다. OECD 생태계에서는 소개되지 않았지만, 최근 기관투자자의 스튜어드십코드 도입이 증가하면서 그 중요성이 커지고 있다. 글래스루이스Glass Lewis, ISSInstitutional Shareholder Service, 헤르메스EOSHermes Equity Ownership Services 등이 세계적으로 명성을 얻은 기관이다.

연합 및 단체는 ESG투자와 관련된 국제기구와 민간단체를 말한다. 앞에서 설명했듯이, PRI와 같은 기관투자자 단체는 ESG투자와 관련된 원칙을 세우고 회원들이 이를 준수하도록 하기 때문에 실천적인 의미가 있다. 이들은 원칙뿐만 아니라 좀 더 구체적인 가이드라인의 수립, 통계나 연구자료의 제공 같은 역할도 함께하고 있다.

OECD와 WEF가 제공하는 ESG투자의 생태계는 복잡하게 발전하는 ESG투자를 이해하는 데 안내서 같은 역할을 한다. 향후 또 어떤 기능과 주체가 나타나 생태계가 복잡해질지, 반대로 통합과 표준화가 이뤄져 간단해질지 관심을 두고 지켜볼 일이다.

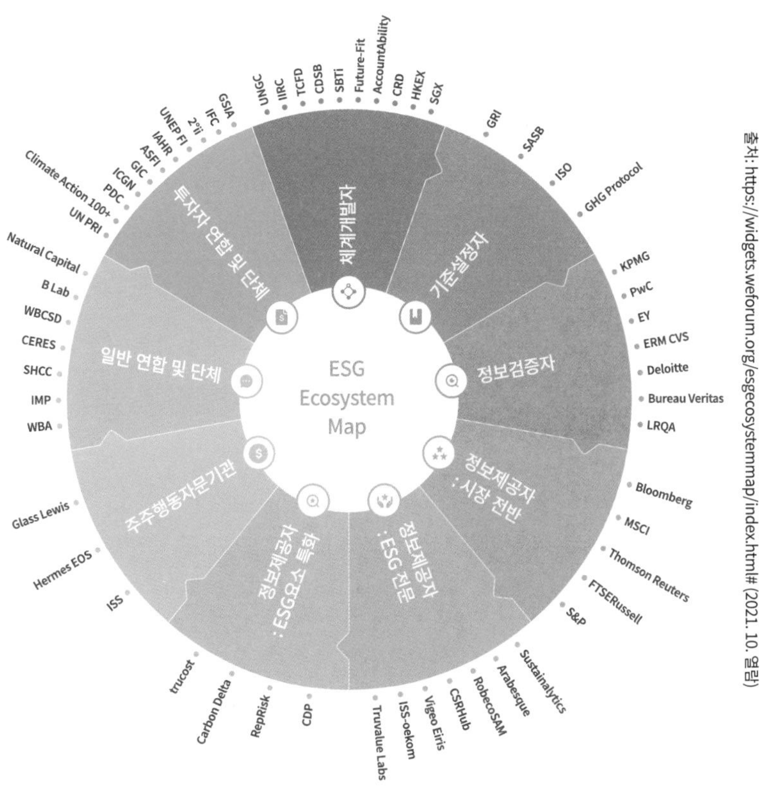

출처: https://widgets.weforum.org/esgecosystemmap/index.html# (2021. 10. 열람)

그림 4-2. WEF의 ESG 생태계지도

핵심적인 세 가지 인프라

ESG투자의 계량화

자본시장에서 투자자가 하는 일은 자산배분Asset Allocation과 종목선택Securities Selection의 두 가지로 요약할 수 있다. 자산배분이란 자금을 주식, 채권, 부동산 등 다양한 자산군Asset Classes에 얼마씩 배분할지 정하는 일이고, 종목선택이란 그렇게 정한 자산군별 투자한도 내에서 실제로 취득할 개별 자산을 고르는 일이다. 전통적인 재무투자에서 이러한 작업은 계량분석에 의해 이루어진다.

최근 ESG투자도 계량화가 급속히 진행되고 있다. 앞에서 ESG투자의 전략을 설명하면서, 과거에는 정성적 전략이 주를 이뤘지만 점차 정량적 전략으로 흐름이 바뀌고 있다고 언급한 바 있다. 그리고 투자전략별 시장규모를 통해, 최근 ESG투자의 성장을 주도하는 것이 계량적인 ESG통합과 지속가능·테마투자라는 것도 확인한 바 있다. 당연한 이야기지만, 여기에는 계량적 분석을 가능하게 하는 인프라의 발달이 크게 이바지하고 있다. ESG경영의 현황을 투명하게 보고하고, ESG경영의 성과를 객관적으로 평가하며, ESG투자의 수익률지수를 작성하는 일들이 그것이다. 아무리 ESG투자를 지향한다고 하더라도 이러한 인프라가 갖춰져 있지 않으면 좋은 성과를 낼 수 없다.

ESG보고, ESG평가, ESG지수

계량적인 방법으로 자산배분을 하기 위해서는 자산군별로 수익과 위험의 특성을 알아야 한다. 물론 수치의 형태로 알아야 한다. 그러면 최적화 기법을 사용해서 작은 위험으로 높은 수익을 내는 자산군별 비중을 찾을 수 있다. 종목선택에 있어서도 마찬가지다. 계량적인 방법으로 최선의 종목을 선택하기 위해서는 섹터, 지역, 스타일 등의 특성이 수익과 위험에 미치는 영향을 수치의 형태로 알아야 한다. 그러면 재무모형을 이용해서 저평가된 종목을 찾을 수 있다. 여기에 ESG요소를 반영하려면 무엇이 필요할까? 당연히 각 자산군과 종목의 ESG 특성을 나타내는 수치다.

기업이나 실물자산이 가지는 ESG특성의 수준을 ESG성능 또는 ESG 성과ESG Performance라고 하며, 이것을 점수Score나 등급Grade의 형태로 측정하는 행위 또는 측정한 결과를 ESG평가ESG Rating라고 한다. 이는 기업의 신용을 점수나 등급으로 나타내는 신용평가와 유사하다. 앞에서 언급했듯이, 계량적 ESG투자는 ESG평가에 의존한다. 기업이나 실물자산에 ESG점수가 매겨지고 이를 근거로 ESG등급이 부여되면, ESG성과가 우수한 포트폴리오를 구성할 수 있다. 포트폴리오는 ESG 등급이 우수한 기업이나 실물자산으로 구성할 수도 있고, ESG점수가 상승하는 모멘텀을 가진 기업이나 실물자산으로 구성할 수도 있다. 물론 그 외의 방법도 가능하다.

자본시장에서 ESG평가가 광범위하게 이뤄지면, 이를 근거로 ESG지수ESG Index를 작성할 수 있다. ESG지수란 ESG평가가 우수한 포트폴리오의 수익률지수를 말한다. 다시 말해서 ESG투자의 재무적 성과를 보여주는 벤치마크다. ESG지수가 ESG투자의 결과를 보여 주는 기능만 하는 것은 아니다. 자본시장에서 수익률지수는 포트폴리오를 구성하는 종목에 대한 정보를 함께 제공함으로써, 그 수익률을 추종하는 패시브투자를 가능하게 한다. 이는 ESG투자에 대해서도 마찬가지며, 따라서 ESG지수는 ESG ETF와 같은 금융상품의 개발을 가능하게 한다.

그런데 ESG평가와 ESG지수가 제대로 만들어지기 위해서는 무엇이 필요할까? 이것들은 전문적인 평가기관이나 지수작성기관에 의해 만들어지는데, 사실 이들도 투자자와 마찬가지로 모든 기업이나 실물자산을 직접 조사할 수는 없는 노릇이다. 따라서 기업이나 실물자산이 외부에 공시하는 보고자료에 의존할 수밖에 없다. 결국, ESG평가와 그것에 근거한 ESG지수의 품질은 전적으로 ESG공시ESG Disclosure 또는 ESG보고ESG Reporting의 품질에 따라 좌우된다.

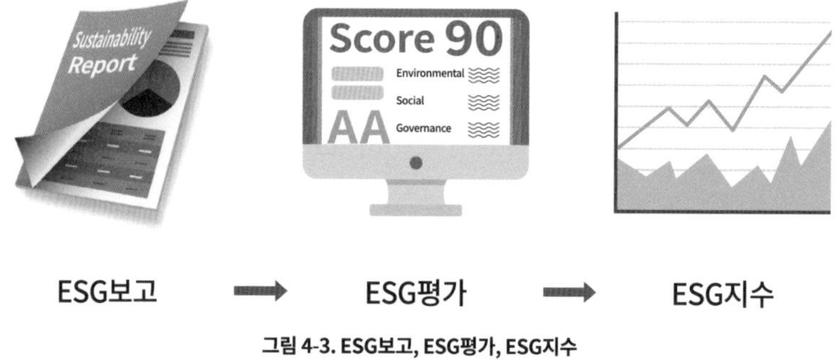

그림 4-3. ESG보고, ESG평가, ESG지수

과거에는 ESG경영을 표방하는 기업이나 실물자산이 스스로 정한 내용과 방법으로 자발적인 보고를 하였다. 그러나 자발적인 보고가 가지는 정보의 한계로 인해 일정한 기준이 필요하다는 목소리가 커졌으며, 그 결과 국제단체를 중심으로 체계적이고 통일된 보고표준을 만들자는 움직임이 일어났다. 이후 여러 보고표준이 출현하고, 그것을 준수하기로 서약하는 단체가 생겨나며, 그러한 공시를 의무화하는 거래소가 늘어나는 등 ESG 관련 투명성이 개선되고 있다. 그뿐만 아니라 최근에는 보고내용의 사실 여부를 검증하는 서비스도 성장하고 있다. 이렇게 ESG보고에서 ESG평가로, 다시 ESG지수로 이어지는 정보의 흐름이 계량적 ESG투자를 지원하는 인프라인 것이다.

ESG보고

The Reporting of ESG Management

투명한 보고의 어려움

ESG보고는 ESG평가와 ESG지수를 위한 기초정보라는 점에서 가장 기본적인 인프라다. ESG보고는 기업이나 실물자산의 ESG경영에 관한 사항을 이해관계자에게 공시 등의 방법으로 알리는 것을 말한다. 그 체계가 가장 잘 갖춰진 자산은 주식이다. 상장기업은 원래 정기적인 재무공시의 의무를 부담하고 있다. 따라서 공시의 범위를 비재무적 활동, 즉 ESG이슈로 확장할 경우 투자에 활용할 수 있다. 반면 채권과 부동산은 그것을 발행하거나 소유한 기업의 정기적인 공시만으로는 ESG성과를 분석하기에 부족하다. 따라서 필요할 때마다 개별자산에 대한 조사를 별도로 하는 것이 일반적이다.

ESG보고는 재무보고에 비해 어렵다. 그 이유는 크게 두 가지다. 첫째는 비재무적 정보 중에서 어떤 것이 중요하고 이를 어떻게 공시할지 방법을 잘 모른다는 것이고, 둘째는 그러한 내용이 산업별로 다를 텐데 기존 산업분류체계가 ESG경영의 특성을 잘 반영하고 있지 않다는 것이다. 재무정보와 관련해서는 GICS나 ICB 같은 산업분류체계가 구축되어 있고, 각 산업의 특성에 맞는 회계제도 즉 US-GAAP이나 IFRS 같은 기준도 자세하게 수립되어 있다. 그리고 금융감독기구의 공적규제와 거래소의 자율규제를 통해 공시의무를 부여함으로써 투명한 보고를 유지하고 있다. 그러나 비재무적 정보에 대해서는 아직 그렇지 못한 것이 현실이다.

그래도 산업분류체계에 대해서는 2020년 EU가 앞장서서 환경적으로 지속가능한 경제활동 분류체계를 발표했고, 우리나라도 이를 참고해서 녹색분류체계를 개발 중이다. 녹색분류체계는 다양한 산업과 기업활동을 대상으로 녹색과 비녹색을 구분하는 것을 핵심적인 내용으로 한다. EU는 더 나아가서 2021년 사회분류체계Social Taxonomy 초안도 발표하였다. 이는 산업분류체계를 사회적으로 지속가능한 경제활동까지 확장한 것이다. 하지만 분류체계가 이렇게 제도화의 길을 걷고 있는 것과 달리, 구체적인 보고의 방법 즉 보고표준은 아직 혼란스러운 상태에 있다. 따라서 지금 어떤 보고표준들이 사용되고 있고, 향후 어떻게 국제적인 표준화가 이뤄질지 예의주시할 필요가 있다.

대표적인 보고표준

ESG투자의 생태계에서 설명한 바와 같이, ESG보고의 표준은 위계가 두 가지로 구분된다. 보고체계Reporting Framework와 보고기준Reporting Standard이 그것이다. 전자는 상위의 개념과 원칙, 후자는 하위의 가이드라인에 해당하는데, 세계적으로 권위를 인정받고 있는 것은 다음과 같다.

보고체계를 제공하는 대표적인 기관으로는 UNGC, IIRC, CDSB, TCFD 등이 있다. 이 중 UNGC와 IIRC는 ESG요소를 두루 고려하고, CDSB와 TCFD는 기후변화에 특화되어 있다. 특히 TCFD는 다른 기관과 성격이 약간 다르다. TCFD는 G20 산하의 FSB가 2015년에 설치한 태스크포스로서, 기후변화 관련 공시사항에 대해 권고안을 내는 등 산재한 보고기준의 표준화를 위한 활동을 주로 하고 있다.

보고기준을 제공하는 대표적인 기관으로는 GRI, SASB, CDP 등이 있다. 여기서도 GRI와 SASB는 ESG요소를 두루 고려하고, CDP는 기후변화에 특화되어 있다. 한편 다양한 산업표준을 제공하는 ISO, 투자성과 보고기준을 운영하는 CFA협회, 회계기준을 제공하는 IFRS재단 또한 ESG 관련 보고기준을 제공하거나 준비하고 있다. 특히 IFRS재단은 회계제도를 운용하고 있어서 많은 투자자가 발표를 기다리고 있다.

사실, 보고체계와 보고기준의 경계는 명확하지 않다. 위에서 열거한 여러 보고표준들이 처음부터 두 범주를 구분해서 만들어진 것이 아니기 때문이다. 따라서 보고체계를 이용해서도 개략적인 공시를 할 수 있고, 보고기준 안에도 상위의 체계에 대한 내용이 포함되어 있다. 두 범주는 이미 만들어진 다양한 표준을 사후적으로 파악하기 쉽게 나눈 것에 불과하다.

지속가능성을 추구하는 거래소 단체인 SSEISustainable Stock Exchange Initiative는 홈페이지에서 세계 거래소들이 참고하는 보고표준의 순위를 발표하고 있다.[47] SSEI는 2021년 여름 명문화된 ESG 가이던스를 제공하는 거래소가 60곳, 그들이 주로 참고하는 보고표준이 6개라고 소개하고 있다. 그 순위와 참고비율은 GRI 95%, SASB 78%, IIRC 75%, CDP 67%, TCFD 57%, CDSB 30%다. 6개 중 5개의 참고비율이 50%를 넘는 것을 미뤄볼 때 아직 지배적으로 인정받는 보고표준이 존재하지 않으며, 거래소마다 여러 개의 보고표준을 참고한다는 사실을 알 수 있다. 가장 참고비율이 높은 것은 역사가 긴 GRI이며, SASB가 최근 주목을 받으면서 그 뒤를 따르고 있다.

표준화가 필요한 표준들

투명한 ESG보고는 기업의 의지만으로 되는 것이 아니다. 의지가 있더라도 정보를 어떤 기준으로 선별해서 어떤 방법으로 공시해야 하는지 알지 못하면 제대로 된 보고를 할 수 없다. 즉 체계적인 보고표준이 필요한 것이다. 앞에서 재무공시와 관계된 회계제도에 관해 설명한 바 있다. 그 역사로부터 알 수 있는 한 가지 사실은 회계제도의 개선이 20세기를 지나 지금까지도 계속 이어지고 있다는 것이다. 이를 통해 공시체계를 정립하는 일이 쉽지 않다는 것을 짐작할 수 있다. 앞에서는 대표적인 것만 소개했는데, 사실 세계 각국에서 수많은 기

47. https://sseinitiative.org/esg-guidance-database

관이 ESG보고에 대한 표준을 개발하고 있다. ESG투자의 활성화를 위해 매우 고무적인 일이지만, 그 수가 많고 각양각색이어서 오히려 ESG투자에 도움이 되지 않는 지경에 이르고 있다. 기업 입장에서 어떤 표준을 따라야 할지, 투자자 입장에서 어떤 표준을 신뢰해야 할지 선별하는 것부터 과중한 일이기 때문이다. ESG투자의 안착을 위해 보고표준부터 표준화해야 할 시점이다.

이러한 문제의식은 최근 해결을 위한 행동으로 이어지고 있다. 실제로 보고표준의 통합이 활발하게 이뤄지고 있는 것이다. 2017년 TCFD가 기후변화 관련 재무 및 금융정보 공시의 권고안을 제시한 이후, 여러 보고표준 제공기관이 이 권고안에 대해 지지를 선언하였다. 또한 2020년에는 CDP, CDSB, GRI, IIRC, SASB 등 5대 보고표준 제공기관이 상호 협력할 것을 선언하고, TCFD의 권고안을 반영한 공시 프로토타입Prototype도 제시하였다. 특히 IIRC와 SASB는 2021년 VRF라는 이름으로 통합하기도 하였다.

보고체계

UNGC의 COP

UNGC는 10대 원칙을 준수하기로 서약한 기업이 제출해야 하는 이행보고서COP: Communication on Progress의 양식을 통해 보고체계를 제공하고 있다. UNGC의 모든 회원은 가입일로부터 1년 이내에 첫 COP

를 제출하고, 이후로도 매년 COP를 제출해야 한다. 만약 이를 어길 경우 미보고Non-communication회원으로 분류되며, 그로부터 1년 후에도 COP를 제출하지 않으면 UNGC에서 제명된다. COP에는 가입 시 제출한 서약서Letter of Commitment와 같이 UNGC에 대한 지지를 표명하는 CEO 선언문, 10대 원칙을 이행한 활동내용, 목표달성에 관한 성과지표와 측정결과 등이 포함된다. 2021년 여름 UNGC 홈페이지에는 회원 수가 17,732곳이라고 표시되어 있으며, 이들이 제출한 47,000건 이상의 COP가 게시되어 있다.

UNGC의 COP는 10대 원칙과 연결되어 있으며, 주기적으로 ESG경영의 이행 여부를 점검하고 공유하는 기능을 한다. 회원들은 제시된 양식 및 다른 회원의 COP를 통해 어떤 비재무적 활동을 어떠한 방식으로 보고해야 하는지 파악할 수 있다. 하지만 실제로 COP를 검색해 보면, 그 내용이 재무보고서처럼 세부적이지는 않다는 것을 알 수 있다.

VRF의 <IR> 프레임워크

VRFValue Reporting Foundation는 보고체계를 제공하던 IIRCInternational Integrated Reporting Council와 보고기준을 제공하던 SASBSustainability Accounting Standards Board가 2021년 통합해서 결성되었다. 보고표준의 표준화를 설명하며 언급했듯이, 두 기관의 통합은 최근 진행된 굵직한 사건이라고 할 수 있다.

IIRC는 규제기관, 투자자, 기업, 표준설정자, 회계전문가, 비영리단체 등의 연합기관을 지향하며 2010년에 만들어졌다. 기업의 가치가 재무적·비재무적 요소의 통합적인 보고를 통해 증진될 수 있다는 판단하에, 세계적으로 인정받는 보고체계를 만들고자 하였다. 최초의 보고체계는 2013년에 발표했으며, 2021년 종합적인 개정안을 다시 발표하였다. 한편 SASB는 기업의 지속가능성과 관련된 보고기준을 제공하고자 2011년에 만들어졌다. SASB는 그 이름에서 알 수 있듯이, 회계제도 수준의 세밀함을 지향한다. 앞에서 소개한 바와 같이, 2018년에 발표한 SASB의 보고기준은 최근 가장 빠르게 확산되는 보고기준이 되었다. 이러한 두 기관이 보고체계와 보고기준을 아우르는 종합적인 보고표준으로 통합한 것이다.

VRF는 크게 세 가지 도구를 제공한다. 기업에 통합보고의 배경·목적·사례 등을 안내하는 통합적 사고(Integrated Thinking), 통합보고의 체계를 제공하는 <IR> 프레임워크(<IR> Framework), 통합보고의 기준을 제시하는 SASB 스탠다드(SASB Standards)가 그것이다. 여기서는 그중 보고체계인 <IR> 프레임워크를 소개한다. 보고기준에 해당하는 SASB 스탠다드는 뒤에서 설명할 것이다.

<IR> 프레임워크는 보고체계의 사용법, 핵심개념, 지도원칙, 내용요소의 네 부분으로 구성되어 있다. 이 중 통합보고서의 내용을 규정하는 것은 지도원칙(Guiding Principles)과 내용요소(Content Elements)다. <IR> 프레임워크는 원칙 중심의 접근방법을 취하기 때문에, 통합보고서의

작성과 표시에 관한 지도원칙은 중요한 의미를 가진다. 지도원칙은 전략적 집중과 미래지향성, 정보의 연결, 이해관계자, 중요성, 간결성, 신뢰성과 완전성, 일관성과 비교가능성 등 일곱 개 항목으로 구성되어 있다. 내용요소는 여덟 가지로 제시하고 있다. 조직개요와 외부환경, 거버넌스, 비즈니스모델, 위험과 기회, 전략과 자원배분, 성과, 전망, 작성 및 표시기준이 그것이다.

CDSB의 가이드라인

CDSBClimate Disclosure Standards Board는 기후변화 관련 정보의 공시를 위해 2007년 설립되었다. 앞의 두 기관이 ESG를 포괄적으로 다루는 반면 CDSB는 기후변화에 주목하며, 비재무정보의 독립적인 공시를 넘어 재무보고와의 연결을 지향한다는 점에서 차이가 있다. CDSB 가이드라인은 2015년에 최초로 발표됐으며, 이후 지속적으로 개선되고 있다. CDSB는 기후변화에 특화되어 있기 때문에, 관련 국제기구나 다른 보고표준과의 협력도 활발하게 하고 있다. ESG를 종합적으로 다루는 기구나 기관의 입장에서 협력하기에 거부감도 적고, 시너지가 크기 때문이다.

CDSB의 보고체계는 위계가 두 가지로 구성되어 있다. 지도원칙Guiding Principles과 보고요건Reporting Requirements이 그것이다. 지도원칙은 다음과 같이 일곱 가지다. 첫째, 환경정보는 관련성과 중요성의 원칙Principles of Relevance and Materiality에 의해 작성되어야 한다. 둘째, 공시는 신뢰성 있게 이뤄져야 한다. 셋째, 공시는 주요보고서상의 정보와 연결되어야 한다. 넷째, 공시는 일관되고 비교 가능해야 한다. 다섯째, 공시는 명쾌하고 이해 가능해야 한다. 여섯째, 공시는 검증 가능해야 한다. 일곱째, 공시는 미래지향적이어야 한다. 한편 보고요건으로는 환경정책과 관련된 거버넌스, 정책과 전략, 위험과 기회, 결과와 성과, 전망과 영향, 자료와 근거, CDSB 보고체계의 준수 여부 등을 제시하고 있다.

TCFD의 권고안

TCFD Task Force on Climate-related Financial Disclosures는 G20의 요청으로 2015년 FSB 산하에 설립되었다. TCFD는 CDSB와 마찬가지로 ESG 문제 중 환경문제 특히 기후문제에 주목하며, 새로운 보고체계의 제시보다 기존 체계들의 표준화를 지향하는 특성이 있다. 특히 글로벌 금융위기 이후 FSB가 금융시장의 규제를 담당하고 있는 점을 고려할 때, 정책적 권위도 상당하다고 볼 수 있다.

TCFD는 2017년 기후 관련 재무공시에 대한 시장의 의견을 종합해서 『TCFD 권고안 최종보고서』[48]를 발표하였다. 여기서는 크게 지배구조, 경영전략, 위험관리, 지표 및 목표의 네 가지 영역에 대한 공시를 요구하고 있는데, 그 핵심적인 내용을 요약하면 <표 4-1>과 같다. 현

48. TCFD, *Final Report: Recommendations of the Task Force on Climate-related Financial Disclosures*, Jun. 2017.

재 TCFD 권고안은 전 세계 수많은 기관으로부터 공식적인 지지를 받고 있다. 앞에서 설명했듯이 CDP, CDSB, GRI와 이제는 VRF로 통합된 IIRC와 SASB 등 5대 보고표준기관이 이 권고안을 반영해서 기후변화 관련 공시 프로토타입을 제시하기도 하였다.

표 4-1. TCFD가 권고한 정보공시 내용

영역	정보공시 내용
지배구조	•기후변화 관련 위험과 기회에 대한 이사회의 감독 여부 •기후변화 관련 위험과 기회를 평가·관리하는 경영진의 역할
경영전략	•단기·중기·장기적 관점에서 파악한 기후변화 관련 위험과 기회 •기후변화 관련 위험과 기회가 사업, 전략 및 재무계획에 미치는 영향 •2°C 이내 상승 등 각종 기후변화 시나리오에 따른 전략과 계획의 유연성
위험관리	•기후변화 관련 위험의 식별과 평가를 위한 조직 내 절차 •기후변화 관련 위험을 관리하기 위한 조직 내 절차 •그러한 절차와 조직의 전반적인 위험관리와의 통합방안
지표 및 목표	•기후변화 관련 위험과 기회를 평가하기 위해 사용하는 지표 •온실가스배출량(Scope 1, Scope 2 및 해당하는 경우에는 Scope 3) •기후변화 관련 위험과 기회를 관리하기 위한 목표 및 목표대비 성과

출처: TCFD, *Final Report: Recommendations of the Task Force on Climate-related Financial Disclosures*, Jun. 2017, p.14

보고기준

GRI 스탠다드

GRIGlobal Reporting Initiative는 Ceres, 텔루스연구소Tellus Institute, UNEP가 ESG경영에 대한 보고기준을 마련하기 위해 1997년에 함께 설립

한 기관이다. 보고기준의 명칭은 GRI 스탠다드GRI Standards인데, 1999년 초안에 이어 2000년에 첫 보고기준을 발표했으며, 2021년 여름 네 번째 보고기준까지 업그레이드하였다. GRI는 보고기준의 버전을 G1부터 G4까지로 표기하고 있는데, 이 중 2000년의 G1은 최초의 글로벌 보고기준이라고 할 수 있다. GRI 스탠다드의 개발은 전문조직인 GSSBGlobal Sustainability Standards Board가 담당하고 있다.

GRI 스탠다드는 보고의 내용과 품질에 관한 원칙과 구체적인 보고지침을 포함하고 있다. 보고내용에 관한 원칙으로는 이해관계자의 포괄성, 지속가능성의 맥락, 중대성, 완전성을, 보고품질에 대한 원칙으로는 균형성, 비교가능성, 정확성, 적시성, 명확성, 신뢰성을 제시하고 있다. 본론에 해당하는 보고지침에는 경제분야 6개, 환경분야 8개, 사회분야 19개 주제에 대한 구체적인 내용과 사례가 포함되어 있다.

GRI 스탠다드는 ESG경영에 관한 범용적인 공시기준이라고 할 수 있다. 그러다 보니 한편으로는 일반적인 내용만 담고 있어서 지역이나 섹터에 따른 특수성을 반영하지 못한다는 지적도 받고 있다. 이에 대한 대응으로 최근에는 항공, 건설, 부동산, 유틸리티 등 몇 가지 섹터에 대해 세부적인 공시사항Sector Disclosures도 제공하고 있다. 그러나 이는 GRI 스탠다드 G4에 부가된 양식으로서 의무사항이 아니다. GRI는 현재 더 근본적인 대응을 위해 2021년 하반기를 목표로 섹터기준Sector Standards 개발을 진행하고 있다.

VRF의 SASB 스탠다드

SASBSustainability Accounting Standards Board는 앞에서 IIRC와 함께 소개한 바와 같이 기업의 지속가능성에 대한 보고기준을 제공하기 위해 2011년에 설립되었다. 지속가능성에 대한 보고를 FASB나 IASB의 재무보고 수준으로 높이는 것이 목적이다. 따라서 SASB는 GRI와 달리 섹터별 보고기준을 더욱 구체적으로 제공했고, GRI에 대한 대안으로 빠르게 확산되었다. 이 책의 시작에서 블랙록의 CEO 래리 핑크가 2020년 연례서신에서 지속가능경영에 대한 공시를 강화해 달라고 기업들에 요구한 뉴스를 소개했는데, 이때 구체적으로 TCFD와 SASB를 언급해서 한 번 더 주목받기도 하였다. 2021년 SASB가 IIRC와 통합해서 VRF가 된 사실은 이미 소개한 바 있다. VRF는 보고체계와 보고기준을 모두 제공하는 통합표준으로서, 표준의 표준화에 기여할 것으로 보인다.

SASB는 SASB 스탠다드SASB Standards를 발표하면서 섹터의 구분을 위해 SICSSustainable Industry Classification System라는 산업분류체계를 자체적으로 개발하였다. 앞에서 보고표준 이전에 산업분류체계의 개발이 선행되어야 하며, EU가 이 분야를 선도하고 있다는 사실을 언급한 바 있다. SASB의 산업분류는 11개 섹터, 77개 산업으로 구성되어 있다. SASB 스탠다드는 77개 산업에 대해 차별화되어 있기 때문에, 그 내용을 일반적으로 설명하기 어렵다. 평가항목이 5개 차원과 26가지 범주로 구분되어 있는데, 각 산업별로 차원과 범주의 중요성Materiality에 차이가 있기 때문이다. 5개 차원은 환경 차원온실가스, 대기질, 에너지 등의 범주로 구성, 사회자본 차원인권과 지역사회, 고객의 프라이버시, 데이터보안 등의 범주로 구성, 인적자본 차원노동관행, 근로자의 건강과 안전, 종업원관여 및 다양성·포용성 등의 범주로 구성, 사업모델·혁신 차원제품디자인과 라이프사이클, 사업모델의 회복탄력성, 공급망 등의 범주로 구성, 리더십·거버넌스 차원사업윤리, 경쟁행태, 법적·제도적 환경 등의 범주로 구성으로 구성되어 있다. 이를 일목요연하게 나타낸 매트릭스를 VRF는 중요성지도Materiality Map라고 부르고 있다.

CDP의 공시체계

CDPClimate Disclosure Project는 GRI나 SASB와 달리 환경문제에 특화된 보고기준을 제공하는 기관으로서 2000년에 설립되었다. CDP는 기업이나 단체뿐 아니라 도시, 국가, 지역도 대상으로 하는 점에서 다른 보고기준과 차별화된다. CDP는 단순히 보고기준을 제공하는 것을 넘어, 보고를 요청하고 수집된 자료를 분석해서 공개하는 활동도 하고 있다. 따라서 순수한 보고기준 제공기관이기보다 투명한 공시에 특화된 환경단체라고도 할 수 있다.

CDP는 상당히 넓은 범위의 기업이나 도시가 제출한 환경공시 보고서를 홈페이지에서 공개하고 있다. 투자자는 이 보고서를 통해 전반적인 환경경영의 수준뿐 아니라 온실가스배출량과 같은 구체적인 지표도 확인할 수 있다. 또한 CDP는 기후변화, 물수자원, 숲생물다양성 등 다양한 주제를 선정해서 이니셔티브를 만들거나 프로젝트를 진행하고 있다. 물론 활동 대부분은 정보의 투명성에 초점을 맞추고 있으며, 다른 기관과의 협업을 통해 환경문제의 해결을 위한 행동으로 발전시키고 있다. CDP가 제공하는 연구결과나 데이터베이스는 매우 방대하고 구체적이다.

ISO, CFA협회, IFRS재단

ISOInternational Organization for Standardization, 국제표준화기구는 ISO인증으로 우리에게 친숙하다. 1926년에 ISAInternational Federation of the National Standardizing Associations라는 이름으로 시작된 ISO는 국가별 표준화기구의 협의체가 되어 지금에 이르고 있다. 전 산업과 행정의 표준화를 추구하는 ISO는 최근 ESG경영에 대한 인증도 추가하고 있다. 환경과 관련된 ISO14000, 사회적 책임과 관련된 ISO26000, 지배구조와 관련된 ISO19600준법 및 ISO37000부패방지이 대표적인 사례다. ISO인증은 ESG경영에 대한 보고기준은 아니다. 다만 인증과정에서 관련 정보를 체계적으로 다루므로 참고할 만하다.

CFA협회는 투자와 관련된 자격 및 인증제도, 업무기준, 윤리강령 등의 제정과 관리를 위해 1947년에 설립되었다. 자본시장 내에 많은 단체들이 있지만, CFA협회는 규모와 수준 면에서 세계적인 권위를 인정받고 있다. CFA협회 역시 최근 ESG투자 관련 서비스를 제공하고 있다. 자격 및 인증제도의 경우 기존 재무분석사CFA: Chartered Financial Analyst와 투자성과평가인증CIPM: Certificate in Investment Performance Measurement에 더해서 ESG투자인증Certificate in ESG Investing을 추가했고, 업무기준의 경우 기존의 자산운용자강령Asset Manager Code과 GIPS에 더해서 ESG기준ESG Standards을 추가하였다. CFA의 기준 역시 ESG경영에 대한 보고기준은 아니지만, 투자자가 잊지 말아야 할 내용을 포함하고 있으므로 참고할 만하다.

2001년에 설립된 IFRS재단International Financial Reporting Standards Foundation은 IASB를 통해 IFRS를 제공하고 있다. IFRS는 140곳 이상의 지역에서 공식적인 회계기준으로 채택되어 있다. 하지만 IFRS재단은 최근 재무공시가 기업의 ESG경영을 제대로 반영하지 못한다는 지적과, 지속가능성을 고려해서 IFRS를 개선해야 한다는 요구에 직면해 있다. 이에 대응하기 위해 IFRS재단은 2021년 ISSBInternational Sustainability Standards Board를 설치하고 IFRS 지속가능성기준IFRS Sustainability Standards을 수립하기로 하였다. 그 구체적인 내용이 2021년 중 발표될 예정이어서 귀추가 주목된다. 특히 IFRS는 전 세계 금융감독기구 및 거래소에서 회계기준으로 채택되어 있기 때문에, 그들의 요구사항을 잘 파악하고 있다. IOSCOInternational Organization of Securities Commissions와 같은 단체는 이미 IFRS재단의 계획에 지지를 표명한 바 있다.

국내 보고표준

EU뿐 아니라 세계 각국은 비재무적 활동의 공시를 의무화하는 추세다. 이는 우리나라의 경우도 마찬가지다. 금융위원회는 2021년 1월

14일 ESG공시의 단계적 의무화 방안을 발표하였다. 그에 따르면 현재 자산 2조 원 이상의 기업에 한정된 기업지배구조보고서 공시의무가 2026년까지 전체 KOSPI 상장사로 확대된다. 또한 환경 및 사회문제 정보를 포함한 지속가능경영보고서의 거래소 자율공시가 활성화되고, 이 역시 단계적으로 의무화된다.

한국거래소는 이에 맞춰 2021년 1월 15일에 ESG 정보공개 가이던스를 제정하였다. 이는 상장법인의 지속가능경영보고서 작성에 도움을 주기 위한 것으로서, 주요 항목에 대한 공시정보와 우수사례Best Practice를 담고 있다. 가이던스는 12개 항목과 21가지 지표로 구성되어 있으며, 12개 항목은 조직·환경·사회의 세 분야로 구분되어 있다. 조직 관련해서는 ESG대응·ESG평가·이해관계자, 환경 관련해서는 온실가스배출·에너지사용·물사용·폐기물배출·법규위반·사고, 사회 관련해서는 임직원현황·안전·보건·정보보안·공정경쟁 등이 내용을 구성하고 있다.

한편 기업지배구조에 대한 평가·연구·조사를 수행하는 전문기관으로 한국기업지배구조원이 있다. 한국기업지배구조원은 2002년에 한국거래소·한국증권금융·금융투자협회 등을 사원으로 해서 한국기업지배구조개선지원센터로 설립됐으며, 2010년부터 지금의 명칭을 사용하고 있다. 한국기업지배구조원은 ESG경영을 위한 환경, 사회, 기업지배구조 및 감사위원회 모범규준을 제공하고 있다.

ESG평가

The Rating of ESG Management

주식에 대한 평가

주식에 대한 평가는 곧 기업에 대한 평가라고 할 수 있다. 효율적인 자본시장에서는 기업의 경영성과가 주가에 반영되기 때문이다. 기업에 대한 ESG평가는 두 가지 주체에 의해 이뤄지고 있다. 첫째는 ESG 이슈에 특화된 전문기관이고, 둘째는 기업에 대한 분석을 오랜 기간 해 온 신용평가기관이다. 전자는 ESG이슈에 대한 지식과 경험을 무기로 ESG평가라는 영역을 새롭게 개척해 왔고, 후자는 신용평가에 대한 노하우와 자본력을 이용해서 전문기관을 인수하며 ESG평가의 영역으로 확장해 왔다.

ESG이슈에 특화된 전문기관으로는 서스테이낼리틱스, 랩리스크, MSCI ESG리서치 등이 있다. 서스테이낼리틱스는 역사가 오래되고 지명도가 높은 ESG평가기관으로서, 현재 펀드전문 서비스회사인 모닝스타에 속해 있다. 랩리스크는 IT기반의 정보제공업체로서, ESG평가와 관련된 계량분석에 강점이 있다. MSCI는 S&P다우존스,

FTSE러셀과 함께 세계 3대 지수작성기관으로 알려진 회사다. MSCI는 최초의 ESG지수인 Domini 400 Social Index를 흡수하면서 일찍 ESG지수 시장에 뛰어들었으며, 그 과정에서 자회사인 MSCI ESG리서치를 통해 ESG평가도 자체적으로 하게 되었다. ESG지수에 대해서는 뒤에서 자세히 설명한다.

신용평가기관 중에서는 세계 3대 기관인 S&P, 무디스, 피치 모두 ESG평가에 적극적이다. 이들은 전 세계를 대상으로 기업뿐 아니라 국가의 신용등급도 발표하면서 자본시장에 영향을 미치고 있으며, 이제 ESG평가로도 영역을 확대하고 있다. S&P가 속한 S&P글로벌S&P Global은 2016년 ESG평가기관인 트루코스트Trucost와 2020년 로베코샘의 ESG평가부문을 인수하면서 역량을 강화하고 있다. 무디스가 속한 무디스코퍼레이션Moody's Corporation 역시 2019년에 ESG평가기관인 비지오 아이리스와 기후문제에 특화된 427Four Twenty Seven을 인수하고, 중국의 신타오녹색금융SynTao Green Finance에도 투자하는 등 적극적인 행보를 보이고 있다. 피치가 속한 허스트커뮤니케이션스Hearst Communications의 경우 앞의 두 기관에 비해 인수합병에는 소극적이지만, 신용평가에 ESG요소를 반영하기 위한 노력을 다양하게 하고 있다.

정확한 ESG평가를 위해서는 ESG보고가 잘 이뤄져야 한다. 하지만 지금 활동하고 있는 평가기관들은 그러한 인프라의 혜택을 충분히 누리지 못하고 있다. ESG보고가 아직 확산하는 중에 있기 때문이다.

그럼에도 평가기관들은 증가하는 자본시장의 수요에 대응하기 위해 다양한 경로로 정보를 수집해서 ESG평가를 하고 있다. 앞으로 ESG 보고가 더 확산하면 ESG평가도 더욱 발전할 것이다.

서스테이널리틱스

서스테이널리틱스Sustainalytics에 대한 소개는 전신인 잔치리서치Jantzi Research Associate로 시작하지 않을 수 없다. 잔치리서치는 1992년 마이클 잔치Michael Jantzi에 의해 설립된 기관으로서, 기업의 사회적 성과와 책임을 구성하는 일곱 가지 요소Seven Pillars와 그것에 기반한 평가 모형인 잔치모형Jantzi's Model으로 유명하다. 잔치가 제시한 일곱 가지 요소는 공동체이슈Community Issues, 고용의 다양성Diverse Workplace, 종업원관계Employee Relations, 환경성과Environmental Performance, 국제관계International, 제품과 사업관행Product and Business Practice 및 기타로 구성되어 있으며, 이에 근거한 잔치모형은 모든 ESG평가 모형의 뿌리가 되었다. 2000년에는 다우존스, 스테이트 스트리트와 협력해서 Jantzi Social Index를 개발하기도 하였다. 이 지수는 지금도 서스테이널리틱스에 의해 꾸준히 발표되고 있다.

잔치리서치는 2009년 서스테이널리틱스에 합병되었다. 서스테이널리틱스는 2002년 더치서스테이너빌리티리서치Dutch Sustainability Research라는 이름으로 설립됐으며, 잔치리서치뿐 아니라 여러 전문기관을 인수하면서 역량을 키웠다. 서스테이널리틱스의 서비스는 투자자솔루션과 기업솔루션의 두 가지로 구분되어 있다. 투자자솔루션은 기업에 대한 분석과 평가를, 기업솔루션은 지속가능경영과 지속가능금융의 활용방법을 제공하고 있다.

서스테이낼리틱스의 평가서비스 명칭은 ESG Risk Ratings다. 이름에서 알 수 있듯이, 이 평가는 기업이 ESG위험에 얼마나 노출됐는지 점수와 등급으로 보여 준다. 따라서 점수가 높을수록 ESG위험에 취약함을 나타낸다. 등급은 미약Negligible, 낮음Low, 중간Medium, 높음High, 심각Severe의 다섯 단계로 구성되어 있다. 개별 기업의 ESG평가는 서스테이낼리틱스 홈페이지에서 누구나 조회할 수 있다. 제공되는 정보는 기업의 최근 점수와 등급, 동종업계 내에서의 순위, 동종기업과의 비교 등이다.

서스테이낼리틱스는 2020년 모닝스타에 인수되었다. 모닝스타는 1984년에 설립된 금융서비스회사로서, 특히 펀드평가로 유명하다. 모닝스타의 펀드평가는 1985년 Morningstar Rating이라는 이름으로 시작되어 역사가 오래되었다. 2002년에는 Morningstar Indexes라는 이름으로 펀드를 대상으로 하는 지수작성까지 사업을 확장하였다. 모닝스타는 2016년부터 서스테이낼리틱스와 협업해서 Morningstar Sustainability Rating을 발표하였다. 이는 펀드와 포트폴리오에 대한 ESG평가로서, 높음에서 낮음까지 다섯 단계로 구성되어 있다. 이러한 협업이 발전해서 서스테이낼리틱스를 인수하기에 이른 것이다. 앞으로 펀드시장의 ESG평가가 더욱 강화될 것으로 보인다.

렙리스크

1998년에 설립된 렙리스크RepRisk는 인공지능, 머신러닝 등 정보기술을 활용한 데이터 처리에 강점이 있는 ESG평가기관이다. 렙리스크는 ESG문제를 28가지로 나누고 기업, 프로젝트, 국가 등이 그것에 노출된 위험을 평가해 온라인에서 제공하고 있다. 2021년 여름, 렙리스크의 데이터베이스에는 15만이 넘는 기업과 4만 건 이상의 프로젝트가 포함되어 있다. 렙리스크의 ESG평가는 크게 RRIRepRisk Index, RRRRepRisk Rating, RepRisk UNGC Violator Flag, RepRisk Violator Index의 네 가지로 구성된다.

RRI는 ESG문제에 대한 기업이나 프로젝트의 노출위험을 1에서 100까지의 점수로 나타낸 것이다. 명칭에 지수라는 말이 들어가서 수익률지수처럼 보일 수 있는데, 여기서는 말 그대로 점수를 숫자로 나타낸 것을 의미한다. RRR은 ESG경영의 수준을 AAA에서 D까지의 등급으로 표시한 것이다. 기업뿐 아니라 그 기업이 속한 국가 및 산업의 ESG위험을 종합적으로 평가한다. RepRisk UNGC Violator Flag는 UNGC의 10대 원칙 중 하나라도 위반할 가능성이 높은 기업을 식별하는 지표다. 깃발 모양으로 표시한다고 해서 붙은 이름이다. RepRisk Violator Index는 고객마다 상이한 정책을 반영한 맞춤형Customized 위험지표다. 랩리스크는 평가결과를 포함한 방대한 정보를 RepRisk ESG Risk Platform이라는 인터페이스로 제공하고 있다.

MSCI ESG리서치

MSCI ESG리서치MSCI ESG Research는 지수작성기관인 MSCI의 자회사로서 2010년에 시작되었다. 오래전부터 이 분야를 개척해 온 KLD, 이노베스트Innovest, IRRC 같은 기업을 인수하며 성장한 리스크매트릭스RiskMetrics를 MSCI가 인수하면서 탄생한 것이다. 이후 2014년에는 GMI레이팅스GMI Ratings를 추가로 인수하였다. 이렇듯 MSCI ESG리서치는 지속적인 인수합병의 결과물이라고 할 수 있다.

그중 KLD 인수는 의미가 특별하다. KLDKinder, Lydenberg, Domini & Co.는 1989년 피터 킨더Peter Kinder, 스티브 리덴버그Steve Lydenberg, 에이미 도미니Amy Domini의 세 사람이 설립한 ESG연구기관이다. KLD는 이때부터 미국 기업을 대상으로 사회적 책임에 대한 분석결과를 공개한 이 분야의 선구자다. 따라서 MSCI가 KLD를 흡수한 것은 상징적으로 중요하다.

ESG평가는 MSCI의 자체적인 산업분류체계인 GICS에 근거해서 이루어진다. 환경, 사회, 지배구조 각각에 대해 설정된 평가요소를 산업별로 차별화해서 적용하는 것이다. 차별화의 내용은 중요성지도로 제시되어 있다. 측정된 점수는 AAA에서 CCC까지 일곱 등급으로 나뉜다. MSCI ESG리서치는 각 등급에 대해서 AAA와 AA는 선두그룹Leader, A와 BBB, BB는 평균그룹Average, B와 CCC는 후발그룹Laggard으로 소개하고 있다. 개별 기업의 평가결과는 MSCI ESG Ratings라는 웹사이트에서 누구나 검색할 수 있다. 특히 최근 연도뿐 아니라 과거 5년간의 평가결과를 시계열로 보여 주기 때문에, 심도 있는 분석을 할 수 있다. 한편 MSCI ESG리서치는 기업뿐 아니라 펀드에 대해서도 동일한 ESG평가를 하고 있다. 이 역시 웹사이트에서 누구나 검색할 수 있다.

S&P와 로베코샘

로베코샘RobecoSAM은 1929년에 설립된 자산운용회사 로베코Robeco가 지속가능투자에 특화된 자산운용회사 SAMSustainable Asset Management을 2006년 인수해서 탄생하였다. 인수된 SAM이 명칭을 로베코샘으로 변경한 것은 2013년이다. SAM은 설립 초기인 1999년부터 Dow Jones Sustainability Indices를 만드는 등, 지수작성기관인 S&P다우존스와 긴밀하게 협업해 왔다. 그 결과 2020년 로베코샘의 ESG평가 및 지수부문을 S&P Global이 인수하게 되었다.

신용평가기관인 S&PS&P Global Ratings는 2000년대 초부터 기업지배구조에 대한 평가점수인 CGSCorporate Governance Score와 신흥시장 주식의 비재무적 위험특히 기업지배구조 위험에 대한 평가점수인 GAMMAGovernance, Accountability, Management Metrics and Analysis 등을 제공해 왔다. 이것이 2020년 로베코샘의 평가부문 인수를 계기로 ESG 전 영역으로 확대되었다. S&P도 개별 기업에 대한 과거 5년간의 평가등급을 홈페이지에서 공개하고 있다. 특히 최근 연도에 대해서는 환경, 사회, 지배구조 각각에 대한 점수도 제공하고 있다.

한편 로베코도 여전히 로베코샘 브랜드를 사용하며 다양한 ESG평가 서비스를 제공하고 있다. 일반적인 ESG평가에 해당하는 RobecoSAM Smart ESG Score, SDGs를 프레임워크로 하는 RobecoSAM SDG Scores, 특정한 ESG요소에 초점을 맞춰 국가의 지속가능성을 평가하는 RobecoSAM Country ESG Score가 대표적이다. 이 외에도 사업활동의 재무적 중요도를 측정하는 Focus on Financial Materiality, 온실가스·에너지·물·폐기물의 네 가지 요소가 포트폴리오에 미치는 영향을 계량화하는 Environmental Impact Monitoring Tool과 같은 서비스도 제공하고 있다.

무디스와 비지오 아이리스

비지오 아이리스Vigeo Eiris는 2015년 비지오Vigeo와 아이리스Eiris가 합병해서 탄생한 ESG평가 및 정보제공기관이다. 아이리스는 1983년에 기업의 사회적 책임을 다루는 아이리스재단의 연구기관으로 설립됐으며, ESG와 관련된 서비스를 종합적으로 제공하는 기업인 비지오는 2002년에 설립되었다. 비지오 아이리스의 평가서비스는 ESG평가, SDG평가, 글로벌콤팩트평가 등 매우 다양하다. ESG평가는 40개 산업, 38가지 이슈로 구성되어 있으며, 100점 만점으로 이루어진다. SDG평가는 SDGs 프레임워크에 근거한 것으로서, SDGs 달성에 대한 기업의 기여도를 측정한다. 글로벌콤팩트평가는 UNGC 10대

원칙에 근거한 것이며, 기업경영에 10대 원칙을 통합한 수준을 평가한다.

비지오 아이리스는 2019년 신용평가기관인 무디스Moody's Investors Service에 인수되었다. 무디스는 PRI, CBI, IIGCC, Ceres 등 여러 단체의 회원으로 활동하면서 ESG평가를 준비해 왔다. 그것이 2019년 비지오 아이리스 인수로 본격화한 것이다. 무디스의 ESG평가는 Moody's ESG Solutions라는 이름으로 제공된다. 여기에는 ESG평가를 비롯해서 기후변화대응, 지속가능금융 등에 관한 다양한 서비스가 포함되어 있다. 무디스는 이 외에도 신용평가와 위험관리에 ESG요소를 반영하는 솔루션을 제공하고 있다.

피치

피치Fitch Ratings는 1913년에 설립된 전통 있는 신용평가기관이다. 1923년 피치가 개발한 AAA에서 D까지의 등급체계는 현재 신용평가시장에서 가장 보편적인 시스템으로 자리 잡고 있다. 피치는 ESG등급 자체보다는 ESG요소가 기업의 신용평가에 미치는 영향에 더 주목한다. 그 결과물은 2019년 발표한 ESG Relevance Scores와 Long-Term ESG Vulnerability Scores다. ESG Relevance Scores는 ESG요소가 신용위험에 미치는 영향을 점수화한 것이고, Long-Term ESG Vulnerability Scores는 ESG요소와 관련된 다양한 시나리오에 대한 스트레스테스트가 기업이나 산업의 취약성에 미치는 영향을 점수화한 것이다.

국내 평가기관

국내에서 가장 대표적인 ESG평가기관은 앞에서 이미 소개한 한국기업지배구조원이다. 한국기업지배구조원은 2003년부터 기업지배구조평가를 시작했으며, 2011년부터는 사회책임과 환경경영을 포함해서 상장회사의 지속가능경영을 평가하고 있다. 한국기업지배구조원의 ESG평가모형은 OECD의 기업지배구조원칙, ISO26000 등을 고려해서 개발한 것이다. ESG등급은 S부터 D까지 일곱 단계로 구성되어 있다. 각 단계별로 탁월S, 매우 우수A+, 우수A, 양호B+, 보통B, 취약C, 매우 취약D을 의미한다. 개별 기업에 대한 ESG등급은 한국기업지배구조원의 홈페이지에서 종합등급뿐 아니라 환경, 사회, 지배구조 각각에 대한 등급까지 누구나 조회할 수 있다.

민간기업으로는 서스틴베스트가 다수의 상장기업을 대상으로 ESG평가를 하고 있다. 2006년에 설립된 서스틴베스트는 책임투자와 관련된 연구와 자문을 주로 하고 있으며, 2007년 자체적으로 기업지속가능성 평가모형인 ESG Value를 개발하였다. ESG Value는 기업의 등급을 AA부터 E까지 일곱 등급으로 나누고 있다. 서스틴베스트의 주요 고객은 기관투자자지만, ESG평가의 결과는 홈페이지에서 누구나 조회할 수 있다.

채권에 대한 평가

기업에 대한 ESG평가는 주식투자에 그대로 활용할 수 있다. 비록 우선주와 같은 예외가 있지만, 일반적으로 주식은 균질하고 기업의 가치를 균등하게 분할하기 때문이다. 하지만 채권은 그렇지 않다. 같은 기업이 발행한 채권이라도 종류가 다양해서 동일하다고 보기 어렵다. 따라서 신용평가처럼 ESG평가도 개별 채권을 대상으로 이뤄지고 있다.

채권의 ESG평가는 자금의 사용처가 ESG경영이라는 취지에 적합한지, 발행대금이 목적에 맞게 사용되도록 관리할 체계와 제도를 갖추고 있는지 등을 고려해서 시행된다. 한 가지 문제는 오랜 기간 발전해온 신용평가처럼 세계적으로 인정된 평가체계와 권위 있는 평가기관이 아직 많지 않다는 사실이다. 하지만 최근 ESG채권의 발행이 늘어나면서 자연스럽게 평가체계의 발전도 이뤄지고 있다. 현재 가장 널리 활용되는 것은 앞에서 설명한 ICMA와 CBI의 원칙이다.

사실 두 기관 외에도 채권과 관련된 많은 기관들이 ESG채권의 평가나 인증을 하고 있다. 이 중에는 자체적인 체계를 개발하는 곳도 있고, ICMA나 CBI의 체계를 활용하는 곳도 있다. 이와 관련된 혼란을 피하고자 국내에서는 환경부, 금융위원회, 한국환경산업기술원, 한국거래소가 공동으로 2020년 12월 녹색채권가이드라인을 발표한 바 있다. 그리고 한국거래소가 사회책임투자채권이라는 이름의 웹사이트[49]를 운영하면서 ESG채권의 개념과 현황을 안내하고 있다. 실제 평가나 인증서비스는 녹색채권가이드라인에 따라 신용평가기관들이 제공하고 있다.

ICMA

ICMAInternational Capital Market Association는 미국 밖에서 거래되는 달러 표시 채권인 유로본드 시장의 관리를 위해 1969년 AIBDAssociation of International Bond Dealers라는 이름으로 설립되었다. ICMA로 이름을 변경한 것은 2005년이다. 채권이 자본시장에서 매우 큰 비중을 차지하고 있기 때문에, IMCA의 역할 또한 광범위하게 확대되어 왔다. ESG채권에 대한 업무는 2016년부터 해 오고 있다.

앞에서 설명했듯이 ICMA는 ESG채권을 지속가능채권Sustainability Bond이라고 부르며, 그와 관련된 원칙과 가이드라인으로 녹색채권원칙Green Bond Principles, 사회적채권원칙Social Bond Principles, 이 둘을 포괄하는 지속가능채권가이드라인Sustainability Bond Guidelines, 지속가능채권에 비해 적용범위를 확대한 지속가능연계채권원칙Sustainability-Linked Bond Principles의 네 가지를 제시하고 있다. 여기에 근거해서 수많은 기관들이 ESG채권의 평가나 인증을 하고 있는 것이다. 네 가지 원칙과 가이드라인은 2021년에 마지막으로 업데이트됐으며, 홈페이지에서 누구나 열람할 수 있다. 여기서 ESG채권뿐 아니라 지속가

49. https://sribond.krx.co.kr; 한국거래소는 ESG채권을 사회책임투자채권이라고 부르고 있다.

능금융Sustainable Finance 전반에 대해 안내하고 있으니, 한 번쯤 방문해 볼 만하다.

CBI

CBIClimate Bond Initiative는 기후 관련 프로젝트를 지원하기 위해 2009년에 설립되었다. 자금의 사용에 대한 투명성을 높임으로써 저탄소 및 기후탄력적 경제로의 전환을 촉진하는 것이 설립목적이다. CBI의 활동은 기후채권 관련 시장현황 조사, 기후채권 관련 정책개발 및 자문, 기후채권에 대한 기준 개발 등으로 구성된다. 이 중 마지막이 ESG 채권의 평가와 관련된다.

앞에서 설명했듯이 기후채권기준CBS: Climate Bonds Standard은 기후채권의 발행시점뿐 아니라 사후관리와 관계된 사항도 세밀하게 정하고 있다. 2010년 처음 발표됐으며, 가장 최근의 V3.0은 2020년에 업데이트되었다. CBI는 기준을 제정하는 데 그치지 않고, 2014년부터 기후채권인증CBC: Climate Bonds Certification도 하고 있다. CBS에 근거한 CBC 역시 발행시점뿐 아니라 발행 후의 연차보고도 중요하게 다루고 있다. CBI는 이러한 기준과 인증을 위해 기후채권분류체계Climate Bonds Taxonomy라는 자산 및 프로젝트 분류체계도 개발하였다. 기후채권분류체계는 에너지, 교통, 물, 건물, 토지이용·해양자원, 산업, 쓰레기, ICT 등 일곱 가지 부문으로 나눠져 있다.

국내 평가기관

국내에서 채권의 ESG평가는 신용평가기관들이 하고 있다. 대표적인 신용평가기관으로는 한국기업평가, 한국신용평가, NICE신용평가 등이 있다. 한국기업평가는 1983년에 설립된 신용평가기관으로서, 역사가 가장 오래되었다. 한국신용평가는 1985년, NICE신용평가는 1986년에 설립되었다. 이들은 회사채, 자산유동화증권, 기업어음 등 다양한 증권에 대한 신용평가와 자문을 수행하고 있으며, 2020년부터 ESG평가도 본격적으로 시작하였다. 세 기관 모두 채권, 펀드, 대출을 대상으로 다섯 단계의 ESG평가 체계를 운영하고 있다. ESG채권은 녹색채권, 사회적채권 및 이를 아우르는 지속가능채권의 세 가지로 분류하고 있다.

평가기관은 아니지만, ESG채권의 평가와 관련해서 한국거래소를 언급하지 않을 수 없다. 사회책임투자채권 웹사이트 운영뿐 아니라 ESG채권의 표준화 및 활성화를 위해 다양한 활동을 하고 있기 때문이다. 한국거래소는 상장기업의 사회적 책임 확산과 녹색·지속가능금융 활성화를 위한 지원도 하고 있다. 2010년 ESG 정보공시기준 도입, 2015년 UN이 주도한 SSEISustainable Stock Exchanges Initiative 가입 및 ESG지수 발표, 2020년 ESG채권 종합정보센터 설립 등이 그 사례다.

부동산에 대한 평가

부동산에 대한 ESG평가는 주식이나 채권에 대한 평가와 다른 특성이 있다. 앞에서 주식에 대한 평가는 기업에 대한 종합적인 평가인 반면, 채권에 대한 평가는 개별 증권에 대한 평가라는 차이가 있다고 하였다. 하지만 이 둘은 발행자에 따라 등급이 달라진다는 공통점도 있다. 그에 비해 실물자산인 부동산에 대한 평가에는 발행자라는 개념이 없다. 물론 부동산을 개발하고 운영하는 주체는 있지만, 그들의 경영보다는 실물자산의 특성이 ESG평가에 더 중요하게 작용하는 것이다.

이러한 특성이 잘 드러나는 것이 그린빌딩 인증이다. 전체 온실가스 배출원에서 건축물이 차지하는 비중이 상당히 높기 때문에, 세계 각국은 그린빌딩에 큰 관심을 두고 있다. 그린빌딩 인증 중에는 법에서 정한 최소요건을 갖추고 있는지 확인하는 것도 있고, 주식이나 채권처럼 종합적인 수준을 점수나 등급으로 측정하는 것도 있다. 전자의 경우 세계 각국이 제도로써 규정하고 있고, 후자의 경우 LEED, BREEAM, WELL 등 민간의 서비스가 산업으로 성장해 있다. 이렇게 제도와 무관하게 운영되는 인증을 자발적 인증Voluntary Certification이라고 한다. 그린빌딩에 대한 자발적 인증은 역사가 깊으며, 부동산에 대한 가장 대표적인 ESG평가라고 할 수 있다. 하지만 평가의 항목이 환경이슈에 집중해 있다는 한계가 있다.

최근에는 부동산에 대해서도 사회와 지배구조이슈를 둘 다 고려할 뿐 아니라 투자자의 전략도 반영하는 ESG평가가 나오고 있다. 대표적인 평가기관은 GRESB인데, 부동산에 대한 ESG투자를 원하는 기관투자자들의 요청으로 설립됐다고 한다. 기존 그린빌딩 인증만으로는 ESG투자를 충분히 수행하기 어려웠기 때문이다. GRESB는 부동산뿐 아니라 인프라펀드에 대해서도 유사한 평가를 수행하고 있다.

부동산과 관련된 ESG평가라고 볼 수 있는 또 하나의 영역은 리츠나 리옥스와 같이 부동산투자를 주업으로 하는 상장회사의 ESG평가다. 이는 형식적으로 기업 또는 주식에 대한 평가이므로, 앞에서 설명한 주식 관련 평기기관들이 활발하게 하고 있다.

LEED

LEEDLeadership in Energy and Environmental Design는 세계적으로 가장 널리 알려진 그린빌딩 인증으로서, USGBCUS Green Building Council에서 개발하였다. USGBC는 1993년에 설립된 비영리단체로서, LEED 인증뿐 아니라 다양한 활동을 하고 있다. 그린빌딩 관련 엑스포 개최가 대표적인 사례다.

USGBC는 1998년에 LEED 1.0을 처음 발표했으며, 2019년 LEED 4.1까지 업데이트하였다. LEED는 건물과 지역사회에 대한 인증을 모두 제공하는데, 세부적으로는 건물의 설계 및 건설을 위한 LEED BD+C, 건물의 운영 및 관리를 위한 LEED O+M, 인테리어 디자인 및 시공을 위한 LEED ID+C, 주거에 특화된 LEED HOMES, 지역개발을 위한 LEED ND 등으로 나뉜다. 평가는 통합과정, 위치와 교통, 부지의 지속가능성, 물 효율성, 에너지와 환경, 재료와 재원, 실내환경, 혁신, 지역 등 아홉 가지 항목에 근거하며, 등급은 플래티넘Platinum, 80점 이상, 골드Gold, 60~79점, 실버Silver, 50~59점, 인증Certified, 40~49점의 네 단계로 구성되어 있다.

BREEAM

BREEAMBuilding Research Establishment Environmental Assessment Method은 LEED와 함께 그린빌딩 인증의 양대 산맥을 이루고 있다. BREEAM을 개발한 BREBuilding Research Establishment는 1921년에 영국 정부 산하의 건축 관련 연구기관으로 설립됐으며, 1997년 민영화하였다. BRE는 1990년에 BREEAM을 발표하였다. 따라서 BREEAM이 LEED보다 역사가 길다. BREEAM은 지속가능한 건축환경을 위한 강령The Code for a Sustainable Built Environment을 개발하고, 이를 기반으로 인증을 실시하고 있다. BREEAM도 LEED와 마찬가지로 건물, 개발사업 등 다양한 대상을 평가하고 있으며, 평가결과는 무난함Acceptable, 합격Pass, 좋음Good, 아주 좋음Very Good, 훌륭함Excellent으로 나뉜다. BREEAM은 미국BREEAM USA, 네덜란드BREEAM NL, 독일BREEAM DE 등 주요 국가에 대해 각국의 사정에 맞는 방법론을 제공하고 있다.

WELL

WELL은 그것을 개발한 IWBIInternational WELL Building Institute와 함께 2014년에 탄생하였다. LEED나 BREEAM에 비해 역사가 짧은 WELL은 공간의 녹색성능을 사용자의 건강이나 웰빙Well Being에 연결해 좋은 반응을 얻고 있다. 특히 최근 코로나19가 확산하면서, WELL 인증에 대한 관심이 여느 때보다 커졌다.

WELL 인증기준인 WELL 건물스탠다드WELL Building Standard는 2014년에 처음 발표됐으며, 2020년 V2까지 업데이트되었다. WELL 건물스탠다드는 공기, 물, 영양, 채광, 운동, 열 쾌적성, 소음, 재료, 마음, 공동체 등 10가지 요소를 고려하며, 평가결과는 브론즈Bronze, 실버Silver, 골드Gold, 플래티넘Platinum의 네 가지로 표시된다. 새로운 인증답게 WELL은 다양한 시도를 하고 있다. 평가의 대상을 건물이나 지역사회와 같은 전통적인 것뿐 아니라, 기업이나 단체 같은 조직으로 확대한 것이 대표적인 사례다. 이는 어떤 조직이 보유한 전체 부동산의 웰빙 수준을 평가하고 관리하는 시스템인데, WELL은 이를 통해 조직 구성원의 업무성과와 행복을 증진할 수 있다고 소개하고 있다. 이 서비스의 이름은 WELL Portfolio다. 또한 최근 코로나19의 확산에 대응해서 WELL Health-Safety Rating을 출시하기도 하였다.

GRESB

GRESBGlobal Real Estate Sustainability Benchmark는 부동산에 대한 ESG

투자 성과의 조사와 분석을 목적으로 2009년에 설립되었다. 2014년 GBCIGreen Business Certification Inc.에 인수되어 지금과 같이 성장했으며, 2020년 GRESB재단GRESB Foundation이 출범하여 비영리단체로서 안정된 기반을 갖추게 되었다. 참고로 GBCI는 LEED를 인증하는 USGBC가 독립된 인증관리를 위해 2008년에 설립한 기관으로서, 2014년부터 WELL의 위탁인증도 수행하는 등 다양한 사업을 영위하고 있다.

GRESB는 크게 부동산과 인프라펀드의 두 가지 자산에 대한 평가를 제공한다. 부동산에 대한 평가는 다시 부동산과 부동산개발의 두 가지로 나뉘는데, 결과는 벤치마크리포트의 형태로 제공된다. 여기서 벤치마크는 상대적인 점수를 의미한다.

GRESB는 부동산평가Real Estate Assessment라는 이름의 시스템으로 평가대상으로부터 자료를 입력받아 분석을 수행한다. 부동산에 대해서는 ESG관리와 ESG성과에 대한 정보를, 부동산개발에 대해서는 ESG관리와 ESG개발에 대한 정보를 각각 수집한다. 여기서 ESG관리는 조직의 정책·전략·위험관리 등의 사항을, ESG성과는 에너지소비, 온실가스배출, 수자원소비, 쓰레기배출 등 ESG요소와 관련된 사항을, ESG개발은 건물의 설계·시공·수선 중 발생하는 ESG문제의 해결에 대한 사항을 각각 의미한다. 점수는 항목별·ESG요소별 및 총점의 형태로 제공되며, 등급은 별을 매기는 방식으로 부여된다. 한편 GRESB는 상장부동산의 투명성도 GRESB 부동산공시GRESB Real Estate Public

Disclosure라는 이름으로 평가하고 있다. 이러한 서비스들은 인프라펀드에 대해서도 거의 동일하게 제공된다.

국내 평가기관

국내에는 그린빌딩에 대한 자발적 인증이나 부동산투자에 대한 ESG 평가로 권위를 인정받는 기관이 존재하지 않는다. 하지만 법령에 따른 최소요건을 갖추고 있는지 확인하는 서비스는 발달해 있다. 국내에서 그린빌딩과 관련된 가장 기본적인 법령은 「저탄소 녹색성장 기본법」이다. 이를 기반으로 「녹색건축물 조성 지원법」, 「주택법」, 「건축법」, 「에너지이용 합리화법」 등 다양한 법령이 그린빌딩에 대한 규제와 지원을 하고 있다. 한편으로는 법령이 너무 많고 중복된다는 지적도 있다. 이들 법령의 주무관청이 국토교통부, 환경부, 산업통상자원부, 보건복지부 등 다수인 것이 이를 증명한다.

법령이 다양하다 보니 인증도 다양하고, 인증기관에 대한 요건도 다양하다. 따라서 다양한 인증을 포괄적으로 취급하는 대형기관도 있고, 특정한 인증에 집중하는 소형기관도 있다. 대형기관에는 공공기관이 다수 포함되어 있다. 한국토지주택공사, 한국부동산원, 한국에너지공단 등이 대표적인 사례다. 민간기관으로는 한국생산성본부인증원, 한국환경건축연구원 등이 종합적인 인증업무를 하고 있다. 향후 이 중에서 세계적인 자발적 인증기관이 탄생하기를 기대해 본다.

ESG지수

The Return Indexes of ESG Investing

주식시장의 지수

지수Index란 물가지수와 같이 어떤 현상의 크기를 기준시점 대비 상대적인 값으로 나타낸 것을 말한다. 자본시장에서는 가격지수와 수익률지수가 많이 사용되는데, 가격의 변화율이 수익률이라는 점에서 이 둘은 '거의' 같은 현상을 보여 준다.[50] 주식시장에도 다양한 지수가 있다. 전 세계 거래소마다 상장된 주식 전부 또는 일부를 취합한 지수를 발표하고 있고, 거래소를 초월해서 지역별·산업별·주제별 지수를 발표하는 전문적인 기관도 있다.

투자자 입장에서는 수익률에 영향을 줄 것으로 기대되는 주식의 특성을 기준으로 만든 지수가 유용하다. 대형주지수, 소형주지수, 가치주지수, 성장주지수 등이 대표적인 사례인데, 이를 통해 각 집단의 성

50. 완전히 같은 현상이 아닌 이유는 수익에 가격상승뿐 아니라 주식의 경우는 배당, 채권의 경우는 이자, 부동산의 경우는 임대료와 같은 소득도 포함되기 때문이다. 예를 들어, 주가지수는 기준시점을 100으로 두고 주기적으로 주가를 취합해서 상대적인 가격을 계산하는 방법으로 만들어진다. 이러한 주가지수의 상승률에는 주주에게 지급되는 배당이 반영되지 않는다. 따라서 수익률지수를 제공할 때 주가지수의 상승률뿐 아니라 배당까지 고려한 총수익률(Total Return)을 함께 보여 주기도 한다.

과를 파악할 수 있을 뿐 아니라 자신의 목적에 맞는 집단의 성과를 복제하는 것도 가능하기 때문이다. 여기서 복제란 지수의 작성에 포함된 주식들의 비중을 따라 투자함으로써 그 지수와 동일한 수익률을 추종하는 것을 말한다.

ESG지수는 ESG평가의 결과가 우수한 기업이나 자산을 선별해서 만든 지수다. 따라서 ESG지수의 작성에는 ESG평가가 필수적인 조건이다. 주식시장의 ESG지수는 지수작성기관들이 ESG평가기관들과 협력해서 제공하고 있다. 대표적인 지수작성기관으로는 ESG평가에서 소개한 바 있는 MSCI, S&P글로벌의 또 다른 사업부문인 S&P다우존스S&P Dow Jones Indices, LSEGLondon Stock Exchange Group 산하 FTSE러셀의 세 곳이 있으며, 자본시장에 대한 종합적인 정보를 제공하는 블룸버그, 펀드시장에 특화된 모닝스타 같은 기관들도 주식의 ESG지수를 발표하고 있다.

ESG지수는 개수를 셀 수 없을 만큼 다양하다. 지금부터 홈페이지를 기준으로 2021년 여름 발표되고 있는 지수들을 소개할 텐데, 각 기관의 말미에 영문 이름들이 지루하게 나열될 것이다. 지수는 하루가 멀다 하고 새롭게 개발되고 있으니, 외울 필요는 없다. 하나하나에 신경쓰지 말고 그저 가볍게 훑어보길 바란다. 그러다 보면 자연스럽게 시장의 분위기 정도는 파악할 수 있을 텐데, 그것으로 충분하다. 뒤에서 소개할 채권지수와 부동산지수도 마찬가지다.

MSCI

MSCIMorgan Stanley Capital International는 1998년 모건스탠리Morgan Stanley와 CGICapital Group International에 의해 만들어졌다. 독립된 회사가 된 것은 2009년이다. 사실상 1969년부터 주식지수를 발표한 MSCI는 현재 주식, 채권, 펀드 등 다양한 자산군을 대상으로 지수를 작성하고 있다. ESG평가를 설명하면서 MSCI ESG Research를 소개했는데, 사실 MSCI의 핵심영역은 지수사업이다. 2021년 여름 미국계 펀드의 95%가 MSCI의 지수를 벤치마크로 채택하고 있을 만큼, 인덱스펀드나 ETF시장에서 지배적인 위치를 점하고 있다.

MSCI의 지수는 S&P와 함께 개발한 산업분류체계인 GICS를 따르고 있다. 지수군은 시가총액Market Cap, 팩터Factor, 전략Strategy Ex. Factor, 맞춤Custom, 테마Thematic, 채권Fixed Income, 실물자산Real Asset으로 구분되며, 이와 함께 ESG 지수군도 제공되고 있다.

MSCI는 ESG지수를 2010년부터 본격적으로 작성하기 시작하였다. 앞에서 언급했듯이, KLD, 이노베스트, IRRC 등을 인수하면서 노하우를 축적한 리스크매트릭스를 인수한 것이 중요한 계기가 되었다. 특히 KLD가 1990년부터 작성한 최초의 ESG지수인 Domini Social 400 Index를 흡수한 것은 MSCI의 입지를 크게 높여 주었다. 이 지수는 현재도 MSCI KLD 400 Social Index라는 이름으로 작성되고 있으며, 다수의 펀드가 이 지수를 추종하고 있다.

주식에 대한 ESG지수는 통합Integration, 가치와 선별Values & Screens,

임팩트Impact의 세 범주로 다시 나눠져 있다. 통합 범주에서는 ESG Leaders, ESG Focus, ESG Universal, Low Carbon, Climate Change 등이, 가치와 선별 범주에서는 SRI, KLD 400 Social, ESG Screened, Ex Controversial Weapons, Ex Tobacco Involvement, Ex Fossil Fuel, Faith Based 등이, 임팩트 범주에서는 Sustainable Impact, Global Environment, Women's Leadership 등이 지수명의 키워드로 등장하고 있다.

S&P다우존스

다우존스Dow Jones & Company는 1884년 세계 최초의 주가지수인 다우운송지수Dow Jones Transportation Average와 1896년 지금도 대표적인 주가지수로 인정받는 다우산업지수Dow Jones Industrial Average를 개발한 회사다. 이와는 별도의 신용평가기관이었던 S&P는 1957년 S&P 500을 출시하면서 지수사업을 시작하였다. 이후 다우존스는 CME그룹CME Group에, S&P는 맥그로힐McGraw Hill에 각각 인수됐는데, 두 회사가 합작해서 2012년 S&P다우존스S&P Dow Jones Indices가 설립되었다. 참고로 S&P다우존스의 모회사인 S&P글로벌은 신용평가기관인 S&PS&P Global Ratings도 자회사로 두고 있다.

S&P다우존스의 주식지수는 MSCI와 함께 개발한 산업분류체계인 GICS를 따르고 있다. 지수군은 자산군과 테마로 구분한 다음, 다시 지역별로 나누고 있다. 자산군과 테마는 주식, 채권, 원자재, 전략, 혼

합자산, ESG, 디지털자산암호화폐, 거시지표, 맞춤 등으로 구분되며, 지역은 글로벌, 아메리카, 유럽, 중동·아프리카, 아시아·태평양 등으로 구분된다.

ESG지수는 로베코샘과 협력해서 1999년부터 작성하였다. 처음 발표한 지수는 Dow Jones Sustainability World Index였다. MSCI처럼 S&P다우존스도 자체적인 ESG점수를 통해 기업을 식별한다. ESG지수는 크게 Core ESG, ESG Climate, Thematic ESG, Fixed Income ESG의 네 가지 범주로 구분된다. Core ESG 범주에서는 S&P 500 ESG, Dow Jones Sustainability, ESG Select, SI Diversified, Sustainability Screened 등이, ESG Climate 범주에서는 Paris-Aligned & Climate Transition, Carbon Efficient, Fossil Fuel Free, Carbon Price Risk 등이, Thematic ESG 범주에서는 Thematic ESG, Corporate Effectiveness, Religious 등이 지수명의 키워드로 등장하고 있다.

FTSE러셀

FTSE러셀Financial Times Stock Exchange Russell은 영국에 본사를 둔 증권거래소 및 금융정보회사인 LSEGLondon Stock Exchange Group의 자회사로서, 2015년에 FTSE와 프랭크러셀Frank Russell Company의 지수부문이 합병해서 출범하였다. FTSE러셀의 지수사업은 1984년 FTSE 100과 FTSE 250 출시로 시작됐으며, 대표적인 주가지수로는 Russell US

Indexes 시리즈의 Russell 1000과 Russell 2000, FTSE Global Equity Index 시리즈의 FTSE All-World index가 있다.

FTSE러셀의 주가지수는 자체적인 산업분류체계인 ICB에 따라 제공된다. 지수군은 크게 주식, 가중치조정Alternatively-weighted, 팩터, 부동산, 인프라, 지속가능투자, 스마트지속가능성, 채권, 혼합자산, 통화 등으로 구분되며, 다시 지역별로 나누어진다.

ESG지수는 2001년 FTSE4Good 출시로 시작됐으며, 자체적인 환경시장분류체계Environmental Markets Classification System와 ESG평가에 기반하고 있다. 지수군 중에서 지속가능투자와 스마트지속가능성의 두 범주에 ESG지수가 포함되어 있는데, 스마트지속가능성은 지속가능성지표와 위험프리미엄을 하나의 지수로 결합한 것이다. 지속가능투자 범주에서는 FTSE ESG, Women on Boards Leadership, Green Revenues, Environmental Markets, Global Climate, Ex-Fossil Fuels 등이, 스마트지속가능성 범주에서는 Climate Balanced, Ex-Fossil Fuels Indexes 등이 지수명의 키워드로 등장하고 있다.

블룸버그

1981년에 설립된 금융 관련 데이터 및 미디어 서비스회사인 블룸버그Bloomberg는 거의 모든 금융기관에 공급되어 있는 정보조회 단말기로 유명하다. 블룸버그는 정보제공업체이기 때문에 다른 기관이 작성한 지수를 단말기를 통해 폭넓게 제공하고 있으며, 자체적으로도 지수를 작성하고 있다. 블룸버그의 지수는 주식, 채권, 원자재, 암호화폐, 통화 등 다양한 자산군을 대상으로 하며, BISLBloomberg Index Services Limited이 담당한다.

블룸버그도 최근 ESG지수를 작성하고 있다. 그중 대표적인 주식지수는 다음과 같다. Bloomberg SASB ESG는 자산운용회사인 스테이트 스트리트가 개발한 ESG등급체계인 R-Factor를 사용해서 SASB와 공동으로 개발한 지수다. 산업별로 기업의 재무성과에 영향을 미치는 ESG요소를 고려한다. Bloomberg Gender-Equality는 양성평등의 성과를 나타내는 지수다. Bloomberg Rockefeller ESG Improvers는 REISRockefeller ESG Improvers Score를 이용해서 Bloomberg US 3000에 ESG요소를 반영한 지수다.

모닝스타

앞에서도 소개한 모닝스타Morningstar는 주식, 채권, 펀드 등에 관한 정보제공, 데이터분석 및 투자관리 회사다. 모닝스타는 특히 펀드분야에서 세계적인 명성을 얻고 있는데, 투자의 스타일을 가로세로 3×3으로 분할한 사각형에 표시하는 스타일박스Stylebox는 투자자 대부분에게 익숙할 정도로 유명하다. 모닝스타는 주식, 채권, 혼합자산, 대체투자 등을 대상으로 다양한 펀드지수도 발표하고 있다.

모닝스타의 ESG 관련 사업은 서스테이낼리틱스를 인수하면서 본격화하였다. ESG평가에서 설명했듯이 서스테이낼리틱스의 모형을 기반으로 펀드의 ESG평가를 하고 있으며, 이를 이용해서 펀드의 ESG 지수도 작성하고 있다. 지수명에 등장하는 대표적인 키워드로는 Low Carbon Risk, Sustainability, Sustainable Environment, Renewable Energy, Gender Diversity, Minority Empowerment, Women's Empowerment, Societal Development 등이 있다.

국내 지수작성기관

국내에서 주식지수를 작성하는 대표적인 기관으로는 한국거래소가 있다. 한국거래소는 코스피시장유가증권시장, 코스닥시장, 코넥스시장과 같은 주식시장뿐만 아니라 채권, 파생상품 등이 거래되는 다양한 시장을 운영하는 자율규제기관이다. 과거에는 각 시장의 운영자가 분리되어 있었으나, 2005년 증권거래소, 선물거래소, 코스닥위원회, 코스닥증권시장의 네 기관이 통합되어 지금의 한국거래소가 탄생하였다.

한국거래소는 주식에 대한 ESG지수를 제공하고 있다. 2009년에 사회책임투자지수를 처음 발표했고, 2015년부터 ESG지수를 본격적으로 확대하고 있다. 현재 제공하는 지수는 KRX ESG Leaders 150, KRX Governance Leaders 100, KRX Eco Leaders, KRX ESG 사회책임경영지수, 코스피200 ESG지수, 코스닥150 거버넌스지수, KRX/S&P 탄소효율그린뉴딜지수, KRX 기후변화솔루션지수, KRX300 기후변화지수, 코스피200 기후변화지수 등이다.

채권시장의 지수

채권시장에서는 전통적으로 뱅크오브아메리카BofA, 바클레이즈Barclays, 시티그룹Citigroup 등 채권거래를 직접 하는 금융기관들이 지수 작성을 이끌어 왔다. 장외거래가 주를 이루는 채권시장의 특성상 이들이 채권의 수익률을 가장 정확하게 파악하고 있기 때문이다. 또한 IICInternational Index Company와 같이 ABN암로ABN AMRO, BNP파리바BNP Paribas, 도이체방크Deutsche Bank 등 여러 금융기관이 함께 설립한 지수작성기관도 있었다. 더욱 폭넓은 거래정보를 취합해서 객관성을 높이는 것이 목적이었다.

하지만 현재는 전문적인 지수작성기관들이 채권지수를 발표하고 있다. 뱅크오브아메리카당시 Bank of America Merrill Lynch는 뉴욕증권거래소를 운영하는 ICEIntercontinental Exchange에, 바클레이즈는 블룸버그에, 시티그룹은 FTSE러셀에 각각 지수사업을 넘겼으며, IIC가 작성하던 iBoxx 역시 정보제공기관인 IHS마킷IHS Markit의 사업부문이 되었다. 한편 전통적인 지수작성기관들도 채권지수를 발표하고 있다. MSCI는 블룸버그와 함께, S&P다우존스는 독자적으로 채권시장에서도 중요한 역할을 하고 있다. 그리고 이들 모두 채권에 대한 ESG지수를 작성하고 있다.

ICE

ICEIntercontinental Exchange는 증권 및 선물거래소를 운영하는 기업으로서 2000년에 설립되었다. ICE가 운영하는 거래소는 뉴욕증권거래소NYSE: New York Stock Exchange를 비롯한 미국과 유럽의 12곳에 달한다. 지수를 담당하는 IDIICE Data Indices는 주식, 채권, 통화 등 다양한 자산군에 대한 정보를 제공하고 있다. 이 중 가장 권위를 인정받는 것은 채권지수다.

ICE의 채권지수는 16개 통화의 국채 및 회사채 시장을 포괄하고 있다. 대표적인 채권지수로는 미국의 국채를 대상으로 하는 ICE US Treasury Bond, 미국의 국채선물을 대상으로 하는 ICE Treasury Futures, 회사채를 대상으로 하는 ICE BofA Fixed Income 등이 있다. 이 중 회사채지수는 과거 BofA Merrill Lynch Bond를 인수한 것이다.

ESG 관련 채권지수에는 Corporate ESG, Government Carbon Reduction, BAML Green Bond 등이 있다. Corporate ESG는 서스테이낼리틱스의 ESG평가에 근거해서 기업의 비중을 조정한 지수이고, Government Carbon Reduction은 전 세계 국가의 탄소배출량을 반영한 국채지수이며, BAML Green Bond는 전 세계 기업 및 준정부기구를 대상으로 하는 지수다. 한편 ICE는 탄소거래와 관계된 선물지수인 ICE Carbon Futures Family도 발표하고 있다.

블룸버그와 MSCI

블룸버그는 채권지수를 2016년 바클레이즈의 지수사업인 BRAISBarclays Risk Analytics and Index Solution를 인수해서 Bloomberg Barclays라는 이름으로 제공하고 있다. 이 시리즈는 1973년에 시작되어 역사가 오래됐으며, 전 세계를 대상으로 한 다양한 신용등급과 만기의 채권지수를 포함하고 있다. 블룸버그는 이 외에도 호주와 뉴질랜드의 채권시장을 대상으로 한 Bloomberg AusBond도 발표하고 있다.

채권시장에 대한 ESG지수는 MSCI와 협력해서 Bloomberg Barclays MSCI ESG라는 이름으로 발표하고 있다. 하위지수로는, ESG평가를 기준으로 기존 채권지수의 발행자를 선별한 Socially Responsible (SRI), 여기에 동종최고전략을 적용한 Sustainability, MSCI의 ESG등급을 사용해서 기존 채권지수의 비중을 조정한 ESG-Weighted, 녹색채권인증원칙을 고려한 Green Bond 등이 포함되어 있다.

IHS마킷

IHS마킷IHS Markit은 1959년에 설립된 정보처리회사 IHSInformation Handling Services와 2003년에 설립된 금융정보제공기관 마킷Markit이 2016년 합병해서 탄생하였다. IHS마킷은 주식, 채권, 통화 등 다양한 자산을 대상으로 지수를 작성하고 있는데, 특히 마킷이 2007년에 인수한 채권지수 iBoxx 시리즈로 유명하다. 앞에서 소개했듯이, iBoxx는 여러 금융기관의 합작회사인 IIC가 2001년 개발한 채권지수다.

IHS마킷은 채권에 대한 ESG지수를 크게 두 가지로 제공한다. iBoxx Green, Social and Sustainability Bonds처럼 ICMA와 CBI의 채권 원칙에 근거한 지수와, iBoxx Green Bonds Select처럼 CBI의 채권 원칙에만 근거한 지수가 그것이다. IHS마킷은 2020년 S&P글로벌과의 합병을 선언했으며, 2021년 3월 주주총회 승인까지 마친 상태다. 실제 합병은 2021년 하반기로 예정되어 있는데, 이 작업이 끝나면 S&P글로벌의 지수부문이 더욱 확장할 전망이다.

S&P다우존스

S&P다우존스는 채권지수를 종합, 국공채, 물가연계채권, 미국지방채, 단기채, 회사채, 테마채권, 담보부채권, 우선주·전환사채, 선순위채권, 그리고 이슬람채권인 수쿡 등으로 구분하고 있다. ESG지수는 주식지수나 채권지수와 별도의 범주로 구분하고 있는데, 수쿡이 ESG지수가 아닌 채권지수에 포함된 점이 눈에 띈다.

S&P다우존스의 채권에 대한 ESG지수는 S&P Green Bond와 같이 Green이라는 키워드를 사용하는 녹색채권 계열과, Carbon Efficient, ESG, Water & Sewer, Catholic Values 등의 키워드를 사용하는 테마채권 계열의 두 가지로 제공되고 있다.

FTSE러셀

FTSE러셀의 채권지수는 글로벌, 신흥시장, 아메리카, 유럽·중동, 아시아·태평양 등 지역별 지수와 테마·비중조정지수, 지속가능투자지수의 일곱 가지로 구성되어 있다. FTSE러셀의 채권사업은 2017년에 모회사인 LSEG가 시티그룹으로부터 인수한 채권지수인 Citi Fixed Income과 채권시장 분석서비스인 Yield Book으로 한층 강화되었다. 채권시장에 대한 ESG지수는 테마·비중조정지수와 지속가능투자지수에 포함되어 있다. 여기서는 Climate Risk-Adjusted, Green Impact 등의 키워드가 눈에 띈다.

국내 지수작성기관

국내에서 채권지수를 작성하는 대표적인 기관으로는 한국금융투자협회가 있다. 증권회사, 자산운용회사, 신탁회사 등 다양한 금융투자회사의 협력과 자율규제를 담당하는 한국금융투자협회는 채권정보센터KOFIA BIS를 통해 여러 종의 채권지수를 발표하고 있다. 그러나 아직 채권의 ESG지수는 제공하지 않고 있다. 앞에서 소개했듯이, 한국거래소도 2020년 사회책임투자채권에 대한 정보를 제공하는 웹사이트를 개설하고 녹색채권·사회적채권·지속가능채권의 발행, 상장 및 거래에 대한 정보를 제공하고 있다. 그러나 여기서도 채권의 ESG지수는 제공하지 않고 있다.

하지만 ESG지수에 대한 민간부문의 수요는 계속 증가하고 있다. 관련 금융상품의 개발에서 지수가 필수적이기 때문이다. 따라서 최근 증권회사와 자산운용회사를 중심으로 신용평가기관과 협력해서 채권의 ESG지수를 직접 개발하려는 움직임이 나타나고 있다. 인터넷을 검색해 보면 관련 인덱스펀드의 출시에 관한 기사를 쉽게 찾을 수 있는데, 그중에서 권위 있는 지수가 탄생할 수도 있다.

부동산시장의 지수

부동산에 관련된 지수는 크게 두 가지로 나눌 수 있다. 리츠나 리옥스 같은 상장부동산의 주가지수와 사모펀드나 실물자산 같은 비상장부동산의 가격지수가 그것이다. 상장부동산지수는 주식시장의 지수 작성기관이 제공하고 있다. 반면 비상장부동산지수는 자료의 수집과 지수의 개발이 쉽지 않아서 소수의 전문기관이 제한적으로 제공하고 있다.

사모펀드나 실물자산의 지수를 작성하기 어려운 것은 부동산의 거래 특성을 생각하면 쉽게 이해할 수 있다. 거래소에서 동일한 종목이 매일 반복적으로 거래되는 주식과 달리, 부동산의 경우 거래소가 존재하지 않고 모든 종목이 동일하지 않으며, 동일한 자산이 거래되는 주기가 최소 수년에 달한다. 이렇게 장외에서 띄엄띄엄 거래되는 정보를 수집해서 계량적으로 의미 있는 지수를 만드는 일이 쉬울 리가 없다. 채권 역시 장외거래 비중이 크지만, 부동산과는 사정이 다르다. 거래 대부분이 대형 금융기관의 매매나 중개를 통해 이뤄지고, 동일한 종목의 거래빈도가 높아서 정보를 취합하고 가공하는 것이 상대적으로 수월하다.

상장부동산에 대해서는 3대 지수작성기관인 MSCI, S&P다우존스, FTSE러셀이 모두 지수를 작성하고 있으며, 최근에는 ESG지수도 발표하고 있다. 이 외에도 미국과 유럽의 리츠협회인 Nareit과 EPRA가 FTSE러셀과 함께 리츠의 ESG지수를, 정보제공기관인 GPR이 GRESB의 평가등급에 기초해서 상장부동산의 ESG지수를 각각 발표하고 있다. 비상장부동산에 대해서는 대체투자 정보제공기관인 프레킨Preqin, 부동산투자 관련 협회인 PREA, NCREIF, INREV, ANREV, 부동산 시장정보기관인 코스타CoStar, RCA 등이 지수를 제공하고 있다. 그러나 이 중에서 ESG지수를 발표하는 기관은 아직 존재하지 않는다.[51] 다만, 상장에서 비상장까지 폭넓은 스펙트럼의 부동산지수를 제공하는 MSCI만이 몇몇 국가에 대해 비상장부동산의 ESG지수를 발표하고 있다.

MSCI

MSCI는 원자재, 농산물, 목재, 인프라, 부동산 등 다섯 가지 범주의 실물자산 관련 주가지수를 MSCI Assets Index Module이라는 이름으로 제공하고 있다. 그중 부동산 관련 주가지수의 이름은 Real Estate Index Module인데, 여기에는 GICS에 의해 부동산업종으로

51. 프레킨의 경우, 최근 사모펀드와 자산소유자의 ESG투자 현황에 대한 정보를 제공하기 시작하였다. 다른 비상장부동산지수 관련 기관들도 최근 ESG투자에 관한 조사와 연구를 활발히 하고 있다. 이러한 노력이 향후 ESG평가와 ESG지수로 발전하기를 기대해 본다.

분류된 기업의 지수인 Sector Real Estate, 미국과 23개 선진시장의 리츠를 대상으로 하는 Core Real Estate, 그것을 팩터로 구분한 Real Estate Factor 등이 포함된다.

앞에서 언급했듯이, MSCI는 3대 지수작성기관 중 유일하게 비상장 부동산지수도 작성하고 있다. 이는 2012년 부동산에 특화된 정보제공 및 지수작성기관인 IPDInvestment Property Databank를 인수하면서 구축된 것이다. 여기에는 상장지수를 가공해서 비상장지수를 도출한 Liquid Real Estate, 전 세계 부동산펀드를 대상으로 하는 Property Fund, 전 세계 부동산실물을 대상으로 하는 MSCI Property 등이 포함된다. 최근 MSCI는 뒤에서 설명할 비상장부동산 지수작성기관인 RCA의 인수를 발표하였다. 인수는 2021년 이내로 마무리될 예정인데, 이를 통해 MSCI의 비상장부동산지수가 더욱 강화될 것으로 기대된다.

ESG지수 역시 상장지수와 비상장지수로 나눌 수 있다. 그런데, MSCI는 상장부동산에 대한 ESG지수를 별도의 범주로 제공하고 있지 않다. 상장부동산은 주식의 형태를 띠고 있으므로 통합, 가치와 선별, 임팩트로 구분된 주식의 ESG지수 안에 녹아들어 있다. 참고로 검색하다 보면 MSCI Global Green Building이 발견되는데, 이는 그린빌딩의 수익률지수가 아니고 그린빌딩과 관련된 제품이나 서비스를 생산하는 기업의 주가지수다.

비상장부동산에 대해서는 캐나다, 프랑스, 남아프리카공화국 등 일부 국가에 대해서 ESG지수가 작성되고 있다. 앞에서 설명한 일반지수에 포함된 자산 중 그린빌딩 인증을 받은 자산의 수익률을 취합하는 방식으로 만들어진다. 캐나다에서 BOMA BEST나 LEED 인증을 받은 부동산으로 작성한 Canada Green Annual Property, 프랑스에서 HQE, BREEAM, LEED 등의 인증을 받은 것으로 작성한 France Green Annual Property, 남아프리카공화국의 프라임 및 A등급 오피스 중에서 Green Star 인증을 받은 것으로 작성한 South Africa Green Annual Property가 그 사례다.

S&P다우존스

S&P다우존스는 주식이나 채권과 달리 부동산에 대해서 지수의 범주를 별도로 두고 있지 않다. 따라서 부동산지수는 주식, 채권, 전략 등 여러 범주에 분산되어 있다. 주식 범주 내에는 부동산 및 리츠지수가, 채권 범주 내에는 담보부채권지수가, 전략 범주 내에는 리츠 배당지수가 포함되어 있는 식이다. 부동산 및 리츠지수는 리츠나 리옥스 같은 상장기업의 주식을 대상으로 하며, S&P Global Property, Dow Jones Real Estate 등을 포함한다. 담보부채권지수는 주로 MBS를 대상으로 하며, US MBS-Backed Securities 등을 포함한다. 리츠 배당지수는 고배당 리츠를 대상으로 하며, Global Real Estate Yield 등을 포함한다.

S&P다우존스는 부동산시장의 ESG지수도 다양하게 제공하고 있다.

미국의 상장리츠 중에서 부동산의 가치를 충실하게 반영하는 것만 선별한 지수인 Dow Jones US Select REIT에 GRESB의 ESG점수를 반영한 Dow Jones US Select Green REIT, 이것의 글로벌 버전이자 리츠가 아닌 부동산회사도 포함한 Dow Jones Global Select Green Real Estate Securities, 그중에서 미국을 제외한 Dow Jones Global ex-US Green Real Estate Securities 등이 대표적이다.

FTSE러셀과 EPRA/Nareit

FTSE러셀은 미국의 리츠협회인 NareitNational Association of Real Estate Investment Trusts, 유럽의 리츠협회인 EPRAEuropean Public Real estate Association와 협력해서 작성하는 상장부동산지수로 유명하다. FTSE Nareit US Real Estate 시리즈는 미국의 리츠를 대상으로 하는 여러 상장부동산지수를 포함하고 있으며, 이것을 글로벌 시장으로 확대한 지수가 FTSE EPRA Nareit Global Real Estate 시리즈다. 한편 별도의 지수작성기관인 RAFIResearch Affiliates Fundamental Index와 함께 발표하는 지수 시리즈 내에도 부동산지수가 포함되어 있다.

ESG지수로는 FTSE EPRA Nareit Green Real Estate 시리즈가 있다. 이는 FTSE EPRA Nareit Global Real Estate를 기반으로 UNGC의 10대 원칙을 적용해서 작성된다. 구체적인 분석은 서스테이낼리틱스가 제공한다.

GPR

GPRGlobal Property Research은 부동산과 인프라를 대상으로 상장지수 및 투자 관련 서비스를 제공하는 기업으로서, 1995년에 설립되었다. 상장부동산지수로는 역사가 길고 부동산 관련 상장주식 대부분을 포함하는 GPR General, 그중에서 폐쇄형 펀드만을 포함하는 GPR General Quoted, 유동성이 높은 250개 종목으로 구성된 GPR 250, 그중에서 다시 리츠만 선별한 GPR 250 REIT의 네 가지가 있다.

GPR은 ESG지수도 여러 가지 제공하고 있다. 전 세계를 대상으로 하는 Global Top 100 ESG, 아메리카 전체를 대상으로 하는 Americas Top 40 ESG, 아시아·태평양을 대상으로 하는 Asia Pacific Top 30 ESG, 유럽과 중동을 대상으로 하는 EMEA Top 30 ESG가 그것이다. 이 중 Global Top 100 ESG는 나머지 세 지수를 통합한 것이다. 한편 2019년에는 GRESB와 협력해서 유럽을 대상으로 하는 GPR Europe ESG +, GPR Europe ex-UK ESG +, GPR Eurozone ESG +를 발표하기도 하였다. 이 지수들은 지역별로 가장 유동성이 높은 50개 종목으로 구성되어 있다.

비상장부동산지수

아쉽게도 비상장부동산지수 작성기관들은 아직 ESG지수를 제공하고 있지 않다. 하지만 부동산투자에서 장외거래가 차지하는 비중이 장내거래보다 큰 점을 생각하면, 지수의 개발이 절실해 보인다. 수요가 있는 곳에 공급은 이뤄지기 마련이므로, 머지않은 장래에 ESG지수가 발표될 것이다. 그리고 그 주체는 현재 지수를 제공하는 기관일 가능성이 높다. 여기서는 대표적인 비상장부동산지수 작성기관을 간단히 소개할 테니, 관심을 두고 지켜보도록 하자.

프레킨은 대체투자와 관련된 펀드와 기관투자자에 대한 정보를 제공하기 위해 2003년에 설립되었다. 따라서 부동산뿐 아니라 헤지펀드, PE, VC, PD, 천연자원 등 다양한 자산에 대한 지수를 제공하고 있다. 최근 프레킨은 ESG에 관한 정보도 제공하기 시작하였다. Preqin ESG Solutions는 SASB에 기초해서 펀드와 투자자의 ESG 수준을 지표화해서 보여 준다. 아직 ESG에 대해 지수작성까지는 하고 있지 않지만, 이 분야에 앞서 있는 것으로 보인다.

PREAPension Real Estate Association는 1979년 부동산투자를 주제로 결성된 기관투자자 단체다. 연금기금, 보험회사, 부동산운영회사 등을 중심으로 미국, 캐나다, 유럽, 아시아에 걸쳐 많은 회원을 확보하고 있다. PREA는 시장조사와 연구활동도 활발하게 하는데, 지수로는 MSCI와 협력해서 미국의 개방형 부동산펀드를 대상으로 작성하는 MSCI/PREA US Property Fund Index가 있다. 최근 전 세계 기관투자자가 ESG투자에 적극적으로 나서고 있으므로, PREA가 ESG지수를 개발할 가능성도 없지 않다.

NCREIFNational Council of Real Estate Investment Fiduciaries는 1982년에 설립된 미국의 부동산투자 관련 협회다. 자산소유자, 자산운용자, 서비

스기관 등 폭넓은 회원으로 구성되어 있으며, 미국의 대표적인 비상장부동산지수인 NPINCREIF Property Index 등 여러 지수를 발표하고 있다. INREVEuropean Association for Investor in Non-Listed Real Estate Vehicles는 유럽의 사모부동산펀드 자산운용자 협회로서 2003년에 결성되었다. 2005년 INREV Annual Index를 처음 발표한 이후, 여러 비상장부동산지수를 작성하고 있다. 이와 성격이 비슷한 단체로 2009년에 결성된 아시아의 ANREVAsian Association for Investor in Non-Listed Real Estate Vehicles가 있다. ANREV 역시 INREV와 유사한 지수들을 작성하고 있다. 한편 지역별 협회인 이 세 기관은 2014년부터 협력해서 전 세계 사모부동산펀드를 대상으로 하는 지수인 GREFIGlobal Real Estate Fund Index를 발표하고 있다. GREFI는 방대한 펀드를 포함하기 때문에 파생적인 지수가 개발될 수도 있다. 여기서 ESG지수가 나올지 지켜볼 일이다.

민간기업으로는 코스타CoStar와 RCAReal Capital Analytics의 부동산지수가 널리 활용되고 있다. 1987년에 설립된 코스타는 다양한 부동산서비스를 제공하는 기업이고, 2000년 설립된 RCA는 부동산 관련 정보제공을 전문으로 하는 기업이다. 두 기업 다 반목매매모형을 이용한 거래기반지수를 발표하고 있는데, 코스타는 CCRSICoStar Commercial Repeat-Sale Indices, RCA는 CPPICommercial Property Price Indices라는 이름을 사용하고 있다. 두 기업 다 상당한 정보력과 개발능력이 있으므로, ESG지수를 기대해 볼 만하다. 2021년 RCA가 MSCI에 인수된 사실은 앞에서 소개한 바 있다.

국내 지수작성기관

국내에서 부동산지수를 발표하는 대표적인 기관으로는 한국부동산원이 있다. 한국부동산원은 국토교통부 산하 공기업으로서, 부동산의 가격공시와 통계조사를 담당한다. 한국부동산원이 작성하는 지수는 토지, 주택, 상업용 부동산 등 다양한 섹터를 포괄하며, 특히 상업용 부동산에 대해서는 투자수익률, 소득수익률, 자본수익률 등 수익률지수도 제공하고 있다. 하지만 여기에 ESG지수는 포함되어 있지 않다. 한편 한국부동산원은 국토교통부로부터 위탁받아 국내 리츠시장의 현황을 공시하는 리츠정보시스템도 운영하고 있다. 하지만 여기서도 ESG지수는 발표하고 있지 않다.

상업용 부동산의 가격지수나 수익률지수는 민간기업에서도 발표하고 있다. 그중에는 정보서비스회사뿐 아니라 금융기관이나 연구소도 포함되어 있다. 그러나 아쉽게도 ESG지수를 제공하는 곳은 아직 없다. 국내에서 부동산의 ESG지수가 발표되지 않는 가장 큰 이유는 ESG평가가 확산되지 않았기 때문으로 보인다. 하지만 지수에 대한 수요가 증가하고 있으므로, 언젠가는 개발될 것이다.

05

ESG투자의 현황과 성과

자본시장의 참여자

자산소유자의 ESG투자

자산운용자의 ESG투자

ESG투자의 성과

자본시장의 참여자

The Participants in the Capital Market

금융시장과 자본시장

ESG투자가 실제로 어떻게 이뤄지고 있는지 세상을 한번 둘러보자. ESG투자의 시장규모는 성장하고 있다. 이는 시간이 흐름에 따라 더 많은 투자자가 시장에 참여하고 있다는 뜻이다. 그들이 모두 똑같은 모습으로 ESG투자를 하고 있을까? 당연한 대답이지만, 그렇지 않다. 모두에게서 발견되는 공통된 모습도 있겠지만, 투자자에 따라 차이 나는 모습도 있다. 그것을 비교해서 살펴보는 것은 새롭게 이 시장에 진입하는 투자자에게 좋은 참고가 될 것이다.

ESG투자의 현황을 비교하기 위해서는 먼저 투자자의 종류부터 알아야 한다. 투자자의 종류는 그들의 업종을 통해 나눌 수 있다. 비중 있는 업종에 대해서는 법령이 따로 마련되어 있기 때문에, 나누는 것은 어렵지 않다. 투자자의 종류에 따른 차이를 이해하는 데는 그들이 활동하는 시장을 비교하는 것이 도움된다. 업종에 따라 주로 활동하는 시장이 구분되어 있기 때문이다. 지금부터 자본이 거래되는 시장이

어디이고, 거기서 투자를 하는 주체가 누구인지 알아볼 것이다. 그러고 나서 투자자의 종류별로 ESG투자를 어떻게 하고 있는지 살펴본 다음, 재무적 성과를 확인하는 것으로 둘러보기를 마무리할 것이다. 출발은 금융시장에서 한다.

금융시장은 더욱 큰 개념인 금융제도의 구성요소다. 금융제도란 금융거래가 이뤄지는 금융시장, 그 속에서 여러 가지 역할을 담당하는 금융기관, 그리고 그들을 지원하고 감독하는 금융인프라[52]를 포괄적으로 일컫는 말이다. 금융시장은 금융기관이나 금융인프라와의 관계 속에서 이해해야 한다. 특히 금융기관에 대해서는 그들이 취급하는 금융상품을 잘 파악해야 한다. 금융시장은 자금의 수요자에게는 조달의 장소, 자금의 공급자에게는 투자의 장소가 된다. 흔히 투자라고 하면 단기적인 자금융통보다 장기적인 관점에서 포트폴리오를 구성하는 것을 의미한다. 금융시장 내에서 이러한 투자가 이뤄지는 하위 시장을 자본시장이라고 한다. 따라서 ESG투자의 현황을 파악하기 위해서는 금융시장 중에서도 자본시장을 잘 관찰해야 한다. 이제 금융시장과 자본시장의 내용을 좀 더 구체적으로 알아보자.

금융시장

금융시장은 자금의 수요자와 공급자 사이에서 금융기관이 하는 역할에 따라, 크게 직접금융시장과 간접금융시장으로 구분된다. 직접

52. 금융인프라에는 중앙은행제도, 지급결제제도, 금융감독제도, 예금보험제도, 거래소제도 등이 포함된다.

금융시장에서는 금융기관이 양자의 매개자 역할을 한다. 어떤 회사가 발행한 채권을 증권회사가 투자자에게 팔아 주는 것이 대표적인 사례다. 이 과정에서 증권회사는 단순히 중개만 할 수도 있고, 회사로부터 증권을 인수한 후 투자자에게 매각할 수도 있다. 어느 경우이건 최종적인 채권·채무관계는 회사와 투자자 간에 형성된다. 간접금융시장은 금융기관이 양자의 거래 상대방 역할을 해서 자금의 수요자와 공급자가 직접 만나지 않는 시장을 말한다. 은행이 다수의 사람들로부터 예금을 받아 다른 사람들에게 대출하는 것이 대표적인 사례다. 이 경우에는 자금의 수요자와 공급자 사이에 채권·채무관계가 형성되지 않는다.

금융시장에서는 다양한 금융기관이 각자의 금융상품을 취급하고 있다. 직접금융시장에서는 단기금융상품, 증권, 외환, 파생상품 등이 거래되며, 주로 증권회사가 이를 중개·매매·인수하는 서비스를 제공한다. 간접금융시장에서는 예금대출상품, 보험상품, 간접투자상품 등이 거래된다. 예금대출상품을 담당하는 금융기관은 은행인데, 은행보다 업무범위가 좁은 저축은행과 예금을 받지 않고 대출만 하는 여신전문금융기관도 유사한 업무를 한다. 보험상품은 크게 생명보험과 손해보험으로 구분된다. 당연히 이를 담당하는 보험회사 역시 생명보험회사와 손해보험회사로 구분되어 있다. 간접투자상품은 펀드, 투자자문·일임, 신탁 등으로 구분된다. 자산운용회사, 증권회사, 신탁회사가 각각 담당하고 있다. 이 중 가장 대표적인 간접투자상품은 자산운용회사가 취급하는 펀드다.

자본시장

직접금융시장은 거래되는 금융상품의 만기에 따라 1년 이하의 단기 금융시장과 그보다 긴 장기금융시장으로 구분된다. 단기금융시장에서는 콜Call, RPRepurchase Agreement, CDCertificate of Deposit, CPCommercial Paper, 전자단기사채 등이 거래되는데, 이들을 포괄해서 단기금융상품이라고 부른다. 장기금융시장에서는 주식이나 채권과 같은 증권이 거래된다. 이들은 만기가 없거나 길어서 장기금융상품이라고 부른다. 한편 직접금융시장에는 외환시장, 파생상품시장과 같이 단기와 장기의 기준만으로는 분류하기 어려운 시장도 존재한다. 이 중에서 자금의 융통이 아닌 투자는 단기금융시장을 제외한 나머지 시장에서 주로 이루어진다.

최근에는 자본시장Capital Market이라는 말이 널리 쓰이고 있다. 원래 자본시장은 주식과 채권이 거래되는 장기금융시장을 의미하는 말이었다. 그러나 지금은 외환, 파생상품, 실물자산까지 포함해서 다양한 자산군이 투자의 목적으로 거래되는 시장으로 의미가 확장하였다. 심지어 펀드가 거래되는 간접투자시장도 자본시장에 포함하고 있다. ESG투자가 이뤄지는 곳도 바로 이 자본시장이다.

간접금융시장 중 예금대출시장과 보험시장은 투자가 이뤄지는 자본시장이라고 보기 어렵다. 그렇다고 해서 은행이나 보험회사가 ESG이슈와 무관한 것은 아니다. 은행은 예금대출상품을 통해, 보험회사는 보험상품을 통해 ESG를 추구할 수 있다. 또한 자금을 운용하는 과정에서 자본시장에 투자자로 참여할 수도 있다. 금융시장에서는 ESG투자뿐 아니라 ESG예금대출ESG Banking과 ESG보험ESG Insurance을 포괄해서 ESG금융ESG Finance이라고 부른다. UNEP FI도 ESG금융의 범주를 은행, 보험, 투자의 세 가지로 나누고 있다.

자산소유자와 자산운용자

자본시장에는 다양한 투자자가 참여해서 자금이 필요한 수요자에게 공급자 역할을 한다. 투자자 중에는 금융기관도 있고, 금융기관이 아닌 주체도 있다. 특히 다수의 개인으로부터 저축Savings을 모아 대신 투자하는 일을 하는 주체를 기관투자자Institutional Investors라고 하는데, 이들은 자본시장에서 큰손 역할을 한다. 연금기금, 보험회사, 공제회 등이 이에 해당한다. 기관투자자가 아니지만 큰손 역할을 하는 주체도 여럿 존재한다. 국부펀드, 비영리재단, 고액자산가가 그들이다.[53] 기관투자자이건 아니건 큰손들은 다양한 자산으로 포트폴리오를 구성해서 자금을 운용한다. 따라서 자산의 실질적인 소유자라는 의미에서 자산소유자Asset Owner라고 부른다.

53. 시장에서는 기관투자자라는 용어를 소위 '큰손'과 같은 의미로 자주 사용한다. 하지만 엄밀하게는 다수의 개인으로부터 저축을 모아 대신 투자하는 주체만을 기관투자자라고 부른다.

자산소유자는 자본시장에서 직접투자도 하고, 간접투자도 한다. 직접투자를 돕는 금융기관은 증권회사이고, 간접투자를 돕는 금융기관은 자산운용회사다. 그런데 이 둘의 경계는 살짝 겹쳐 있다. 국가마다 법령에 차이는 있지만, 증권회사도 투자자문·일임과 같은 자산관리서비스를 제공할 수 있고 자산운용회사도 자금의 중개를 할 수 있기 때문이다. 하지만 겹치는 업무의 비중은 그리 크지 않다.

증권회사는 직접금융시장에서 주식이나 채권을 중개만 하는 것이 아니라 매매 또는 인수도 한다. 매매는 이미 발행된 증권을 사는 것이고, 인수는 신규로 발행되는 증권을 사는 것이다. 매매와 인수 둘 다 증권을 장기간 보유하기보다 매각하는 것을 목적으로 하므로, 중개와 마찬가지로 자산소유자에게 투자기회를 제공하는 기능을 한다. 영미권에서는 이러한 업무를 수행하는 증권회사를 투자은행Investment Bank이라고 부른다. 이 책에서도 앞으로는 중개자의 의미가 강한 증권회사 대신에 투자은행이라는 표현을 사용하기로 한다.

고객을 위해 전문적인 투자서비스를 제공하는 주체를 자산운용자Asset Manager라고 한다. 흔히 펀드매니저, 투자관리자Investment Manager 등으로 불리는 금융기관이 이에 해당한다. 가장 대표적인 자산운용자는 자산운용회사다. 넓게는 투자은행이 제공하는 투자자문·일임, 신탁회사가 제공하는 신탁도 투자서비스에 포함할 수 있지만, 앞에서 말했듯이 그중 가장 대표적인 것은 펀드다. 특히 다수의 개인으로부터 자금을 모집하는 공모펀드의 경우, 기관투자자의 성격도 띠고 있다. 따라서 이 책에서는 자산운용자를 자산운용회사와 같은 의미로 사용한다.

자본시장에서 활동하는 다양한 참여자 중에서 자산배분, 종목선택과 같은 전형적인 투자활동을 하는 주체는 자산소유자와 자산운용자다. 따라서 ESG투자에 있어서도 이들이 핵심적인 역할을 한다. 지금부터 두 주체에 대해 좀 더 자세히 알아보자.

자산소유자

자본시장에서 가장 대표적인 기관투자자는 연금기금이다. 연금기금Pension Fund은 가입자가 경제활동을 하는 동안 저축을 하고, 은퇴 후 정기적으로 급여를 지급받는 연금상품의 운용을 위해 조성된 기금을 말한다. 고령화가 진행되면서 연금상품의 중요성이 날로 커지고 있으며, 따라서 연금기금의 규모도 커지고 있다. 대부분의 국가에서 연금상품은 공적연금과 사적연금의 두 가지로 구성된다. 공적연금은 사회보험의 일환으로서 전 국민이 의무적으로 가입하며,[54] 사적연금은 개인의 선택에 따라 임의로 가입한다. 19세기 말 독일에서 사회보험이 탄생한 이후 공적연금이 중심적인 역할을 해 왔으나, 20세기 후반부터 여러 국가가 재정적 부담으로 인해 사적연금을 강화하였다. 우리나라의 경우 국민연금을 중심으로 공적연금의 비중이 여전히 높

54. 국민생활의 안정을 도모하는 사회보험, 공공부조, 사회서비스를 포괄해서 사회보장이라고 한다. 공적연금은 그중 사회보험의 형태로 연금을 준비하는 제도다. 우리나라에는 국민연금, 사학연금, 공무원연금, 군인연금의 네 가지 공적연금이 있다. 그 외의 사회보험에는 건강보험, 산재보험, 고용보험이 있다.

고, 미국이나 유럽의 경우에는 퇴직연금을 중심으로 사적연금의 비중이 높아지고 있다. 사적연금은 은행, 보험회사, 투자은행 등 다수의 금융기관이 취급하고 있다. 장기간 저축 후 급여를 지급받는 연금상품의 특성상, 연금기금의 자금운용은 매우 장기적인 관점에서 이루어진다. 게다가 가입자의 안정적인 노후생활을 위해 물가상승률 이상의 수익률을 달성해야 해서, 위험자산에 대한 투자에도 적극적이다. 물론 ESG투자도 선도하고 있다.

연금기금 못지않은 투자자로 국부펀드가 있다. 국부펀드Sovereign Wealth Fund는 국가의 여유자금을 적극적으로 투자하기 위해 조성한 자금을 말한다. 국부펀드는 중동이나 북유럽의 산유국이 오일머니Oil Money를 운용하기 위해 만든 기금에 기원을 두고 있다. 그러나 지금은 많은 국가가 다양한 목적으로 국부펀드를 조성하고 있다. 우리나라도 한국투자공사Korea Investment Corporation를 설립해서 국부펀드를 운용하고 있다. 국가의 여유자금인 만큼 국부펀드의 상당수는 국민의 노후생활, 즉 연금 지급을 목적으로 한다. 따라서 연금기금과 국부펀드의 경계는 모호한 경우가 많다. 국부펀드는 정부가 운용하기 때문에, 투명성에 대한 요구를 자주 받는다. 게다가 대표적인 화석연료인 석유산업으로 조성된 자금이 많아서 환경이슈와 무관하지 않다. 아이러니하게도 이러한 특성이 국부펀드가 ESG투자를 외면할 수 없게 하고 있다.

금융기관 중에서 자산소유자 역할을 하는 주체로는 은행과 보험회사가 있다. 이들은 간접금융시장에서 예금대출상품과 보험상품을 통해 모집한 자금을 자본시장에 투자한다. 하지만 은행의 경우, 예금자보호를 위해 위험한 투자를 하지 못하도록 규제받고 있어서 주로 대출로 자금을 운용한다. 그러다 보니 자본시장에 대한 참여는 소극적일 수밖에 없다. 반면 보험회사의 경우에는 보험상품의 특성상 자금을 장기적인 관점에서 운용한다. 또한 주식, 채권, 부동산 등 위험자산에 대한 투자도 은행에 비해 적극적으로 한다. 최근 RBCRisk-Based Capital와 같은 위험관리기준이 강화되고 있지만, 보험회사는 오래전부터 자본시장의 중요한 참여자로 활동해 왔다. 한편 보험회사와 유사한 기관투자자로 공제회가 있다. 공제회는 개별 법령에 따라 직군별로 조성되며, 보험, 저축, 복지 등 다양한 기능을 한다. 우리나라에는 교직원, 공무원, 군인, 경찰 등의 직군이 공제회를 운영하고 있다. 공제회도 수입과 지출이 가입자의 퇴직에 연동되기 때문에, 장기적이고 체계적인 투자를 한다.

비영리재단은 설립의 목적이나 자금의 성격이 다양하기 때문에, 일률적으로 말하기 어렵다. 또한 다른 자산소유자처럼 대규모 자금을 운용하는 경우가 많지 않아서 자본시장의 투자자를 말할 때 중요하게 거론되지 않는다. 하지만 ESG투자에서는 비영리재단의 활약이 큰 편이다. 많은 비영리재단이 환경이나 사회문제의 해결을 위해 만들어졌기 때문이다. 비영리재단은 ESG투자의 유형 중에서 미션투자나 임팩트투자를 하는 대표적인 주체라고 할 수 있다.

연금기금, 국부펀드, 은행, 보험회사, 공제회, 비영리재단 등 대규모 포트폴리오를 보유하는 자산소유자에 대한 이론으로 보편적 소유자 이론Universal Owner Theory이 있다. 이는 자본시장에 존재하는 자산군을 폭넓게 소유하는 투자자의 경우, 투자의 성과가 어느 한 자산군의 가격상승보다는 경제의 전반적인 성장에 더 크게 좌우된다는 점을 핵심적인 내용으로 한다. 만약 그렇다면, 보편적 소유자는 단기적인 수익을 추구하기보다 경제의 장기적인 발전을 추구해야 한다. 결과적으로 보편적 소유자이론은 자산소유자의 ESG투자에 대한 논리적 근거가 되고 있다.

자산운용자

고객에게 투자서비스를 제공하는 간접투자상품에는 펀드, 투자자문·일임, 신탁이 있다. 이 중 투자자문은 말 그대로 고객의 투자에 대해 전문적인 의견을 제시하는 것이므로, 다른 서비스처럼 자금을 대신 운용하지 않는다. 자산운용자가 투자를 대신해 주는 펀드, 투자일임, 신탁 간에도 차이가 있다. 펀드는 2인 이상의 투자자로부터 모은 금전을 투자자로부터 일상적인 운용지시를 받지 않고 운용하는 서비스를 말한다. 따라서 집합투자에 해당하며, 자산운용자의 자율성이 강하다. 투자일임은 투자자로부터 투자판단의 전부 또는 일부를 일임받아 투자자별로 구분해서 운용하는 서비스를 말하며, 신탁은 위탁자와의 신임관계를 근거로 해서 위탁자의 재산을 이전받아 수익자를 위해 관리·처분·운용·개발하는 서비스를 말한다. 투자일임과 신탁에서는 고객과 서비스제공자 간에 일대일 관계가 형성되며, 운용에 대한 고객의 관여가 가능하다.

앞에서 언급했듯이, 세 가지 투자서비스 중에서 자산운용의 개념에 가장 잘 부합하는 것은 펀드다. 국가마다 펀드를 규정하는 법령이 다를 뿐 아니라 한 국가에 법령이 하나만 있는 것도 아니어서, 펀드를 뜻하는 법적 명칭은 다양하다. 우리나라와 EU의 경우는 집합투자기구Collective Investment Scheme, 미국의 경우는 투자회사Investment Company, 일본의 경우는 투자신탁·투자법인이 펀드를 일컫는 대표적인 법적 명칭이다. 펀드 관련 법령은 펀드뿐 아니라 그것을 운용하는 자산운용자에 대해서도 엄격히 규제한다. 펀드의 자산운용자는 고객의 투자정책에도 영향을 받을 수밖에 없다. 최근 자산소유자의 ESG투자 확대에 따라, 자산운용자 역시 같은 길을 가고 있다는 것은 이 책의 시작에서 이미 언급한 바 있다.

지금까지 자본시장이 무엇이고, 투자자가 누구인지 살펴보았다. 이제 투자자의 유형별로 대표적인 기관이 어디이고, 그들이 ESG투자를 어떻게 하는지 알아볼 것이다. 대표적인 기관은 규모를 기준으로 선정한다. ESG투자로 유명한 기관만 선정할 수도 있겠지만, 그렇게 하면 세상의 모든 투자자가 ESG투자를 열심히 하는 것으로 보일 수 있기 때문이다. 최근 들어 ESG투자에 대한 논의가 폭발적으로 증가했지만, 실제 투자자의 태도에는 온도 차이가 있으며, 그것을 있는 그대로 파악하는 것이 이 책의 목적이다. ESG투자와 관련된 활동은 투자자의 유형별로 공통적인 것을 먼저 정리하고, 각 기관에 대해서는 홈페이지나 연차보고서에 나오는 내용 중 특별히 눈에 띄는 것만 언급한다. 사실 같은 유형의 기관들은 ESG투자를 다루는 방법도 유사하기 때문에, 일일이 모든 활동을 나열하는 것은 불필요하다. 눈에 띄는 것을 선별하는 과정에서 나의 주관이 개입될 것이다. 하지만 2021년 여름의 분위기를 파악하는 정도로는 큰 문제가 없을 것이다.

자산소유자의 ESG투자

ESG Investing of Asset Owners

연금기금과 국부펀드

연금기금

전 세계 대형 연금기금은 엄청난 규모의 자산을 운용한다. 우리나라의 국민연금기금만 해도 2020년 말 기준으로 834조 원의 자산을 보유하고 있는데, 이는 같은 해 국가 전체 GDP인 1,933조 원의 43%에 해당하는 수치다. UNCTAD에 따르면, 2021년 전 세계 연금기금의 자산규모는 52조 달러이며, 그중 정부정책에 민감한 공적 연금기금의 자산규모만 20조 달러다. 하지만 실제로 이들이 ESG투자에 얼마나 적극적인지는 분명하지 않다. 2019년을 기준으로 할 때 자산규모 상위 50대 공적 연금기금 중 16곳만이 ESG보고서를 발간했기 때문이다.[55] 그래도 GSIA가 발표한 2020년 ESG투자 자산규모 35.3조 달러 중에서 상당부분이 연금기금의 자금일 것으로 추측된다.

55. UNCTAD, *World Investment Report 2021: Investing in Sustainable Recovery*, 2021.

연금기금의 현황을 조사해서 발표하는 기관은 많다. 자본시장에서 연금기금은 모두가 관심을 쏟는 큰손이기 때문이다. 그중에서 TAIThinking Ahead Institute와 SWFISovereign Wealth Fund Institute가 정기적으로 현황을 업데이트하고 있어서 참고할 만하다. TAI는 지속가능금융에 특화된 연구기관으로서, 위험관리 및 보험중개회사인 윌리스 타워스 왓슨Willis Towers Watson에 뿌리를 두고 있다. 윌리스 타워스 왓슨은 2009년에 지속가능금융을 연구하는 조직인 TAGThinking Ahead Group를 결성했으며, 2015년 이를 독립된 연구기관인 TAI로 확대하였다. SWFI는 세계 각국의 국부펀드에 대한 정보를 전문적으로 제공하는 기관이다. 최근에는 연금기금을 포함해서 다양한 자산소유자로 정보의 범위를 확대하고 있다. 두 기관의 최근 발표자료를 통해, 자산규모 상위 10대 연금기금의 리그보드를 작성하면 <표 5-1>과 같다.

국가마다 연금기금에 대한 법령이 다르기 때문에, 조사대상의 범위도 통계를 작성하는 기관에 따라 다르다. 따라서 TAI와 SWFI의 리그보드에는 서로 다른 이름들이 올라와 있다. 예를 들어, 노르웨이의 GPFG나 중국의 NSSF는 SWFI의 리그보드에는 없다. SWFI는 이들을 국부펀드로 분류하고 있다. 반대로 SSTF, MRF, FERS와 같이 세금으로 운영되는 미국의 사회보장제도는 TAI의 리그보드에 포함되어 있지 않다. 이러한 차이에도, 두 리그보드에 꾸준히 이름을 올리는 대형 연금기금으로는 일본의 GPIF, 우리나라의 국민연금기금NPF, 미국의 FRT, 네덜란드의 ABP, 미국의 CalPERS, 캐나다의 CPP 등이 있다. 우리가 선진 연금기금을 이야기할 때 단골로 등장하는 이름들이다.

표 5-1. 세계 주요 연금기금 리그보드

(단위: 십억 달러)

구분	순위	연금기금	국가(설립연도)	자산규모
TAI	1	GPIF(Gov. Pension Investment Fund)	일본(2006)	1,556
	2	GPFG(Gov. Pension Fund Global)	노르웨이(1990)	1,066
	3	NPF(National Pension Fund)	한국(1987)	637
	4	FRT(Federal Retirement Thrift)	미국(1986)	601
	5	ABP(Algemeen Burgerlijk Pensionfonds)	네덜란드(1922)	523
	6	CalPERS(Cal. Public Employees Retirement System)	미국(1932)	384
	7	NSSF(National Social Security Fund)	중국(2000)	361
	8	CPF(Central Provident Fund)	싱가포르(1955)	316
	9	CPP(Canada Pension Plan)	캐나다(1999)	315
	10	PFZW(Stichting Pensioenfonds Zorg en Welzijn)	네덜란드(1969)	244
SWFI	1	SSTF(Social Security Trust Funds)	미국(1983)	2,908
	2	GPIF(Gov. Pension Investment Fund)	일본(2006)	1,721
	3	MRF(Military Retirement Fund)	미국(1984)	897
	4	FERS(Federal Employees Retirement System)	미국(1987)	734
	5	NPF(National Pension Fund)	한국(1987)	730
	6	FRT(Federal Retirement Thrift)	미국(1986)	601
	7	ABP(Algemeen Burgerlijk Pensionfonds)	네덜란드(1922)	597
	8	Zenkyoren	일본(1951)	530
	9	CPP(Canada Pension Plan)	캐나다(1999)	453
	10	CalPERS(Cal. Public Employees Retirement System)	미국(1932)	389

출처: 1. TAI, "Top 100 Asset Owners: The most influential capital on the planet," Nov. 2020
2. SWFI, "Top 100 Largest Public Pension Rankings by Total Assets"
(https://www.swfinstitute.org/fund-rankings/public-pension; 2021. 8. 열람)

대형 연금기금은 ESG투자를 적극적으로 하고 있다. 연금기금의 ESG 활동은 크게 투자활동과 관리활동의 두 가지로 구분된다. 투자활동은 우리가 관심을 쏟는 ESG투자와 직접 관련된 활동을 말하고, 관리활동은 일반기업과 마찬가지로 조직의 ESG경영과 관련된 활동을 말한다. 투자활동은 다시 정책수립, 조직구성, 투자실행, 성과보고, 국제협력, 지식공유의 여섯 가지로 나눌 수 있다. 정책수립은 투자의 과정에 ESG를 통합하는 것을 규정이나 지침으로 명문화하는 것을 말하고, 조직구성은 ESG투자를 전담하는 의사결정기구나 집행부서를 설치하는 것을 말한다. 위의 두 가지 활동은 ESG투자를 위한 기본적인 준비라고 할 수 있다. 투자실행은 실제로 자산을 배분하고 종목을 선택하는 것을 말하고, 성과보고는 ESG투자와 관련된 활동을 연차보고서의 형태로 공시하는 것을 말한다. 3장과 4장에서 자세히 다룬 내용이 바로 이 두 가지 활동에 관한 것이다. 국제협력은 ESG투자와 관련된 국제기구나 민간단체에 가입해서 회원의 의무를 이행하면서 타 회원과 협력하는 것을 말하고, 지식공유는 ESG투자와 관련된 연구를 진행하거나 지원하고 그 결과를 공유하는 것을 말한다. 두 가지 활동은 마치 부수적인 것처럼 보이지만, 아직 성장하고 있는 ESG투자 생태계에서 경쟁력을 갖추는 데 매우 중요한 역할을 한다. 여섯 가지 활동은 연금기금뿐 아니라 대부분의 투자자에게 동일하게 적용되므로 잘 기억하자. 앞으로의 설명도 이 틀 안에서 할 것이다.

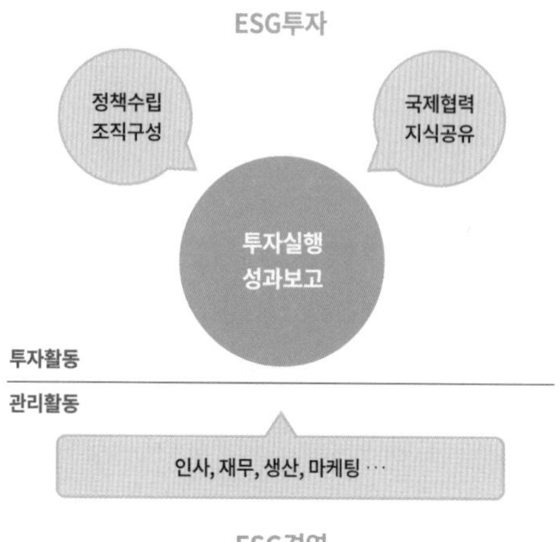

그림 5-1. 투자자의 ESG활동

ESG투자로 가장 유명한 연금기금은 미국의 CalPERS다. CalPERS는 캘리포니아의 공무원연금기금으로, 1980년대부터 주주행동을 적극적으로 해 왔다. CalPERS의 ESG활동 중에서는 정책수립, 국제협력, 성과보고, 지식공유가 눈에 띈다. ESG투자의 정책과 관련해서 CalPERS는 2019년에 지배구조 및 지속가능원칙Governance & Sustainability Principles을 업데이트하였다. 그리고 원칙의 검토과정을 담은 보고서도 함께 공개하였다. 보고서에는 상위 투자정책과의 정합성, 세부적인 ESG이슈의 취급방법 등에 대한 고민이 수록되어 있어서 좋은 참고가 된다. 또한 원칙의 취지를 CalPERS의 협력기관까지 확대 적용하는 책임협력기관프로그램Responsible Contractor Program도 주목할 만하다. CalPERS는 다수의 기관투자자 단체에 가입해서 국제협력도 강화하고 있다. 앞에서 설명한 원칙의 부록에 가입 및 후원단체를 명시하고 있는데, 여기에는 글로벌 설리번원칙, UNGC 10대 원칙, CII, ICGN, Ceres, SASB, TCFD 등이 포함되어 있다. 이 목록에는 없지만, PRI에 대해서는 창립회원이기도 하다. ESG보고와 관련해서는 2011년 발간한 보고서, 『책임투자의 다음 십 년』[56]이 유명하다. 2014년에는 두 번째 보고서인 『지속가능한 투자와 운영을 위하여』[57]를 발간했고, 2017년부터는 매년 종합연차재무보고서Comprehensive Annual Financial Report를 통해 ESG보고를 하고 있다. 지식공유에 관해서는 SIRI LibrarySustainable Investment Research Initiative Library가 돋보인다. 이는 ESG와 관련된 자체 연구와 외부의 학술연구를 모은 데이터베이스로서, 누구나 이용할 수 있다.

미국 연방정부의 연금기금인 FRT는 1986년에 「연방공무원퇴직제도법Federal Employees Retirement System Act」에 따라 설치되었다. 연방공무원퇴직제도는 모두가 의무적으로 가입하는 SSSocial Security, DB형의 BBPBasic Benefit Plan, DC형의 TSPThrift Savings Plan의 세 가지로 구성되어 있는데, 그중 TSP를 적립한 것이 FRT다. FRT는 DC형 연금기금 중 세계 최대 규모다. 그런데, 기금을 운용하는 FRTIBFRT Investment Board의 홈페이지나 연차보고서에서 ESG투자와 관련된 내용을 찾아보기는 힘들다. FRT 외의 연방공무원퇴직제도나 노령자·유가족·장애인을 대상으로 하는 SSTF, 군인을 대상으로 하는 MRF 등 다른 연

56. CalPERS, *Responsible Investment's Next Decade: Developing CalPERS Total Fund Process for ESG Integration*, New York: Mercer, 2011.
57. CalPERS, *Towards Sustainable Investment & Operations: Making Process*, 2014.

방기금도 마찬가지다. 이는 미국 내 다른 연금기금과 사뭇 다른 모습이어서 이상하게 보일 수 있다. 하지만 기금의 운용방식을 알고 나면 이해할 수 있다. 이들 기금은 안정성을 위해서 연방정부가 보증하는 특수한 채권에만 투자하도록 규정되어 있다. 따라서 비록 ESG투자를 표방하고는 있지만, 실제로 실행할 여지는 적은 것이다.

캐나다의 CPP, 네덜란드의 ABP도 ESG투자에 적극적이다. 1966년에 설립된 CPP는 캐나다의 대표적인 연금기금으로서, CPPIBCPP Investment Board가 운용한다. 네덜란드의 ABP는 공무원과 교사를 대상으로 1922년에 설립됐으며, APGAlgemene Pensioen Groep가 운용한다. 한편 네덜란드에는 더욱 폭넓은 국민을 대상으로 하는 PFZW도 있는데, ABP와 함께 양대 연금기금으로 불린다. PFZW는 과거 PGGM에서 2008년 펀드만 분리한 것이며, 운용은 여전히 PGGM이 하고 있다. CPP, ABP, PFZW의 ESG투자도 정책수립, 조직구성, 투자실행, 성과보고, 국제협력, 지식공유의 여섯 가지 활동을 두루 포괄하고 있다. 눈에 띄는 점은 세 기관 모두 재생에너지와 그린빌딩에 대한 투자를 강조하고 있다는 사실이다.

최근 수 년 사이 가장 큰 두각을 나타내는 연금기금은 일본의 GPIF다. GPIF는 자산규모 면에서 세계 최대 연금기금이다. 일본의 공적연금은 전 국민을 대상으로 하는 기초연금인 국민연금, 근로자와 공무원이 가입하는 후생연금 등으로 구성되어 있는데, 이를 적립한 것이 GPIF다. GPIF는 2010년 후반부터 ESG투자에 적극적으로 나서고 있는데, 이것이 아시아의 ESG투자 시장규모에 고스란히 반영되고 있다는 사실은 이미 설명한 바 있다. GPIF의 ESG활동 중 가장 눈에 띄는 것은 국제협력이다. 특히 2016년부터 CalPERS, CalSTRS와 함께 개최하고 있는 세계자산소유자포럼Global Asset Owners Forum은 GPIF가 주도적으로 설립한 것이다. 여기서 정기적으로 ESG투자와 관련된 이슈들을 논의하고, 그 내용을 공개하고 있다. GPIF는 2020년 CalSTRS, USS와 함께 '지속가능한 자본시장을 위한 우리의 협력'이라는 성명을 발표해서 화제가 되기도 하였다. 이에 대해서는 이 책의 시작에서 소개한 바 있다.

우리나라의 경우, 국민연금기금이 TAI와 SWFI의 리그보드 상위에 올라 있다. 국민연금기금은 국민연금공단NPS: National Pension Service이 운용한다. 국민연금기금은 국민복지연금제도를 보완해서 1988년에 출범했으며, 2000년대 중반부터 ESG투자를 시작하였다. 2006년 책임투자형 위탁펀드를 처음 설정했고, 2009년 PRI에 가입했으며, 2013년에는 책임투자팀이라는 전담조직도 신설하였다. 기금운용지침에 책임투자를 추가한 것은 2016년이다. 2018년에는 스튜어드십코드를 도입하고, 주주활동을 강화하기 위해 ICGN과 ACGA에 가입하였다. 최근 기후변화가 이슈로 부상하자, 2020년에는 기후변화에 관한 아시아 기관투자자단체인 AIGCC에도 가입하였다. 그리고 같은 해 책임투자에 대한 심의의결기관인 수탁자책임전문위원회를 설치하였다. 국민연금기금은 GRI 스탠다드와 UNGC 10대 원칙을 고려해서 자체적인 ESG평가체계를 수립했으며, 이를 기준으로 매년 두 차례 국내 상장기업의 ESG경영을 평가하고 있다. GRI 스탠다드에 따라 사회책임경영보고서를 발간한 것은 2012년이며, 2019년부터 지속가능경영보고서라는 이름으로 계속 발간하고 있다.

국민연금기금 책임투자원칙(제17조 관련)

<원칙 1> 국민연금기금은 장기적이고 안정적인 수익 증대를 위하여 투자대상과 관련한 환경·사회·지배구조 등의 요소를 고려하여 책임투자를 이행합니다.

<원칙 2> 국민연금기금은 최고 의사결정기구인 기금운용위원회가 정한 본 원칙, 「국민연금기금 수탁자 책임활동에 관한 지침」에 따라 책임투자를 이행합니다. 민간전문가로 구성된 수탁자책임 전문위원회는 책임투자 관련 기금운용위원회의 의사결정을 지원하고 기금운용본부가 이행하는 책임투자에 대한 검토 및 점검 등의 역할을 이행합니다.

<원칙 3> 국민연금기금은 원칙적으로 주식, 채권 자산군에 대해 책임투자를 이행합니다. 다만, 장기적이고 안정적인 수익증대에 기여를 목적으로 기금운용의 여건 및 자산군별 특성을 고려하여 다른 자산군에 대해서도 책임투자를 이행할 수 있습니다.

출처: NPS국민연금, 「국민연금기금운용지침(시행일: 2021. 1. 29.)」, 별표 4

국민연금기금 외에도 우리나라에는 사학연금기금, 공무원연금기금, 군인연금기금 등 직군별 공적연금기금이 있다. 각 기금은 역사가 오래되었으며, 주식, 채권, 부동산 등 다양한 자산에 투자하고 있다. 이들 연금기금의 ESG투자 행보는 투자정책서에 원칙을 명문화하고, ESG투자를 추구하는 펀드를 시범적으로 조성하는 패턴을 보이며, 최근에는 자금을 위탁할 자산운용회사를 선정할 때 ESG경영을 평가기준에 포함하는 쪽으로 발전하고 있다. 사학연금기금과 공무원연금기금은 2018년 화석연료 관련 산업을 투자대상에서 배제하는 '탈석탄 선언'을 하기도 하였다.

국부펀드

UNCTAD에 따르면, 2021년 전 세계 국부펀드의 자산규모는 9.2조 달러에 달한다. 52조 달러인 연금기금에 비해서는 적지만, 이 역시 자본시장에서 무시할 수 없는 규모다. 연금기금과 마찬가지로 국부펀드도 ESG투자에 얼마나 적극적인지 정확하게 알기는 어렵다. 2019년을 기준으로 할 때, 자산규모 상위 30대 국부펀드 중 4곳만이 ESG 보고서를 발간했기 때문이다.[58] 하지만 GSIA가 발표한 2020년 ESG 투자 자산규모 35.3조 달러 중에서 국부펀드도 연금기금과 함께 적지 않은 비중을 차지하고 있을 것이다. ESG보고서를 발간하는 대형 국부펀드의 자산규모만 해도 워낙 크기 때문이다.

SWFI의 리그보드 상위에 올라 있는 국부펀드는 성격이 크게 두 가지로 나뉜다. 중동과 북유럽 국가들의 오일머니와 석유산업에 관련 없는 국가들의 여유자금이 그것이다.[59] 앞에서 언급했듯이, 이 중 오일머니는 국부펀드의 기원이 되었다. <표 5-2>에서 보는 바와 같이, 상위 국부펀드의 자산규모는 연금기금의 자산규모와 비슷하다. 쿠웨이

58. UNCTAD, *World Investment Report 2021: Investing in Sustainable Recovery*, 2021.
59. 참고로 IMF는 국부펀드를 자금의 용도에 따라 안정기금(Stabilization Fund), 저축기금(Savings Fund), 투자기금(Reserve Investment Fund), 개발기금(Development Fund), 예비연금기금(Contingent Pension Reserve Fund)의 다섯 가지로 구분하고 있다.

트의 KIA, 사우디아라비아의 PIF, UAE아부다비의 ADIA 등 석유를 수출하는 국가들은 오래전부터 국부펀드를 운용해 왔다. 1990년대에는 노르웨이의 GPFG, 2000년대에는 UAE두바이의 ICD가 여기에 가세하였다. GPFG는 연금기금의 리그보드에도 이름이 있었는데, 자금의 원천이 가입자의 부담금이 아닌 석유 관련 국가수입이어서 국부펀드

표 5-2. 세계 주요 국부펀드 리그보드

(단위: 십억 달러)

순위	국부펀드	국가(설립연도)	자산규모
1	GPFG(Norway Gov. Pension Fund Global)	노르웨이(1990)	1,289
2	CIC(China Investment Corp.)	중국(2007)	1,046
3	ADIA(Abu Dhabi Investment Authority)	UAE 아부다비(1976)	649
4	HKMA(Hong Kong Monetary Authority)	홍콩(1993)	581
5	KIA(Kuwait Investment Authority)	쿠웨이트(1953)	534
6	GIC(GIC Private Limited)	싱가포르(1981)	453
7	PIF(Public Investment Fund)	사우디아라비아(1971)	430
8	Temasek Holdings	싱가포르(1974)	417
9	NSSF(Nat'l Council for Social Security Fund)	중국(2000)	372
10	ICD(Investment Corp. of Dubai)	UAE 두바이(2006)	302

출처: SWFI, "Top 100 Largest Sovereign Wealth Fund Rankings by Total Assets"
(https://www.swfinstitute.org/fund-rankings/sovereign-wealth-fund; 2021. 8. 열람)

로도 분류된다. 석유산업과 관련 없는 국부펀드는 중국, 홍콩, 싱가포르 등 아시아 국가에 몰려 있다. 비록 10위권에는 없지만, 우리나라의 한국투자공사도 그중 하나다.

오일머니 중에서는 GPFG가 ESG투자에 적극적이다. GPF는 노르웨이의 연금기금으로서, 크게 두 가지로 나뉜다. 1990년에 석유가격 변동위험을 완화하기 위해 만든 GPF Global흔히 Oil Fund과 순수한 연

금기금인 GPF Norway가 그것이다. 전자는 전 세계, 후자는 노르웨이 국내에 주로 투자한다. 이 중 규모가 큰 GPFG의 운용은 노르웨이은행Norges Bank의 산하기관인 NBIMNorges Bank Investment Management이 하고 있다. ESG투자에 대해서는 주주권행사와 선별전략을 특히 내세우고 있다.

오일머니가 아닌 국부펀드 중에서는 GIC가 ESG투자에 적극적이다. 싱가포르의 국부펀드인 GIC는 1981년에 설립됐으며, 2016년 ESG 관련 정책수립 및 모니터링을 위해 지속가능성위원회를 설치하였다. 특히 OffenceESG기회 포착을 위한 네 가지 원칙, Defence투자자 보호를 위한 여섯 가지 원칙, Enterprise excellence지속가능지배구조에 관한 여섯 가지 원칙 등 16개 원칙으로 구성된 ODE프레임워크가 유명하다. GIC는 국제활동에도 적극적으로 참여하고 있으며, 홈페이지에서 온라인 지식플랫폼인 ThinkSpace도 운영하고 있다. ThinkSpace는 장기투자, 거시경제, 보건의료, 지속가능성 등 여러 주제에 대한 정보를 제공하는데, 지속가능성 부문에서 ESG투자와 관련된 활동을 자세히 소개하고 있다. 같은 싱가포르의 국부펀드인 테마섹Temasek은 GIC보다 이른 1974년에 설립되었다. 테마섹은 abc World라는 말로 투자철학을 나타내고 있는데, 이는 “active Economy, beautiful Society and clean Earth”의 약자다. 우리나라의 한국투자공사는 2005년에 외환보유고의 운용을 위해 출범하였다. 한국투자공사는 비교적 최근인 2019년 투자정책서에 책임투자조항을 신설하고 업무지침을 제정하였다.

국부펀드는 정부에 의해 운용되기 때문에, 순수한 투자수익보다 자원전쟁과 같은 정치적인 목적으로 사용되는 것이 아닌가 하는 의심을 받아 왔다. 이에 대한 논쟁은 2000년대 후반 거세졌는데, 그 결과 2008년 국부펀드의 투명성을 평가하는 Linaburg-Maduell Transparency Index가 만들어지고, 국부펀드단체인 IWGSWFInternational Working Group of Sovereign Wealth Funds도 결성되었다. 그리고 이듬해인 2009년 IFSWFInternational Forum of Sovereign Wealth Funds, 국제국부펀드포럼가 출범하였다. IFSWF의 회원기관은 흔히 산티아고원칙Santiago Principles이라고 불리는 GAPPGenerally Accepted Principles and Practices를 준수하기로 서약한다. 산티아고원칙은 IMF 등 여러 국제단체가 관여해서 작성한 것으로서, 국부펀드의 지배구조 및 위험관리와 관계된 24개의 조항을 담고 있다.

한편 국부펀드는 2015년에 열린 파리협약에도 발 빠르게 대응하고 있다. 2017년 원플래닛서밋One Planet Summit을 개최해서 원플래닛국부펀드워킹그룹One Planet SWF Working Group을 출범했으며, 이듬해에는 국부펀드의 운영원칙을 담은 원플래닛국부펀드프레임워크The One Planet Sovereign Wealth Fund Framework를 발표하였다. 앞에서 언급했듯이, 대표적인 화석연료인 석유산업에 기반한 자금이 많은 만큼 기후변화 협약에 기민하게 대응할 필요가 있기 때문이다. 우리나라의 한국투자공사는 두 단체 다 회원으로 가입되어 있다.

보험회사와 은행

보험회사

연금기금이나 국부펀드와 달리, 보험회사는 생명보험과 손해보험이라는 고유 업무가 있다. 따라서 이들의 ESG활동은 ESG투자보다 ESG보험에 초점이 맞춰져 있다. 그래서 UNEP FI도 책임투자원칙과 별도로 지속가능보험원칙을 운영하고 있다. 하지만 보험회사는 고객이 납부한 보험료를 장기적인 관점에서 투자하기 때문에, 자본시장의 대표적인 기관투자자 중 하나라고 앞에서 소개한 바 있다. 여기서는 보험보다 투자에 주목해서 보험회사의 ESG활동을 살펴보자.

비록 민간기업이지만, 리그보드 상위에 오른 보험회사는 연금기금이나 국부펀드 못지않은 규모의 자산을 보유하고 있다. 2007년 독일에서 설립되어 전 세계 시장정보를 표나 그림과 같이 정제된 형태로 제공하는 스태티스타Statista와 앞에서 이미 소개한 SWFI가 자산규모를 기준으로 집계한 보험회사의 순위를 비교하면, <표 5-3>과 같다. 모집단과 시점이 달라서 두 리그보드에는 약간의 차이가 있다.

보험회사는 순수한 보장성보험 외에 저축성보험이나 자산관리서비스도 제공하며, 대형 보험회사의 경우 자산운용회사를 자회사로 두는 경우도 많다. 따라서 ESG투자와 관련해서도 여섯 가지 활동을 두루 하고 있다. 한편 보험회사는 인력과 지점이 많아서 조직이 거대하다. 그러다 보니 ESG투자 못지않게 회사의 ESG경영도 중요하게 다룬다. 2021년에는 대형 보험회사들이 NZIANet-Zero Insurance Alliance를 결성하기도 하였다. 그래서인지 보험회사의 ESG경영 목표에서는 '넷 제로'가 자주 발견된다. 리그보드 상위에 전통적으로 이름을 올리는 알리안츠Allianz, 악사AXA, 푸르덴셜Prudential Financial의 세 회사와 최근 급성장하면서 세계 최대 보험회사가 된 핑안Ping An의 사례를 살펴보면 다음과 같다.

표 5-3. 세계 주요 보험회사 리그보드

(단위: 십억 달러)

구분	순위	보험회사	국가(설립연도)	자산규모
Statista	1	Ping An Insurance	중국(1988)	1,251
	2	Allianz	독일(1890)	1,144
	3	Prudential Financial	미국(1875)	915
	4	AXA	프랑스(1816)	903
	5	Berkshire Hathaway	미국(2013)	788
	6	Metlife	미국(1868)	768
	7	Nippon Life Insurance Company	일본(1889)	765
	8	Legal & General Group	이탈리아(1831)	721
	9	Japan Post Insurance	일본(2007)	635
	10	Manulife Financial	캐나다(1999)	580
SWFI	1	Ping An Insurance	중국(1988)	1,526
	2	Allianz	독일(1890)	1,132
	3	AXA	프랑스(1816)	988
	4	Prudential Financial	미국(1875)	941
	5	MetLife	미국(1868)	770
	6	Nippon Life Insurance Company	일본(1889)	711
	7	Manulife Financial Corporation	캐나다(1999)	689
	8	China Life Insurance Company	중국(1949)	665
	9	Generali Group	이탈리아(1831)	664
	10	Aviva	영국(2000)	588

출처: 1. 스태티스타(https://www.statista.com; 2021. 8. 열람)
2. SWFI(https://www.swfinstitute.org; 2021. 8. 열람)

독일의 알리안츠는 1890년에 설립됐으며, 자회사인 AGIAllianz Global Investors와 PIMCO를 통해 자산운용서비스도 제공한다. 알리안츠는 ESG투자의 전략을 기후변화에 대한 대응, 포용사회를 위한 사회적 책임, 보험·투자·자산관리 전반적인 ESG통합의 세 가지로 제시하고 있다. 또한 2050년까지 전체 포트폴리오의 온실가스 순배출량을 0으로 만드는 것을 목표로 설정하고 있다. ESG보고는 2009년부터 지속가능발전보고서Sustainable Development Report, 2014년부터 지속가능성 보고서Sustainability Report라는 제목으로 하고 있다. 알리안츠는 SDGs를 지원하는 기관투자자 단체인 GISDAGlobal Investors for Sustainable Development Alliance 등 다양한 국제단체에 참여하고 있으며, UNEP FI의 지속가능보험원칙과 함께 책임투자원칙에도 서명하였다.

1816년에 설립된 프랑스의 악사도 생명보험, 손해보험, 자산관리 등 종합적인 금융서비스를 제공한다. 악사는 2010년 CIOChief Investment Officer가 주재하는 책임투자위원회Responsible Investment Committee를 설치했으며, 자체적인 ESG평가 시스템인 Green Rating을 개발해서 운영하고 있다. 현재 190개 국가, 8,800곳이 넘는 회사에 0에서 10까지 위험점수를 부여해서 투자에 반영하고 있다. 악사도 넷제로를 목표로 제시하고 여러 국제원칙에 서명하는 등, 다른 보험회사와 유사한 행보를 보이고 있다. 참고로 악사는 2020년 기준 약 8,580억 유로의 자산을 보유하고 있으며, 그중 5,550억 유로가 ESG통합에 의한 것이라고 밝히고 있다.

1875년에 설립된 미국의 푸르덴셜 역시 다양한 금융서비스를 제공한다. SDGs에 부합하는 녹색채권을 발행한 미국 최초의 보험회사라고 자사를 소개하는 푸르덴셜은 투자와 관련해서 재생에너지와 그린빌딩을 강조하고 있다. 푸르덴셜은 ESG경영 차원에서 지역사회에 대한 공헌에 특히 주목한다. 이를 위해 비영리단체에 대한 기부와 자원봉사를 다양하게 진행하고 있다. ESG보고는 2015년부터 지속가능성 보고서Sustainability Report로 해 왔으며, 2020년 제목을 ESG보고서ESG Report로 변경하였다.

중국의 핑안은 핀테크FinTech에 강점이 있는 보험회사로, 1988년에 설립되었다. 글로벌 보험회사들에 비해 신생 회사로서 ESG경영에 매우 적극적이다. 2019년 책임투자원칙에 서명하고, Climate Action 100+에 가입했으며, 같은 해 Dow Jones Sustainability Emerging Markets Index에 편입되었다. 그리고 2020년에는 지속가능보험원칙에도 서명하였다. ESG보고는 기후보고서, 지속가능공급정책, 윤리거버넌스 등의 보고서를 통해 하고 있다. 참고로 핑안은 다수의 지속가능보험상품을 개발해서 판매하고 있다. 지속가능보험상품은 기후보험, 사회보험, 종합보험 등으로 구분하고 있다.

최근 우리나라에서도 대형 보험회사들이 ESG투자를 도입하고 있다. 교보생명보험은 2010년 국내 보험업계 최초로 UNGC에 가입해서 10대 원칙에 서명하였다. GRI 스탠다드를 준수한 지속가능경영보고서 역시 2011년 국내 보험업계 최초로 발간하였다. 2021년 교보증권, 교보악사자산운용, 교보자산신탁 등 금융계열사들과 함께 탈석탄금융을 선언하기도 하였다. 삼성생명보험은『2010-2011 삼성생명 지속가능경영보고서』를 시작으로 매년 ESG보고서를 발간하고 있다. 재생에너지와 수자원처리사업을 위주로 ESG투자를 늘리고 있으며, 2012년 지속가능경영위원회를, 2021년 ESG위원회를 신설하였다. 또한 UNGC 10대 원칙, ISO26000, SDGs 등의 지지를 선언하였다. 한화생명보험도 유사한 행보를 보이고 있다. 재생에너지와 사회간접자본에 대한 투자를 늘리고, 2019년 지속가능경영보고서를 발간하였다. 2021년에는 지속가능경영위원회도 신설하였다. 물론 UNGC 10대 원칙, ISO26000, SDGs에 대한 지지도 선언하였다. 이러한 생명보험회사들의 움직임은 화재보험회사에서도 유사하게 관찰된다.

은행

보험회사에 보험이라는 고유 업무가 있는 것처럼, 은행에는 예금과 대출이라는 고유 업무가 있다. 따라서 은행의 ESG활동도 ESG투자보다 ESG예금대출에 초점이 맞춰져 있다. 앞에서 언급했듯이, 은행은 고객의 예금을 자본시장에서 투자하는 것에 소극적이어서 대출의 비중이 클 수밖에 없다. 그런데, 은행이 취급하는 대출 중에는 ESG와 관련된 기업이나 실물자산을 대상으로 하는 것도 포함되어 있으며, 이러한 ESG대출이 시장에 미치는 영향은 ESG투자와 크게 다르지 않다. 특히 LMALoan Market Association가 2018년에 제정한 녹색대출원칙

Green Loan Principles과 2019년에 제정한 지속가능연계대출원칙Sustainability Linked Loan Principles은 ESG대출 시장의 성장을 촉진하고 있다. 2019년에는 UNEP FI도 책임은행원칙을 발표한 바 있다.

녹색대출과 지속가능연계대출의 관계는 채권에서와 유사하다. 녹색대출은 환경에 긍정적인 영향을 미치는 자산이나 사업의 자금조달을 위한 것이고, 지속가능연계대출은 자금의 용도와 관계없이 ESG 경영을 추구하는 기업의 자금조달을 위한 것이다. 둘 중에는 녹색대출의 역사가 더 긴데, 최근 지속가능연계대출이 급격하게 성장하고 있다. UNCTAD에 따르면, 2021년 녹색대출과 지속가능연계대출의 시장규모는 2천억 달러에 달한다. 이는 코로나19의 영향으로 2019년에 비해 그나마 감소한 것이다. 2013년 이후 대출잔액 성장추세는 <그림 5-2>와 같다.[60]

<표 5-4>는 은행에 대해 SWFI가 자산규모를 기준으로 작성한 리그보드와 인베스토피디아Investopedia가 12개월 수익을 기준으로 작성한 리그보드를 비교한 것이다. 양쪽 다 중국의 은행들이 상위를 차지한 가운데, 자산규모 면에서는 프랑스, 독일, 영국 등 유럽계 은행들이, 수익 면에서는 제이피모건체이스JPMorgan Chase, 뱅크오브아메리카Bank of America, 웰스파고Wells Fargo, 시티그룹Citigroup과 같은 미국의 상업은행Commercial Bank들이 이름을 올리고 있다. 이들의 홈페이지를 살펴보면, 미국이나 유럽의 은행 못지않게 중국의 은행도 오래전

60. UNCTAD, *World Investment Report 2021: Investing in Sustainable Recovery*, 2021.

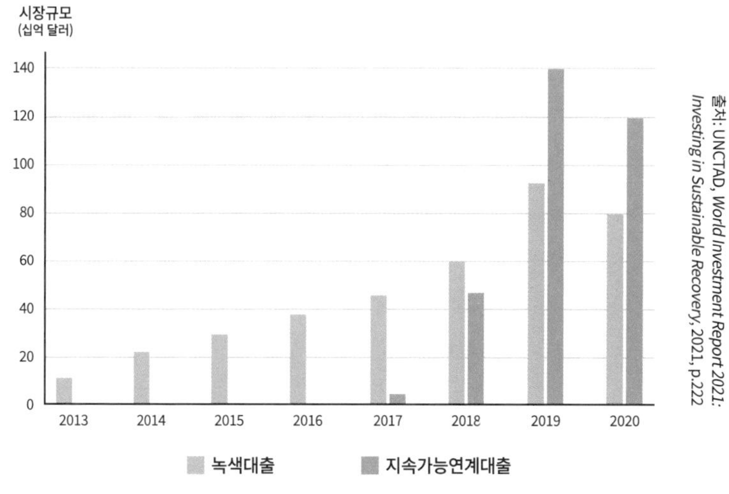

그림 5-2. UNCTAD의 녹색대출 및 지속가능연계대출 시장규모

부터 ESG보고서를 발간하며 시장변화에 대응해 온 것을 알 수 있다. 이 책의 관심사는 ESG투자이므로, 개별 은행의 ESG활동에 대한 소개는 생략한다.

공제회

우리나라에는 저축, 대출, 보험 등 다양한 금융활동을 하는 기관으로서 공제회가 있다. 공제회는 직군별로 개별 법령에 의해 설립되며, 해당 직군에 종사하는 근로자가 임의로 가입할 수 있다. 공제회 저축의 만기는 은퇴 시점에 맞춰져 있어서 연금기금과도 성격이 비슷하다. 이와 유사한 제도는 외국에도 존재한다. 하지만 명칭과 성격이 다양해서 하나의 종류로 묶기가 쉽지 않고, 따라서 다른 자산소유자처럼

표 5-4. 세계 주요 은행 리그보드

(단위: 십억 달러)

구분	순위	은행	국가(설립연도)	자산·수익
SWFI	1	Industrial & Commercial Bank of China	중국(1984)	5,436
	2	Agricultural Bank of China	중국(1951)	4,433
	3	China Construction Bank Corp.	중국(1954)	4,310
	4	Bank of China	중국(1912)	4,072
	5	Banco Santander	스페인(1857)	1,808
	6	Groupe BPCE	프랑스(2009)	1,508
	7	Societe Generale	프랑스(1864)	1,498
	8	Barclays	영국(1896)	1,496
	9	Deutsche Bank	독일(1870)	1,453
	10	Postal Savings Bank of China	중국(2007)	1,419
Investopedia	1	Industrial & Commercial Bank of China	중국(1984)	123
	2	JPMorgan Chase	미국(1871)	114
	3	Japan Post Holdings	일본(2007)	112
	4	China Construction Bank	중국(1954)	102
	5	Bank of America.	미국(1905)	91
	6	Agricultural Bank of China	중국(1951)	89
	7	Credit Agricole	프랑스(1894)	83
	8	Wells Fargo	미국(1852)	82
	9	Bank of China	중국(1912)	79
	10	Citigroup	미국(1998)	74

출처: 1. SWFI, "Top 100 Largest Bank Rankings by Total Assets"
(https://www.swfinstitute.org/fund-rankings/bank; 2021. 8. 열람)
2. Nathan Reiff, "10 Biggest Banks in the World," *Investopedia*, Jan. 16, 2021

전 세계를 대상으로 한 통계가 집계되지 않는다. 우리나라 자본시장에서 중요한 역할을 하는 대형 공제회로는 한국교직원공제회, 행정공제회, 노란우산공제회, 군인공제회, 과학기술인공제회, 경찰공제회 등이 있다.

공제회의 경우, 앞에서 살펴본 연금기금, 국부펀드, 보험회사, 은행에 비해 자산규모가 작고 ESG투자에도 소극적이었다. 하지만 최근 들어 모습이 달라지고 있다. 홈페이지의 정보를 기준으로 할 때, 공제회 대부분이 공식적으로 ESG투자에 관한 정책이나 계획을 수립한 상태다. 공제회 중에서 ESG투자에 적극적인 곳은 규모가 가장 큰 한국교직원공제회다. 한국교직원공제회는 2017년에 사회책임투자 추진 로드맵을 마련했고, 자산운용정책에도 책임투자를 명시하였다. 또한 스튜어드십코드를 도입하고, 의결권행사 기준도 강화하였다. 특히 2019년 말에는 행정공제회, DB손해보험과 함께 탈석탄금융을 선언하기도 하였다. 과학기술인공제회는 ESG보고와 관련해서 빠른 행보를 보이고 있다. 2016년 지속가능경영보고서를 처음 발간했으며, 2020년에도 『과학기술인의 든든한 버팀목: 2017-2019 과학기술인공제회 지속가능경영보고서』를 발간하였다. 과학기술인공제회의 보고서는 GRI 스탠다드를 따르고 있다.

비영리재단[61]

대학기금

국내에는 대규모 자금을 운용하는 대학기금이 드물지만, 미국이나 유럽의 경우 사정이 다르다. 물론 다른 자산소유자에 비해 규모는 작지만, ESG투자에 적극적이어서 살펴보지 않을 수 없다. 대학기금은 역사적으로 사회책임투자에 선도적이었다. 1976년 아파르트헤이트에 반대하며 남아프리카공화국으로부터 처음 투자를 회수한 기관도 햄프셔칼리지Hampshire College였다. 햄프셔칼리지는 이후로도 2000년대 중반까지 네거티브선별, 최근에는 포지티브선별을 이행하고 있다.

예일Yale University도 빼놓을 수 없다. 예일은 1969년 '예일의 투자Yale's Investment'라는 제목의 세미나를 개최했는데, 여기서 투자의 고려요소로 경제, 법률과 함께 윤리를 강조하였다. 수년 뒤인 1972년에는 『윤리적 투자자The Ethical Investor: Universities and Corporate Responsibility』라는 책도 발간하였다. 이 책은 ESG투자에 큰 영향을 미친 고전이 되었다.

하버드Harvard University는 미국 대학 중에서 자산규모가 가장 크다. 그리고 1974년 기금의 운용을 전담하는 비영리기업인 HMCHarvard Management Company를 설립한 것으로 유명하다. 하버드 역시 ESG투자에

61. 비영리재단의 사례는 John Hill, *Environmental, Social, and Governance (ESG) Investing: A Balanced Analysis of the Theory and Practice of a Sustainable Portfolio*, London: Academic Press, 2020에서 가져온 것이다.

적극적이며, 특히 PRI에 가입한 최초의 대학기금이기도 하다. ESG투자의 모토로 ESG integration, Active ownership, Collaboration의 세 가지를 강조하고 있다. 이 외에도 다수의 대학기금이 ESG투자와 관련된 책이나 기사에 이름을 올리고 있다.

미국에는 대학기금의 ESG투자를 지원하는 전문적인 기관도 존재한다. 1972년에 설립된 자산운용회사 커먼펀드Commonfund, 2016년 대학기금을 비롯한 77개 기금이 함께 결성한 IENIntentional Endowment Network, 대학기금의 협회인 NACUBONational Association of College and University Business Officers, 지속가능투자단체인 US SIF 등이 그러한 역할을 하고 있다. 하지만 최근 들어 대학기금은 과거만큼 ESG투자를 선도하지 못하고 있다. 여기에는 만장일치제의 의사결정구조와 교수, 학생, 직원, 동문 등 다양한 이해관계자에 대한 신인의무가 걸림돌로 작용한다고 여겨지고 있다.

종교재단

종교재단은 신앙기반투자, 배제전략 등을 설명하면서 이미 살펴본 바 있다. 많은 신자를 둔 종교재단은 대규모 자금을 운용하며, 산하단체의 올바른 투자도 유도해야 해서 엄격한 투자지침을 마련하고 있다. 앞에서 이슬람교의 샤리아투자를 설명한 바 있는데, 천주교의 경우도 2003년 USCCBUnited States Conference of Catholic Bishops가 사회책임투자에 대한 가이드라인을 제시했고, 개신교의 경우도 성공회Church of England의 EIAGEthical Investment Advisory Group가 그러한 역할을 하고 있다. 금융기관도 각 종교재단이 제시한 원칙에 부합하는 뮤추얼펀드나 ETF를 출시하며 기민하게 대응하고 있다. 비록 투자원칙을 수립했더라도, 실제로 종교재단이 자본시장에서 그러한 가이드라인을 준수해 가면서 포트폴리오를 구축하는 일은 쉽지 않기 때문이다. 물론 이러한 뮤추얼펀드나 ETF가 추종하는 ESG지수 역시 종교별로 다양하게 개발되어 있다.

가족기금

개인투자자라도 대규모 자금을 운용하는 경우에는 재단이나 회사의 형식을 갖추는 경우가 많다. 단순히 수익만을 추구하지 않고, 사회에 공헌하기 위해 마련된 기금이라면 더욱더 그렇다. 자본시장에서는 재단과 같이 느슨한 형태의 가족기금을 패밀리파운데이션Family Foundation, 경영이나 관리체계를 제대로 갖춘 가족기금을 패밀리오피스Family Office라고 부른다. 패밀리오피스는 그 구성에 따라 다시 한 가족이 결성한 싱글패밀리오피스Single Family Office, 여러 가족이 함께 결성한 멀티패밀리오피스Multi Family Office, 기업과 연관된 임베디드패밀리오피스Embedded Family Office의 세 가지로 나뉜다. 가족기금은 다른 자산소유자에 비해 ESG투자를 하기 수월하다는 장점이 있다. 이해관계자의 수가 적기 때문이다.

ESG투자를 실천하는 대표적인 사례로 마이크로소프트의 빌 게이츠

Bill Gates가 결성한 빌앤드멜린다게이츠재단Bill & Melinda Gates Foundation이 자주 거론된다. 빌 게이츠와 워런 버핏이 함께 주도해서 2010년에 결성한 기빙플레지The Giving Pledge도 유명하다. 최근 사례로는 페이스북의 마크 저커버그Mark Zuckerberg가 만든 챈저커버그이니셔티브Chan Zuckerberg Initiative, 아마존의 제프 베이조스Jeff Bezos가 만든 데이원펀드Day One Fund 등이 있다. 하지만 가장 전통적인 사례는 카네기Carnegie Corporation of New York, 1911, 록펠러The Rockefeller Foundation, 1913, 포드The Ford Foundation, 1936 등 산업화시대의 재단이라고 할 수 있다. 이외에도 많은 가족기금이 ESG투자를 하고 있다. 하지만 각자 고유의 목적과 전략이 있어서, 투자의 내용에 대한 소개는 생략한다.

자산운용자의 ESG투자

ESG Investing of Asset Managers

자산운용회사

공모펀드운용회사

자산운용회사는 자산배분과 종목선택을 실행하며, 펀드를 통해 포트폴리오를 보유하기 때문에 하는 일이 자산소유자와 유사하다. 반면 투자의 실질적 주체인 자산운용회사와 포트폴리오의 법적 소유자인 펀드가 분리되어 있고, 펀드마다 고객이 존재해서 그들의 투자목적을 고려해야 한다는 점에서는 차이가 있다. 따라서 자산운용회사의 ESG 투자를 이야기할 때는 회사 자체의 활동과 펀드의 활동을 구분할 필요가 있다. 여기서는 먼저 자산운용회사에 관해 알아보자.

자산운용회사는 전통자산을 중심으로 다양한 자산군에 투자하며 공모펀드를 주로 취급하는 부류와, 특정한 대체투자에 집중하며 사모펀드를 주로 취급하는 부류로 양분되어 있다. 물론 운용자산의 규모는 전자가 훨씬 크다. 자산운용회사는 자산소유자와 개인투자자 둘 다로부터 자금을 위탁받기 때문에, 운용자산의 규모가 상당하다. TAI

가 운용자산AUM: Asset Under Management을 기준으로 발표한 리그보드인 <표 5-5>에서 보는 바와 같이, 상위의 자산운용회사는 웬만한 연금기금이나 국부펀드보다 큰 규모의 자산을 운용하고 있다. 10위권 내에는 공모펀드운용회사만 포진해 있으며, 자산운용업을 전문으로 하는 회사가 상위에, 은행이나 보험회사의 계열사가 그 아래에 자리하고 있다.

표 5-5. 세계 주요 공모펀드운용회사 리그보드

(단위: 십억 달러)

순위	자산운용회사	국가(설립연도)	자산규모
1	BlackRock	미국(1988)	7,430
2	Vanguard Group	미국(1975)	6,152
3	State Street Global	미국(1978)	3,116
4	Fidelity Investment	미국(1946)	3,043
5	Allianz Group	독일(1890)	2,540
6	JPMorgan Chase	미국(1871)	2,364
7	Capital Group	미국(1931)	2,057
8	BNY Mellon	미국(2007)	1,910
9	Goldman Sachs Group	미국(1869)	1,859
10	Amundi	프랑스(2010)	1,617

출처: TAI, *The world's largest 500 asset managers: Joint study with Pensions & Investments*, London: Willis Towers Watson, Oct. 2020, p.44

최근 ESG이슈에 대한 관심이 확산하면서, 자산운용회사도 ESG투자를 적극적으로 하고 있다. 공모펀드운용회사는 기관투자자의 성격을 띠는 만큼 정책수립, 조직구성, 투자실행, 성과보고, 국제협력, 지식공유의 여섯 가지 활동을 두루 하고 있다. 특히 주식시장의 경우, ESG투자를 위한 인프라도 상당히 구축되어 있어서 다양한 ESG펀드를 출시하고 있다. 가장 규모가 큰 블랙록과 뱅가드Vanguard Group, 투자은행 계열인 골드만삭스Goldman Sachs Group와 제이피모건체이스JPMorgan Chase의 사례를 살펴보면 다음과 같다.

미국의 블랙록은 1988년에 설립됐으며, iShares라는 ETF 브랜드와 고객의 포트폴리오를 관리하는 알라딘Aladdin이라는 소프트웨어로 유명하다. 블랙록과 CEO인 래리 핑크가 ESG투자에 얼마나 적극적인지는 이 책의 시작에서 이야기한 바 있다. 블랙록은 ESG통합의 전략을 세 단계 프레임워크Know what you own, Translate into effective action, Measure your performance와 세 가지 아이디어Thematic, ESG, Impact로 제시하고 있다. 그리고 MSCI의 ESG평가를 기준으로 AA 등급 이상인 뮤추얼펀드와 ETF를 다양하게 출시하고 있다. 물론 연차보고서Annual Report, 주주총회 안건공시Proxy Statement, 투자스튜어드십 연차보고서Investment Stewardship Annual Report 등 여러 가지 ESG보고를 통해 투명한 경영공시도 하고 있다.

미국의 뱅가드는 1975년에 설립됐으며, 자산운용시장에서 블랙록과 쌍벽을 이루고 있다. 전통적인 뮤추얼펀드시장에서 경쟁력이 있어서, ETF를 제외할 경우 블랙록보다 운용자산의 규모가 더 큰 것으로 알려져 있다. 뱅가드도 ESG투자를 위해 여러 가지 활동을 하고 있는데, 그 정점에는 역시 뮤추얼펀드와 ETF가 자리 잡고 있다. 2000년에 출시한 FTSE Social Index Fund가 그 시작이며, 지금까지 20년 넘게 ESG상품을 출시하고 있다. 뱅가드는 주주행동에도 적극적으로 나서고 있다. 2020년에는 대리투표를 포함한 주주행동을 중심으로 투자스튜어드십 연차보고서를 발간하기도 하였다.

투자은행 계열의 자산운용회사도 비슷한 행보를 보이고 있다. 골드만삭스의 GSAMGoldman Sachs Asset Management은 ESG투자의 전략으로 얼라인먼트Alignment, ESG통합, 임팩트투자의 세 가지를 내세우고 있다. 제이피모건체이스의 JPMAMJ.P. Morgan Asset Management도 지속가능투자 리더십팀Sustainable Investment Leadership Team을 조직하고, ESG통합, 동종최고선별, 가치·규범기반선별, 테마자산·임팩트투자라는 네 가지 전략의 ESG투자를 시행하고 있다. 이들의 활동 역시 블랙록이나 뱅가드와 마찬가지로 ESG투자를 추구하는 뮤추얼펀드와 ETF를 출시하는 것에 초점이 맞춰져 있다.

사모펀드운용회사

사모펀드에 강점이 있는 자산운용회사는 자산군마다 특화되어 있다. 사모펀드 관련 통계는 비상장부동산지수를 설명하면서 소개한 프레킨이 체계적으로 제공하고 있는데, 시장규모가 큰 부동산과 PE를 취급하는 자산운용회사만 정리하면 <표 5-6>과 같다. 프레킨은 사모펀드운용회사의 리그보드를 AUM이 아닌 자금조달금액을 기준으로 작성한다. 여기서는 최근 10년의 조달금액을 기준으로 하였다. 리그보드를 살펴보면, 블랙스톤을 제외하고는 부동산과 PE의 자산운용회사가 중복되지 않는 것을 알 수 있다. 또한 자산운용회사 대부분이 공모

표 5-6. 세계 주요 사모펀드운용회사 리그보드

(단위: 십억 달러)

구분	순위	자산운용회사	국가(설립연도)	조달금액
부동산	1	Blackstone Group	미국(1985)	111.64
	2	Lone Star Funds	미국(1995)	55.99
	3	Brookfield Asset Management	캐나다(1899)	38.27
	4	GLP	싱가포르(2007)	25.39
	5	Starwood Capital Group	미국(1991)	24.16
	6	Angelo Gordon	미국(1988)	15.26
	7	Oaktree Capital Management	미국(1995)	14.78
	8	AXA IM Alts	프랑스(1997)	14.43
	9	Rockpoint Group	미국(2003)	13.86
	10	DigitalBridge	미국(1991)	13.41
PE	1	SB Investment Advisers	영국(2016)	98.58
	2	KKR	미국(1976)	94.70
	3	Blackstone Group	미국(1985)	81.24
	4	Carlyle Group	미국(1987)	81.19
	5	Ardian	프랑스(1996)	73.87
	6	CVC	영국(1981)	66.93
	7	TPG	미국(1992)	56.27
	8	Thoma Bravo	미국(2008)	53.07
	9	Hellman & Friedman	미국(1984)	52.52
	10	SINO-IC Capital	중국(2014)	52.32

출처: 프레킨

펀드 리그보드에 이름을 올리지 않은 곳들이다.

부동산이나 PE 같은 대체자산의 경우, 주식이나 채권 같은 전통자산에 비해 ESG투자의 발전이 더딘 편이었다. 하지만 부동산은 그린빌딩, PE는 임팩트투자를 중심으로 최근 ESG투자가 크게 성장하고 있다. 부동산과 PE 양쪽에서 상위에 있는 블랙스톤, 부동산 상위에 있는 브룩필드와 론스타, PE 상위에 있는 SBIA와 KKR에 대해 살펴보면 다음과 같다.

미국의 블랙스톤Blackstone Group은 1985년에 설립됐으며, 다양한 대체투자를 하는 세계 최대의 사모펀드운용회사다. 블랙스톤은 부동산과 PE 둘 다 적극적으로 투자하기 때문에, ESG투자의 영역도 넓은 편이다. 블랙스톤의 ESG활동은 2020년에 발간한 『책임투자자: ESG를 향한 통합적 접근』[62]이라는 보고서에 잘 드러나 있다. '수익을 넘어Going Beyond Returns'를 모토로 내세우고 있는 이 보고서에는 ESG와 관련된 정책, 조직, 투자, 경영 전반에 대한 내용이 간결하게 담겨 있다. 그중 눈에 띄는 몇 가지를 소개하면 다음과 같다. 먼저 투자와 관련해서는 재생에너지와 헬스케어를 강조하고 있다. 부동산에 대한 투자도 이와 관련된 사례들을 중심으로 소개하고 있다. 투자의 과정에서는 ESG실사Due Diligence를 강조하고 있다. 이를 위해 렙리스크, GRESB 등 전문기관과 협력하고 있으며, 이것이 위험관리와 직결된다고 보고 있다. 또한 전사적으로도 ESG리뷰를 한다고 밝히고 있다. 대외적으로는 블랙스톤자선재단Blackstone Charitable Foundation을 운영하고 있는데, 활동 내용이 일반적인 자선재단과 다르다. 이 재단은 스타트업Start-up을 위한 인프라를 조성하는 일에 주력하고 있다. 이를 통해 다음 세대에게 더 많은 기회와 혁신을 주고자 하는 것이다.

62. Blackstone, *Responsible Investors: An Integrated Approach to ESG*, Sept. 2020.

1899년에 설립된 캐나다의 브룩필드Brookfield Asset Management도 부동산, 인프라, PE 등 다양한 대체투자를 하는 자산운용회사다. 브룩필드 역시 여느 회사 못지않게 ESG활동을 적극적으로 하고 있다. 특히 2050년 넷제로 달성을 목표로 태양광, 풍력과 같은 재생에너지에 대한 투자를 강조하고 있다. 이는 자산운용회사 대부분의 공통된 행보인데, 온실가스 순배출량을 줄일 수 있을 뿐 아니라 최근 발전효율이 개선되어 수익에도 도움되기 때문으로 판단된다. 브룩필드는 협력업체에도 ESG경영을 촉구하는 정책을 시행하고 있다. 이에 대해서는 CalPERS 사례에서도 소개한 바 있다. 특히 최근 ESG투자 대형펀드인 Brookfield Global Transition Fund를 출시하였다. 그리고 2021년 여름, 70억 달러의 1차 자금조달을 완료했다고 공시하였다.

한편 1995년에 설립된 미국의 론스타Lone Star Funds는 부동산과 PE 시장에서 큰 비중을 차지하는 회사임에도, 홈페이지나 뉴스에서 ESG투자와 관련된 내용을 찾아보기 어렵다. 론스타 자산의 상당 부분을 운용하는 허드슨 어드바이저스Hudson Advisors도 마찬가지다. 이를 통해 대체투자시장에서는 자산운용회사마다 ESG투자에 대한 태도에 차이가 크다는 것을 알 수 있다.

SBIASB Investment Advisers는 1981년에 설립된 일본 소프트뱅크SoftBank의 자회사로, SoftBank Vision Fund를 관리하고 있다. 벤처캐피털에 강점이 있는 SBIA의 ESG활동은 소프트뱅크의 홈페이지에서 확인할 수 있다. 소프트뱅크는 그룹 전체의 지속가능원칙을 수립하고, 여덟 가지 전략적 중요 이슈를 선정하였다. 여기에는 기후전략, 인적자본개발, 기업지배구조, 반부패, 프라이버시와 데이터보안, 혁신관리, 시장기회, 지속가능금융이 포함된다. CSR보고서CSR Report를 2014년부터 발간했는데, 2020년 지속가능성보고서Sustainability Report로 이름을 바꾸었다. 같은 해 CSOChief Sustainability Officer라는 직책을 만들기도 하였다.

KKR은 1976년에 설립됐으며, PE뿐 아니라 부동산, 인프라 등 다양한 대체투자를 하고 있다. KKR은 2008년 Green Solutions Platform이라는 이름으로 ESG경영의 체계를 갖췄으며, 2015년부터 『ESG, 임팩트 및 시민정신보고서ESG, Impact, and Citizenship Report』를 발간하고 있다. 그러나 2020년 코로나19로 인한 급격한 시장변화로, 2019년 보고서부터는 발간하지 않고 있다. 그 대신 동명의 웹사이트를 통해 정보를 업데이트하고 있다.

공모펀드

공모 ESG펀드 시장규모

글로벌 자산운용회사들이 경쟁적으로 ESG투자를 선언하고 있지만, 그들이 운용하는 펀드가 전부 ESG펀드인 것은 아니다. 펀드마다 고유의 전략과 그것을 선택한 고객이 있기 때문이다. 특히 최근에는 시장의 평균적인 수익률을 추종하는 인덱스펀드와 ETF가 펀드시장에서 큰 비중을 차지하고 있는데, 이러한 펀드는 ESG투자의 전략을 적극적으로 구사하기 어렵다. 지금부터는 자산운용회사가 아닌 펀드가 실제로 ESG투자를 어떻게 하고 있는지 알아보자.

공모펀드Public Fund란 다수의 고객으로부터 공개적인 방법으로 자금을 모집하는 펀드를 말한다. 공모펀드는 펀드의 존속기간 동안 가입과 환매가 자유로운 개방형펀드Open-end Fund와, 펀드의 설정 시점에 가입이 가능하고 만기까지 환매가 불가능한 폐쇄형펀드Closed-end Fund로 나뉜다. 보통 공모펀드라고 하면 이 중 개방형펀드를 말하는데, 대표적인 상품이 바로 뮤추얼펀드Mutual Fund다. 최근에는 뮤추얼펀드와 성격은 비슷하지만 펀드의 지분이 거래소에 상장되어 주식을 사고팔듯 매매할 수 있는 ETFExchange Traded Fund, 상장지수펀드가 크게 성장하고 있다. 뮤추얼펀드 경우에는 가입과 환매에 며칠씩 시간이 걸리고 매매가격도 기준가로 고정되는 반면, ETF는 주식처럼 현재가로 실시간 매매를 할 수 있어서 편리하기 때문이다.

공모펀드는 금융상품이어서 시장규모에 대한 통계가 풍부하게 발표되고 있다. 이는 ESG펀드에 대해서도 마찬가지다. UNCTAD에 따르면, 2020년 공모 ESG펀드는 총 3,987개에 달한다. 이 중 뮤추얼펀드가 3,435개로 대부분을 차지하며, ETF는 552개다. 자산규모는 1.7조 달러로 추산하고 있는데, 이는 전년 대비 2배, 5년 전 대비로는 4배 증가한 것이다. 2010년 이후의 시장규모는 <그림 5-3>과 같다. 2020년

63. UNCTAD, *World Investment Report 2021: Investing in Sustainable Recovery*, 2021.

시장규모인 1.7조 달러는 뮤추얼펀드 1.56조 달러와 ETF 1,740억 달러로 구성되어 있다.[63] 하지만 이는 전 세계 개방형펀드의 3.3%에 불과하다. 또한 GSIA가 발표한 2020년 ESG투자의 자산규모가 35.3조 달러인 것을 감안하면, 전체 ESG투자에서 공모펀드가 차지하는 비중이 아직 낮다는 것을 알 수 있다.

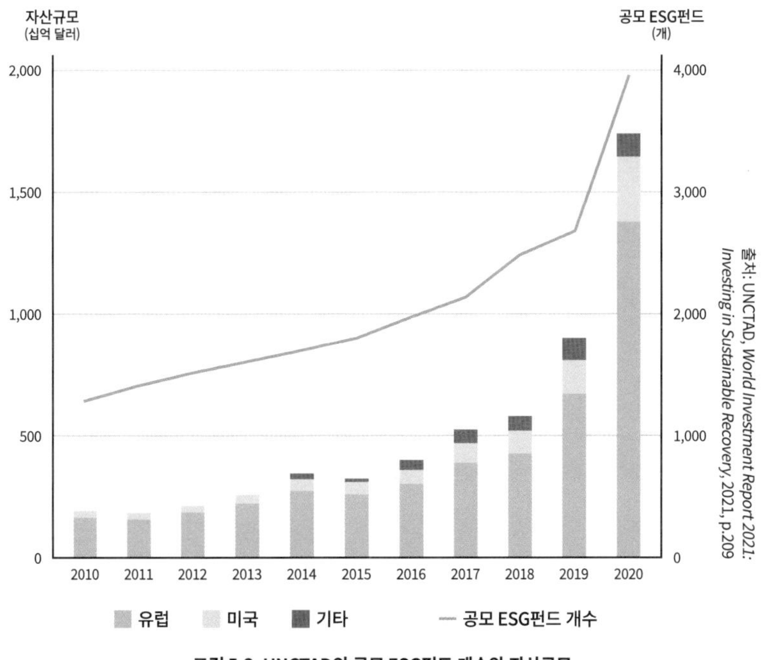

그림 5-3. UNCTAD의 공모 ESG펀드 개수와 자산규모

공모 ESG펀드는 개수를 기준으로 할 때 60% 이상이 주식형펀드로 구성되어 있다. 남은 40% 이하는 채권형펀드와 혼합형펀드가 양분하고 있다. UNCTAD가 800건의 ESG펀드를 조사해서 발표한 투자

섹터별 자산규모에 따르면, 건강과 관련된 분야가 가장 큰 비중을 차지한다. 그 뒤를 재생에너지, 식량·농업, 물·위생 등이 따르고 있다.[64] 민간기업 중에서는 모닝스타가 공모펀드와 관련된 통계를 자세하게 발표하고 있다. 모닝스타는 최근 ESG펀드에 관한 통계도 발표하기 시작했는데, 제한적으로 몇 가지 업종만 투자대상에서 배제하는 펀드, ESG를 의사결정요소로 취급하지 않는 펀드, MMF, 모자형펀드Master Feeder Fund 중 자펀드Feeder Fund, 재간접펀드Fund of Funds 등을 조사대상에서 제외하고 있다.

모닝스타의 『지속가능 펀드동향 보고서Sustainable Funds Landscape Report』나 『글로벌 지속가능 자금흐름Global Sustainable Fund Flows』과 같은 보고서는 시계열이 짧은 대신에 분기별 자산규모를 자세하게 보여 준다. 2021년 1분기 보고서[65]에 따르면, 전 세계 공모 ESG펀드의 운용자산은 2조 달러에 육박하는데, 이는 UNCTAD의 2020년 시장규모 1.7조 달러보다 많이 증가한 수치다. 공모펀드의 ESG투자 바람이 최근에도 거세게 불고 있음을 확인할 수 있다. 한 가지 눈에 띄는 점은 2조 달러의 공모 ESG펀드 중 82%가 유럽에 집중되어 있다는 사실이다. GSIA 통계에서 유럽의 비중이 40%를 조금 넘는 것을 감안하면, 상대적으로 매우 높은 수치다.

64. UNCTAD, *World Investment Report 2021: Investing in Sustainable Recovery*, 2021.
65. Morningstar, *Global Sustainable Fund Flows: Q1 2021 in Review*, Apr. 30, 2021.

뮤추얼펀드

역사가 길고 투자자로부터 신뢰받는 주식형펀드의 자산규모는 상상을 초월한다. 특히 뱅가드가 운용하는 대표적인 주식형펀드는 웬만한 연금기금이나 국부펀드보다도 자산규모가 크다. 그에 비해 채권형펀드와 부동산펀드의 자산규모는 작은 편이다. 채권의 경우에는 공모펀드보다 직접투자를 더 선호하고, 부동산의 경우에는 공모펀드보다 사모펀드를 더 많이 활용하기 때문이다.

뮤추얼펀드의 시장현황은 인터넷에서 쉽게 조회할 수 있다. <표 5-7>

표 5-7. 세계 주요 뮤추얼펀드 리그보드

(단위: 십억 달러)

구분	순위	뮤추얼펀드	자산운용회사	자산규모
주식	1	Vanguard Total Stock Market Index Fund	Vanguard	1,260.0
	2	Vanguard 500 Index Fund	Vanguard	753.4
	3	Vanguard Total Int'l Stock Index Fund	Vanguard	404.7
	4	Fidelity 500 Index Fund	Fidelity	343.3
	5	Vanguard Institutional Index Fund	Vanguard	287.8
채권	1	Vanguard S-Term Inv. Grade Fund	Vanguard	78.8
	2	Vanguard I-Term Corp. Bond Index Fund	Vanguard	48.4
	3	Vanguard S-Term Corp. Bond Index Fund	Vanguard	47.9
	4	Vanguard I-Term Inv. Grade Fund	Vanguard	37.3
	5	Vanguard High Yield Corporate Fund	Vanguard	29.6
부동산	1	Vanguard Real Estate Index Fund	Vanguard	77.3
	2	Strategic Advisers Fidelity Core Income Fund	Fidelity	37.8
	3	TIAA Real Estate Account	Nuveen	24.9
	4	Vanguard MBS Index Fund	Vanguard	16.6
	5	DFA Real Estate Securities Portfolio	Dimensional	10.6

출처: https://mutualfunds.com (2021. 7. 22. 열람)

은 뮤추얼펀드에 대한 정보를 전문적으로 제공하는 뮤추얼펀즈닷컴MutualFunds.com이 순자산Net Asset을 기준으로 제공한 리그보드다. 예상했듯이, 뱅가드나 피델리티Fidelity Investments와 같은 대형 자산운용회사의 이름이 리그보드를 도배하고 있다. 자세한 순위를 보는 것은 큰 의미가 없어서 자산군별로 5위까지만 집계했는데, 여기에 ESG펀드는 하나도 없다.

뮤추얼펀즈닷컴은 ESG 뮤추얼펀드에 대해서도 리그보드를 제공하고 있다. 다만, 일반펀드처럼 자산군별로 순위를 제공하지는 않는다. 그러다 보니, <표 5-8>에서 보는 바와 같이 리그보드에 오른 펀드는 모두 주식형펀드다. 우리가 주목할 것은 펀드를 운용하는 자산운용회사다. 일반펀드와는 전혀 다른 이름들이 올라와 있다.

표 5-8. 세계 주요 ESG 뮤추얼펀드 리그보드

(단위: 백만 달러)

순위	뮤추얼펀드	자산운용회사	자산규모
1	TIAA-CREF Social Choice Equity Fund	Nuveen	7,250
2	Neuberger Berman Sustainable Equity Fund	Neuberger Berman	1,900
3	Fidelity US Sustainability Index Fund	Fidelity	1,280
4	Northern Global Sustainability Index Fund	Northern Trust	1,070
5	Trillium ESG Global Equity Fund	Trillium	917
6	TIAA-CREF Social Choice Low Carbon Equity Fund	Nuveen	863
7	TIAA-CREF Social Choice International Equity Fund	Nuveen	849
8	Nuveen Winslow Large-Cap Growth ESG Fund	Nuveen	844
9	Touchstone Global ESG Equity Fund	Touchstone	713
10	Vanguard Global ESG Select Stock Fund	Vanguard	576

출처: https://mutualfunds.com (2021. 7. 22. 열람)

가장 많이 눈에 띄는 단어는 TIAATeachers Insurance and Annuity Association of America다. TIAA는 1918년 교육분야 종사자의 복지를 위해 카네기에서 설립한 비영리기관이다. 이후 CREFCollege Retirement Equities Fund를 만들면서 TIAA-CREF라고 불렀으며, 2016년에 이름을 다시 TIAA로 바꿨다. TIAA의 펀드는 모두 자회사인 누빈Nuveen이 운용한다. 리그보드에서 누빈이 차지하는 비중은 거의 절반에 이른다. 누빈의 홈페이지에는 ESG투자와 관련해서 도움되는 콘텐츠가 많으니, 꼭 들러 보도록 하자.

ETF

최근 뮤추얼펀드에 버금가는 자산규모의 ETF가 속속 출현하고 있다. <표 5-9>는 ETF에 관한 정보를 전문적으로 제공하는 ETF데이터베이스ETF Database가 발표한 리그보드인데, 뱅가드가 운용하는 압도적인 뮤추얼펀드 몇 건만 제외하면 ETF의 자산규모와 뮤추얼펀드의 자산규모 간에 큰 차이가 없다. 하지만 자산운용회사에는 차이가 있다. 뮤추얼펀드의 리그보드에 없던 블랙록과 스테이트 스트리트가 상위에 올라 있는 점이다. 그래도 대형 자산운용회사 몇 곳에서 리그보드를 독차지하는 현상은 동일하다.

표 5-9. 세계 주요 ETF 리그보드

(단위: 십억 달러)

구분	순위	ETF	자산운용회사	자산규모
주식	1	SPDR S&P 500 ETF Trust	State Street	375.4
	2	iShares Core S&P 500 ETF	BlackRock	290.7
	3	Vanguard Total Stock Market ETF	Vanguard	254.8
	4	Vanguard S&P 500 ETF	Vanguard	238.7
	5	Invesco QQQ Trust	Invesco	177.5
채권	1	iShares Core U.S. Aggregate Bond ETF	BlackRock	89.6
	2	Vanguard Total Bond Market ETF	Vanguard	80.2
	3	Vanguard I-Term Corp. Bond ETF	Vanguard	47.1
	4	Vanguard Total International Bond ETF	Vanguard	44.5
	5	Vanguard S-Term Corp. Bond ETF	Vanguard	40.8
부동산	1	Vanguard Real Estate ETF	Vanguard	43.4
	2	Schwab US REIT ETF	Charles Schwab	6.2
	3	iShares U.S. Real Estate ETF	BlackRock	5.7
	4	Vanguard Global ex-U.S. Real Estate ETF	Vanguard	5.2
	5	Real Estate Select Sector SPDR Fund	State Street	38.2

출처: ETF Database (2021. 7. 22. 열람)

뮤추얼펀즈닷컴은 ESG ETF에 대해서도 리그보드를 제공하고 있다. <표 5-10>에서 보는 바와 같이 ESG ETF의 자산규모는 일반 ETF에 비해 작으며, 주식형 ETF가 대부분을 차지하고 있다. 뮤추얼펀드와 비슷한 현상이다. 하지만 자산운용회사는 뮤추얼펀드와 달리 대형 업체들이 여전히 이름을 올리고 있다. 이는 ETF의 역사가 뮤추얼펀드처럼 길지 않기 때문으로 생각된다. 최근 ETF의 성장을 주도하는 자산운용회사들이 마찬가지로 최근 현상인 ESG투자에서도 주된 역할을 하는 것이다.

표 5-10. 세계 주요 ESG ETF 리그보드

(단위: 십억 달러)

순위	ETF	자산운용회사	자산규모
1	iShares ESG Aware MSCI USA ETF	BlackRock	18.36
2	iShares ESG Aware MSCI EM ETF	BlackRock	7.99
3	iShares ESG Aware MSCI EAFE ETF	BlackRock	5.96
4	Vanguard ESG U.S. Stock ETF	Vanguard	4.80
5	Xtrackers MSCI USA ESG Leaders Equity ETF	DWS	3.65
6	iShares ESG MSCI USA Leaders ETF	BlackRock	3.60
7	iShares MSCI USA ESG Select ETF (SUSA)	BlackRock	3.30
8	iShares MSCI USA ESG Select ETF (KLD)	BlackRock	3.30
9	Vanguard ESG International Stock ETF	Vanguard	2.31
10	Nuveen ESG Large-Cap Value ETF	Nuveen	1.02

출처: https://mutualfunds.com (2021. 7. 22. 열람)

지금까지 뮤추얼펀드와 ETF의 일반현황과 ESG투자 리그보드를 살펴보았다. 그런데 ESG투자와 관련된 통계는 어느 한 기관의 정보를 온전히 믿기 어렵다. 기관마다 조사하는 범위가 다를 뿐 아니라, 무엇보다 ESG펀드에 대한 정의도 다르기 때문이다. 뮤추얼펀즈닷컴은 뮤추얼펀드와 ETF의 현황을 광범위하게 보여 주지만, ESG투자에 전문적인 기관은 아니다. 따라서 이름에 ESG, Social, Sustainable 등의 용어가 명시된 것만 리그보드에 포함하고 있다. 따라서 다른 기관이 다른 기준으로 집계할 경우, 다른 결과가 나올 수도 있다.

<표 5-11>은 ESG평가기관인 MSCI가 2021년에 발간한 보고서에 수록된 ESG펀드 리그보드다. 여기에는 뮤추얼펀드와 ETF가 함께 나열되어 있다. 뮤추얼펀즈닷컴의 리그보드와 조사시기가 다르기 때문에, 개별 펀드의 자산규모에는 차이가 있다. 하지만 더 큰 차이는 종목

표 5-11. MSCI의 상위 20대 ESG 뮤추얼펀드 및 ETF

(단위: 십억 달러)

순위	뮤추얼펀드 및 ETF	자산규모	펀드유형	ESG등급
1	Parnassus Core Equity Fund	22.94	Active Fund	A
2	iShares ESG Aware MSCI USA ETF	13.03	Index ETF	A
3	Vangurad FTSE Social Index Fund	10.87	Index Fund	BBB
4	Stewart Investors APL Sustainability Fund	9.87	Active Fund	A
5	Vontobel Fund - mtx Sustainable EML	9.58	Active Fund	A
6	Northern Trust WC ESG Equity Index	8.69	Index Fund	A
7	Pictet - Global Environmental Opportunities	8.31	Active Fund	AA
8	Pictet - Water	8.02	Active Fund	AA
9	KLP AksjeGlobal Indeks I	7.69	Index Fund	A
10	Nordea 1 - Global Climate and Environment	7.37	Active Fund	AA
11	Parnassus Mid-Cap Fund	6.90	Active Fund	A
12	iShares ESG Aware MSCI EM ETF	6.83	Index ETF	A
13	iShares Global Clean Energy UCITS ETF	6.52	Index ETF	A
14	iShares Global Clean Energy ETF	6.51	Index ETF	A
15	Nordea 1 - Emerging Stars Equity Fund	6.41	Active Fund	A
16	TIAA-CREF Social Choice Equity Fund	6.32	Index Fund	A
17	Handelsbanken Hallbar Energi	5.85	Active Fund	A
18	Putnam Sustainable Leaders Fund	5.81	Active Fund	A
19	iShares MSCI USA SRI UCITS ETF	5.63	Index ETF	AA
20	Calvert Equity Fund	5.37	Active Fund	A

출처: Rumi Mahmood, *Top 20 Largest ESG Funds - Under the Hood*, MSCI ESG Research LLC, Apr. 2021, p.5

에 있다. 뮤추얼펀드와 ETF의 이름이 아니라, ESG등급을 기준으로 작성됐기 때문이다. 이름을 기준으로 하는 것은 ESG투자를 천명한 것을 선택한다는 뜻이고, 등급을 기준으로 하는 것은 ESG성과가 좋은 것을 선택한다는 뜻이다. 여기서는 뮤추얼펀즈닷컴에서 뮤추얼펀드 중 1위인 TIAA-CREF Social Choice Equity Fund가 16위, ETF

중 1위인 iShares ESG Aware MSCI USA ETF가 2위에 올라 있다. 1위는 미국의 대형주 뮤추얼펀드인 Parnassus Core Equity Fund다. 펀드의 이름에 ESG라는 표현은 없지만, 실제로 ESG성과는 우수한 것이다. 그 외에도 MSCI 기준 BBB등급 이상의 뮤추얼펀드와 ETF가 자산규모 순으로 나열되어 있으니, 참고하기를 바란다.

사모펀드

사모 ESG펀드 시장규모

주식, 채권 등 전통자산에 대한 투자와 달리, 대체투자의 시장규모는 잘 알려지지 않는다. 주로 사모펀드를 통해 투자가 이뤄지기 때문에 공시가 느슨하고, 그것을 집계한 통계 역시 빈약하기 때문이다. 그러나 대체투자는 기관투자자의 포트폴리오에서 적지 않은 비중을 차지하고 있으며, 최근 성장하는 추세다. 따라서 사모펀드의 ESG투자 역시 중요한 관심사로 부상하고 있다.

프레킨의 2020년 11월 보고서인 『프레킨 임팩트보고서: 대체자산에서 ESG의 부상』[66]은 지난 10년간 ESG투자와 관련된 원칙에 서명한 자산운용회사들이 5,400여 개의 사모펀드를 통해 약 3조 달러의 자금을 조달했다고 집계하였다. 물론 이 자금이 모두 ESG투자에 집행됐다고 보기는 어렵다. 하지만 사모펀드에서도 ESG투자의 바람이 불고

66. Preqin, *Preqin Impact Report: The Rise of ESG in Alternative Assets*, Nov. 2020.

있다는 것을 보여 주기에는 충분한 수치다. 이들 펀드의 자산규모를 투자자산별로 집계한 결과는 <그림 5-4>와 같다. 여기서 연도는 펀드의 투자개시연도Vintage Year를 의미하는데, 시간이 흐르면서 자산규모가 꾸준히 증가하는 것을 확인할 수 있다. 투자자산별 비중은 매년 조금씩 달라진다. 평균적으로 볼 때 PE가 변함없는 1위이며, 부동산과 인프라가 그 뒤를 따르고 있다. 사모펀드 특히 대체투자에 대한 통계를 이와 같이 제공하는 기관은 많지 않다. 프레킨의 통계는 꼼꼼히 챙겨 볼 필요가 있다.

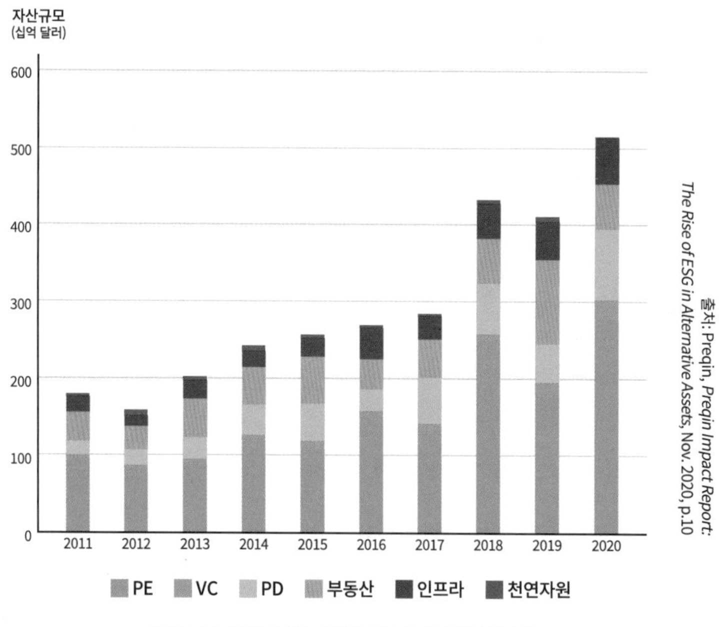

그림 5-4. 프레킨의 투자자산별 사모 ESG펀드 자산규모

부동산펀드와 PEF

프레킨이 지난 10년간의 자금조달금액을 기준으로 부동산과 PE에 투자하는 사모펀드의 리그보드를 작성한 결과는 <표 5-12>와 같다. 대형 자산운용회사의 펀드가 대부분인 가운데, 부동산펀드는 10개 중 7개가 블랙스톤에 편중되어 있다. 이는 뮤추얼펀드나 ETF에서도 발견되는 공통된 특징이다. 평균적인 자산규모는 기업을 인수하는 PEF가 실물자산에 투자하는 부동산펀드보다 큰 경향을 보인다.

표 5-12. 세계 주요 사모펀드 리그보드 (단위: 십억 달러)

구분	순위	사모펀드	조달금액
부동산펀드	1	Blackstone Real Estate Partners IX	20.50
	2	Blackstone Real Estate Partners VIII	15.80
	3	Brookfield Strategic Real Estate Partners III	15.00
	4	Blackstone Real Estate Partners VII	13.30
	5	Blackstone Real Estate Partners VI	10.90
	6	Blackstone Real Estate Partners Europe VI	10.64
	7	Blackstone Real Estate Partners Europe IV	9.22
	8	Brookfield Strategic Real Estate Partners II	9.00
	9	Blackstone Real Estate Partners Europe V	8.72
	10	Lone Star Fund XI	8.00
PEF	1	SoftBank Vision Fund	98.58
	2	China ICI Investment Fund II	29.67
	3	Blackstone Capital Partners VIII	26.20
	4	Apollo Investment Fund IX	24.71
	5	Hellman & Friedman Capital Partners X	24.40
	6	CVC Capital Partners Fund VIII	23.95
	7	China ICI Investment Fund	22.64
	8	Blackstone Capital Partners V	20.37
	9	GS Capital Partners VI	20.30
	10	Silver Lake Partners VI	20.00

출처: 프레킨

상세한 정보가 공개되지 않는 사모펀드를 대상으로 ESG펀드를 추려내는 것은 쉬운 일이 아니다. <표 5-13>은 프레킨이 지난 10년간 자금을 조달한 사모펀드 중에서, ESG투자와 관련된 원칙에 서명한 자산운용회사가 운용하는 것만 나열한 리그보드다. 이 펀드들이 반드시 ESG투자를 하는 것은 아니지만, 개략적인 경향은 보여 준다. 10위권에 이름을 올린 사모펀드 중 7개가 PEF이며, 자산운용회사 중에서는 브룩필드의 이름이 가장 많이 눈에 띈다. 브룩필드가 운용하는 3개의 펀드 중 2개는 인프라펀드, 1개는 부동산펀드다.

표 5-13. ESG투자를 선언한 자산운용회사의 사모펀드 리그보드

(단위: 십억 달러)

순위	사모펀드	자산운용회사	조달규모	펀드유형
1	Apollo Investment Fund IX	Apollo GM	24.71	PE
2	Brookfield Infrastructure Fund IV	Brookfield AM	20.00	Infra
3	ASF VIII	Ardian	19.00	PE
4	Carlyle Partners VII	Carlyle Group	18.50	PE
5	Apollo Investment Fund VIII	Apollo GM	18.38	PE
6	EQT IX	EQT Partners	17.16	PE
7	Brookfield Strategic RE Partners III	Brookfield AM	15.00	RE
8	Brookfield Infrastructure Fund III	Brookfield AM	14.00	Infra
9	Lexington Capital Partners IX	Lexington Partners	14.00	PE
10	EQT VIII	EQT Partners	13.22	PE

출처: 프레킨

리츠

리츠는 사모펀드가 아닌 상장회사다. 하지만 주된 투자대상이 대체자산인 부동산이므로, 사모펀드에 이어서 잠깐 살펴보도록 하자. 미국은 전 세계 리츠시장에서 절반이 넘는 비중을 차지하고 있다. 또한 자산규모가 큰 리츠 대부분이 미국의 주식시장에 상장되어 있다. 리츠는 정보공개도 투명하게 이뤄지는 편이다. 미국의 리츠협회인 Natreit은 다양한 통계를 제공하고 있으며, 최근에는 홈페이지에서 ESG투자와 관련된 현황도 공개하고 있다. <표 5-14>는 2021년 여름 미국에서 시가총액이 가장 큰 리츠 10곳을 나열한 것이다. 전통적으로 리츠시장에서는 오피스, 리테일과 같은 상업용 부동산에 투자하는 리츠가 큰 비중을 차지하고 있었다. 그러나 최근에는 IT산업의 발달과 함께 통신인프라, 테이터센터 등에 투자하는 리츠가 리그보드의 상위를 차지하고 있다.

표 5-14. 미국 주요 리츠 리그보드

(단위: 십억 달러)

순위	리츠	설립연도	투자섹터	거래소	시가총액
1	American Tower	1995	Infrastructure	NYSE	121.78
2	Prologis	1983	Industrial	NYSE	92.26
3	Crown Castle	1994	Infrastructure	NYSE	83.99
4	Equinix	1998	Industrial	NASDAQ	73.10
5	Public Storage	1972	Industrial	NYSE	51.76
6	Digital Realty Trust	2001	Industrial	NYSE	45.67
7	Simon Property Group	1993	Retail	NYSE	44.10
8	SBA Communications	1989	Infrastructure	NASDAQ	34.70
9	Welltower	1970	Infrastructure	NYSE	33.27
10	Weyerhaeuser	1900	Timber	NYSE	26.46

출처: 블룸버그, 각 리츠 홈페이지

Nareit은 2020년 미국 리츠의 ESG투자 사례를 담은 보고서를 발간하였다.[67] 이 보고서는 계량적인 현황보다는 우수사례를 소개하는 형식을 취하고 있는데, 시가총액 상위에 오른 리츠의 절반 이상이 이름을 올리고 있다. ESG활동의 사례로는 그린빌딩 인증, 지역사회 지원, 나무 심기 등이 다양하게 소개되어 있다. 하지만 실제로 개별 리츠의 홈페이지를 방문해 보면, ESG공시의 수준에 많은 차이가 있다. 게다가 리츠는 뮤추얼펀드나 ETF와 같이 이름에 ESG와 같은 용어를 사용하는 경우가 별로 없어서, ESG리츠를 선별하기도 쉽지 않다. 한 가지 다행인 점은 리츠 중에는 ESG평가를 받는 곳이 많다는 사실이다. <표 5-15>는 시가총액 상위 10곳 리츠에 대한 서스테이널리틱스, S&P, MSCI ESG Research의 평가결과를 집계한 것이다. 서스테이널리틱스의 경우 ESG위험에 대한 평가이기 때문에 점수가 0에 가까울수록 우수한 것이고, S&P는 100점에 가까울수록, MSCI ESG Research는 AAA에 가까울수록 우수한 것이다. 세 기관의 평가결과는 대체로 유사하지만, 일부 리츠에 대해서는 평가가 엇갈리는 것을 확인할 수 있다. 4장에서 언급했듯이, ESG투자의 발전을 위해 해결해야 할 과제 중 하나다. 이 표를 옆에다 놓고, 위에서 소개한 보고서를 읽어 보면 재미있을 것이다.

67. Nareit, *REIT Industry ESG Report*, Jun. 2020.

표 5-15. 시가총액 상위 리츠의 ESG평가 비교

순위	리츠	Sustainalytics		S&P	MSCI ESG Research
1	American Tower	12.3	Low	18	AA
2	Prologis	10.1	Low	68	AA
3	Crown Castle	13.2	Low	19	A
4	Equinix	14.6	Low	45	AA
5	Public Storage	14.0	Low	9	B
6	Digital Realty Trust	13.1	Low	53	-
7	Simon Property Group	14.7	Low	26	BBB
8	SBA Communications	14.7	Low	12	BBB
9	Welltower	11.3	Low	68	AA
10	Weyerhaeuser	17.3	Low	65	AA

출처: 각 평가기관 공시자료

투자은행

벌지 브래킷

투자은행은 자산운용회사와 다른 방법으로 고객에게 투자서비스를 제공한다. 직접금융시장에서 증권을 중개·매매·인수하기 때문에 자금을 필요로 하는 기업을 상대하며, 그 과정에서 반대편에 있는 자금의 공급자에게 투자기회를 제공한다. 투자은행의 업무는 기업의 일상적인 자금조달에만 국한되지 않는다. 기업공개IPO: Initial Public Offering, 인수합병M&A: Merger and Acquisition 및 자산관리와 관련된 서비스도 취급하며, 자본시장에 대한 리서치도 수행한다. 이러한 활동이 모두 직간접적으로 ESG투자와 관련된다. 그러니 비록 자산운용자는 아니지만, 자산운용회사와 펀드에 대해 알아본 김에 투자은행에 관해서도 간단히 짚어 보자.

흔히 세계적으로 규모가 큰 투자은행을 벌지 브래킷Bulge Bracket이라고 부른다. 벌지 브래킷은 금융거래와 관계된 설명서에 참여 투자은행을 나열할 때, 가장 중요한 역할을 하는 주간사의 이름을 강조Bulge해서 쓴 데서 유래한 용어다. 어떤 투자은행이 벌지 브래킷에 해당하는지에 대한 엄격한 기준은 없다. 그저 자산이나 매출이 상위에 있는 투자은행을 말한다. 투자은행의 순위는 많은 기관들이 발표하고 있다. <표 5-16>은 자본시장 전반에 대한 정보제공 및 위험분석 기관인 레피니티브Refinitiv가 수수료수입을 기준으로 발표한 리그보드인데, 여기에 이름을 올린 곳들이 벌지 브래킷일 것이다. 이 중 상위 3개사의 ESG활동 중 눈에 띄는 것만 간단히 살펴보자.

표 5-16. 세계 주요 투자은행 리그보드

(단위: 백만 달러)

순위	투자은행	국적(설립연도)	수수료수입
1	JP Morgan	미국(1871)	9,185
2	Goldman Sachs	미국(1869)	8,307
3	BofA Securities	미국(2009)	7,316
4	Morgan Stanley	미국(1935)	7,031
5	Citi	미국(1998)	5,874
6	Credit Suisse	미국(1856)	4,386
7	Barclays	영국(1690)	3,726
8	Deutsche Bank	독일(2007)	2,532
9	Wells Fargo	미국(1929)	2,264
10	BNP Paribas	프랑스(1848)	2,165

출처: Refinitiv, *Global Investment Banking Review: Full Year 2020 | Investment Bank, Sponsors & Corporates*, 2021, p.3

미국의 제이피모건은 제이피모건체이스의 투자은행 부문이다. 제이피모건체이스는 1871년에 설립되어 역사가 오래되었으며, 투자은행인 제이피모건과 상업은행인 체이스가 합병해서 탄생하였다. 제이피모건체이스의 ESG활동은 넓은 영역에 걸쳐 있는데, 특히 조직구성이 치밀하다. 지속가능금융에 대한 연구와 자문을 담당하는 탄소전환센터Center for Carbon Transition, 조직의 ESG경영을 다루는 기업지속가능성팀Corporate Sustainability Team과 운영지속가능성팀Operational Sustainability Team, 기후위험을 다루는 기후리스크팀Climate Risk Team, 환경과 사회위험을 다루는 글로벌환경사회리스크관리GESRM: Global Environmental and Social Risk Management 등이 그것이다.

1869년 미국에서 설립된 골드만삭스는 2005년 환경정책 프레임워크Environmental Policy Framework를 발표하면서 ESG투자를 시작하였다. 이사회 내의 ESG이슈를 담당하는 공공책임위원회Public Responsibilities Committee를 설치하고, 각 사업부문 내에도 지속가능성협의회Sustainability Council를 구축하였다. 특히 지속가능성협의회는 고위 임원이 담당하도록 해서 충분한 권한과 책임을 부여하였다. 2019년에는 지속가능금융그룹Sustainable Finance Group을 설치하였다. 지속가능금융그룹은 재생에너지와 식량·농업을 다루는 기후전환Climate Transition, 교육과 커뮤니티를 다루는 포용성장Inclusive Growth, 지속가능채권 등을 다루는 멀티테마Multi-Theme로 범주를 나누어 투자하고 있다. 그 외에도 투자은행 부문에서는 녹색채권 발행과 ESG 관련 인수합병을, 중개 부문에서는 ESG전략과 포트폴리오 분석도구 개발을, 자산운용부문에서는 ESG펀드를 각각 제공하고 있다. 특히 투자은행 최초로 SASB 스탠다드에 부합하는 지속가능성보고서를 발간하기도 하였다. 뱅크오브아메리카는 1998년 네이션스뱅크NationsBank가 뱅크아메리카BankAmerica를 인수하면서 만들어졌다. 뱅크오브아메리카의 자산관리부문은 메릴린치Merrill Lynch가, 투자은행부문은 뱅크오브아메리카증권이 담당하고 있다. 뱅크오브아메리카의 ESG활동 중에서는 ESG경영이 돋보인다. 특히 경제적 이동성Advancing Economic Mobility과 사회정의Advocating Social Justice를 강조하는데, 경제적 이동성을 위해서는 인적자원개발, 기아구호, 금융교육, 직원을 대상으로 한 주거제공 등의 프로그램을 운영하며, 사회정의를 위해서는 사내평등, 지역사회, 여성, 재향군인, 장애인 등을 지원하는 프로그램을 운영한다. 뱅크오브아메리카는 코로나19 퇴치를 위한 사회적채권을 발행한 미국 최초의 은행이기도 하다.

ESG채권 시장규모

투자은행의 업무 중에서 ESG투자와 가장 밀접하게 관련되는 영역은 채권발행이다. 녹색채권과 사회적채권 같은 ESG채권은 인증을 받기 때문에, 통계도 잘 집계되고 있다. 채권은 주식과 달리 만기가 있어서 시간이 흐르면 사라진다. 따라서 특정한 시점의 발행잔액은 그동안의 신규발행뿐 아니라 만기상환에 의해서도 달라진다. ESG채권의 시장규모에 대한 통계는 UNCTAD의 보고서에 잘 나타나 있다. UNCTAD

는 2015년 이후 발행된 ESG채권의 평균만기를 고려해 2020년 발행 잔액을 1.5조 달러라고 추정하였다. 이는 공모 ESG펀드의 시장규모인 1.7조 달러와 유사한데, 전체 채권시장 내에서는 1.26%에 해당하는 수치다.

ESG채권 중에서 가장 큰 비중을 차지하는 것은 녹색채권이다. 녹색채권은 역사가 길 뿐 아니라 증권시장에 편입된 2014년 이후 한 해도 빠짐없이 성장해 왔다. 2020년 녹색채권의 발행금액은 3천억 달러에 달한다. 녹색채권을 통해 자금을 조달한 대표적인 업종은 에너지, 건축물, 교통 등이다. 2014년 이후의 녹색채권 성장추세는 <그림 5-5>와 같다.[68]

녹색채권이 꾸준하게 성장한 반면, 사회적채권의 발행금액은 2019년까지 연간 200억 달러 미만에 머무르고 있었다. 그러나 2020년에 1,600억 달러 이상 발행되면서, 전년 대비 아홉 배의 성장을 기록하였다. 코로나19로 인해 정부와 국제기구가 구제금융을 위한 자금조달을 늘리면서, 사회적채권을 활용했기 때문이다. AfDBAfrican Development Bank가 발행한 30억 달러 규모의 Fight COVID-19 채권과, EU가 SURESupport to MITIGATE Unemployment Risks in an Emergency 프로그램을 위해 여러 차례 발행한 채권이 대표적인 사례다. 한편 최근에는 세계은행World Bank과 같은 국제기구도 자금조달을 ESG채권으로 하고 있어서 혼합채권녹색채권+사회적채권의 발행금액이 빠르게 증가하고 있

68. UNCTAD, *World Investment Report 2021: Investing in Sustainable Recovery*, 2021, p.213.

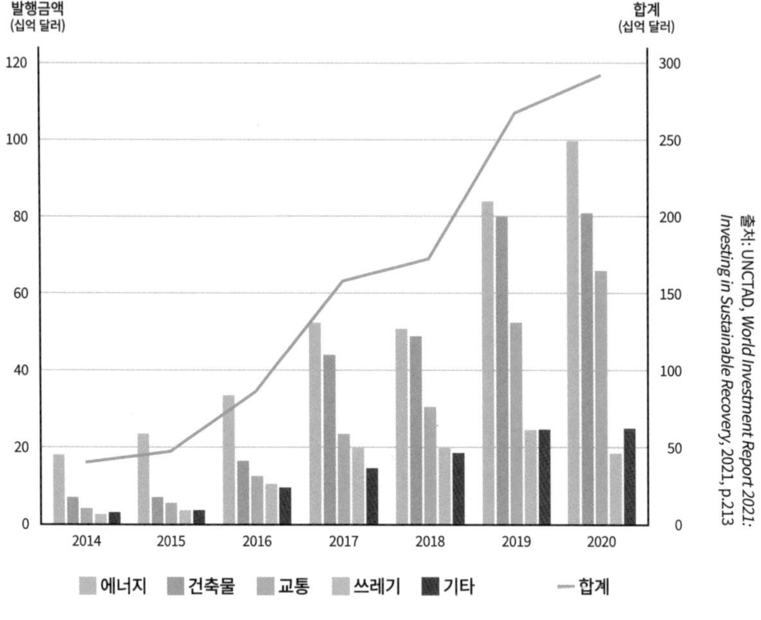

그림 5-5. UNCTAD의 섹터별 녹색채권 발행금액

다. 혼합채권도 2018년까지는 연간 발행금액이 200억 달러 미만이었으나, 2020년에는 1,300억 달러 가까이 발행되었다.[69]

69. UNCTAD, *World Investment Report 2021: Investing in Sustainable Recovery*, 2021.

ESG투자의 성과

The Performance of ESG Investing

ESG지수에 나타난 성과

자본시장의 현황을 살펴봄으로써, 국내외를 막론하고 상위의 자산소유자와 자산운용자가 대부분 ESG투자를 이미 시작했거나 도입하고 있다는 사실을 알 수 있었다. 투자의 과정에 ESG를 통합하는 방법은 비슷하였다. ESG정책을 수립하고 그것을 수행할 조직을 갖춘 다음, 각자의 업무에 맞게 실행하는 것이었다. 자산소유자는 자산을 배분하고 자산운용자를 선정하는 과정에서, 그리고 자산운용자는 투자상품을 개발하고 종목을 선정하는 과정에서 ESG투자의 전략을 구사하는 것이 핵심이었다. 또한 ESG투자의 성과를 보고하고, ESG활동을 국제적 기준에 맞추고, 관련 지식을 공유하고, 조직의 운영에 ESG경영을 도입하는 것도 빠지지 않았다.

이제 이 책의 시작에서 했던 근본적인 질문을 다시 하지 않을 수 없다. 그러한 활동이 수익에도 도움되는가? 자산소유자와 자산운용자가 ESG투자를 하는 것이 그들의 신인의무에 위배되지 않는가? 물론 대세는 위배되지 않을 뿐 아니라, ESG투자를 외면하는 것이 신인의무를 저버리는 것이라는 쪽으로 기울고 있다. 하지만 숫자로 한번 확인해 보는 게 좋을 것 같다.

ESG투자의 성과를 확인하는 손쉬운 방법은 지수를 비교하는 것이다. 물론 동일한 유니버스에 ESG전략을 반영한 것과 그렇지 않은 것을 공정하게 비교해야 한다. 다행히 ESG지수를 작성하는 기관들은 기존에 작성하던 주식, 채권, 부동산지수를 가공해서 쌍을 이루는 ESG지수도 여럿 발표하고 있다. 여기서는 웹사이트에서 그래프를 그리고 데이터를 다운로드받는 것이 수월한 S&P다우존스의 지수를 통해, 과거 5년 즉 파리협약 이후의 성과를 비교해 보자.

주식지수

S&P다우존스가 발표하는 수많은 주식지수 중에서 가장 유명한 것은 S&P 500과 다우산업지수일 것이다. 그중 S&P 500에 대해서는 그것과 쌍을 이루는 S&P 500 ESG가 발표되고 있다. S&P 500 ESG는 S&P 500과 유사한 산업가중치를 유지하면서 지속가능성 기준을 충족하는 주식의 성과를 반영하도록 설계되었다. 2019년 1월 28일에 처음 발표됐는데, 지수는 그 이전까지 확장해서 작성되었다. 2021년 7월 31일 현재, S&P 500 ESG와 S&P 500의 값은 각각 478.69와 9,155.21이다. S&P 500의 역사가 훨씬 길기 때문에 지수의 절댓값이 훨씬 크다.

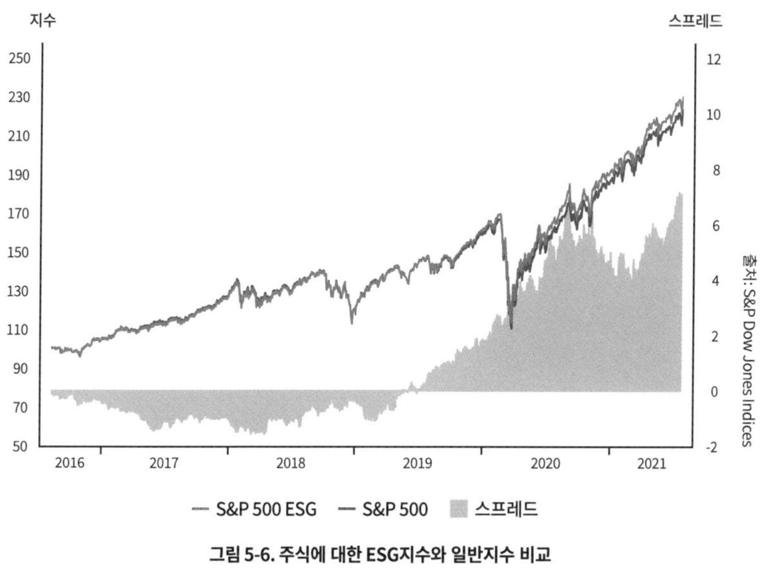

그림 5-6. 주식에 대한 ESG지수와 일반지수 비교

<그림 5-6>은 5년 전인 2016년 8월 1일을 100으로 통일해서 두 지수를 비교한 것이다. 지수의 값은 선으로, ESG지수에서 일반지수를 뺀 스프레드는 면으로 표시하였다. 유니버스가 같기 때문에 두 지수는 비슷한 흐름을 보인다. 2016년부터 꾸준히 성장하다가, 2020년 코로나19로 인해 급격한 하락을 겪었으며, 이를 수개월 만에 회복하고 다시 성장을 이어가는 중이다. 스프레드는 2019년 6월 이전까지는 음(-)이었으나 이후 양(+)으로 돌아섰으며, 그 폭을 계속 키우고 있다. 만약 당신이 2016년 8월 1일 ESG지수에 투자했다면, 누적성과가 2019년 후반부터 일반투자에 비해 우수하게 전환됐을 것이다. 그리고 최근 코로나19로 변동성이 큰 상황에서 ESG투자의 우수한 방어력과 회복

력을 누리고 있을 것이다. 비교를 시작한 8월 1일과 그로부터 6개월 뒤인 2월 1일을 기준으로 반기수익률을 계산해서 비교해 보면, ESG 지수의 수익률이 2018년 초까지는 일반지수의 수익률보다 낮았으나, 이후 역전해서 우위를 지키고 있는 것을 확인할 수 있다. 이것이 누적되어 지수가 2019년 후반 역전된 것이다. 두 지수의 지난 5년간 연평균수익률은 ESG지수가 18.05%, 일반지수가 17.35%였다.

채권지수

녹색채권, 사회적채권 등 ESG채권의 지수는 같은 조건으로 비교할 대상이 없다. 다행인 것은 S&P다우존스가 S&P 500에 포함된 기업의 채권을 대상으로 ESG지수와 일반지수를 함께 발표하고 있다는 사실이다. S&P 500 Bond Investment Grade Carbon Efficient는 미국 회사채시장을 대표하는 S&P 500 Bond의 구성종목 중 신용등급이 투자등급이면서 탄소효율이 높은 채권의 성과를 측정한 것이다. 이것을 S&P 500 Investment Grade Corporate Bond와 비교하면, ESG 경영을 잘하는 기업이 발행한 채권의 상대적인 성과를 파악할 수 있다. S&P 500 Bond Investment Grade Carbon Efficient는 2018년 11월 5일에 처음 발표됐으며, 지수는 그 이전까지 확장해서 작성되었다. 2021년 7월 31일 현재, 두 지수의 값은 각각 136.22와 502.69다. <그림 5-7>은 5년 전을 100으로 통일해서 두 지수를 비교한 것이다. 두 지수는 2016년부터 2018년까지 횡보하다가 2019년부터 성장하

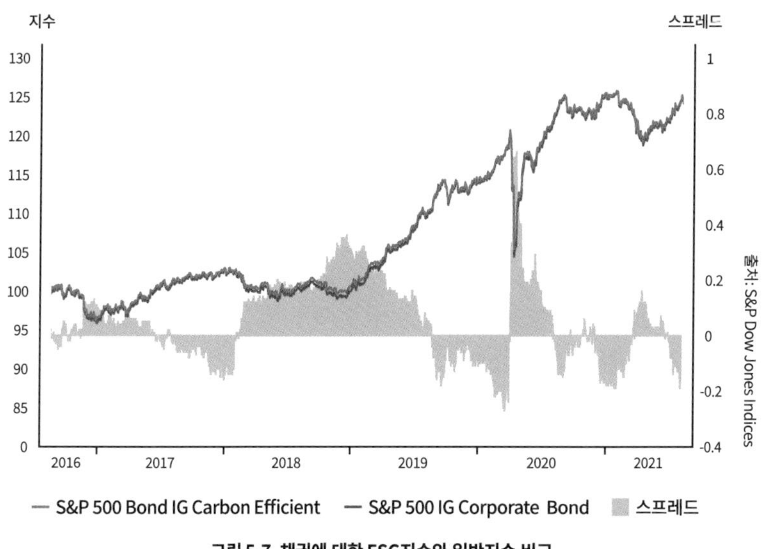

그림 5-7. 채권에 대한 ESG지수와 일반지수 비교

기 시작했으며, 2020년 코로나19로 인해 급격한 하락과 회복을 겪었다. 채권지수인 만큼 시장이자율과 반대로 움직이고 있다. 주식과 달리 채권의 경우, 두 지수의 상대적인 성과에서 구조적인 차이를 발견할 수 없다. ESG지수와 일반지수의 성과는 시기에 따라 성패가 달라지고 있다. 한 가지 재미있는 점은 지수가 급락한 코로나19의 시기에 ESG지수가 상대적으로 크게 높았다는 사실이다. 이를 통해 ESG경영을 잘하는 기업이 발행한 채권의 방어력과 회복력이 상대적으로 크다는 것을 '조심스럽게' 추측할 수 있다. 하지만 전체적으로 스프레드는 크지 않다. 채권의 경우, 반기수익률을 계산해 봐도 별반 차이가 없다. 다만 ESG지수의 수익률 변동성이 일반지수의 수익률 변동성에 비해 다소 낮아 보이는데, 이것이 통계적으로도 유의미한지는 분명하지 않다. 두 지수의 지난 5년간 연평균수익률은 ESG지수가 4.56%, 일반지수가 4.59%였다.

부동산지수

S&P다우존스는 부동산에 대해 상장지수만 발표하고 있다. 그중 ESG지수와 일반지수를 쌍으로 비교할 수 있는 것은 Dow Jones US Select Green REIT과 Dow Jones US Select REIT이다. Dow Jones US Select REIT은 미국의 리츠 중 부동산의 특성을 잘 반영하는 것을 선별해서 작성한 지수인데, GRESB의 ESG평가를 기준으로 가중치를 조정한 것이 Dow Jones US Select Green REIT이다. Dow Jones US Select Green REIT은 2021년 4월 26일에 처음 발표됐으며, 지수는 그 이전까지 확장해서 작성되었다. 2021년 7월 31일 현재, 두 지수의 값은 각각 1,546.75와 13,120.17이다.

<그림 5-8>은 5년 전을 100으로 통일해서 두 지수를 비교한 것이다. 두 지수는 2016년부터 2018년까지 횡보하다가 2019년부터 성장했으며, 2020년 코로나19로 인해 급격히 하락한 후 다시 빠르게 성장하고 있다. 2019년 이전에는 채권지수, 이후에는 주식지수와 유사한 모습이다. 특이한 점은 부동산의 경우 ESG지수의 성과가 일반지수에 비해 꾸준히 낮았다는 사실이다. 코로나19의 시기에도 ESG지수의 방어력과 회복력이 뛰어나지 않았다. 물론 두 지수 간 스프레드는 크지

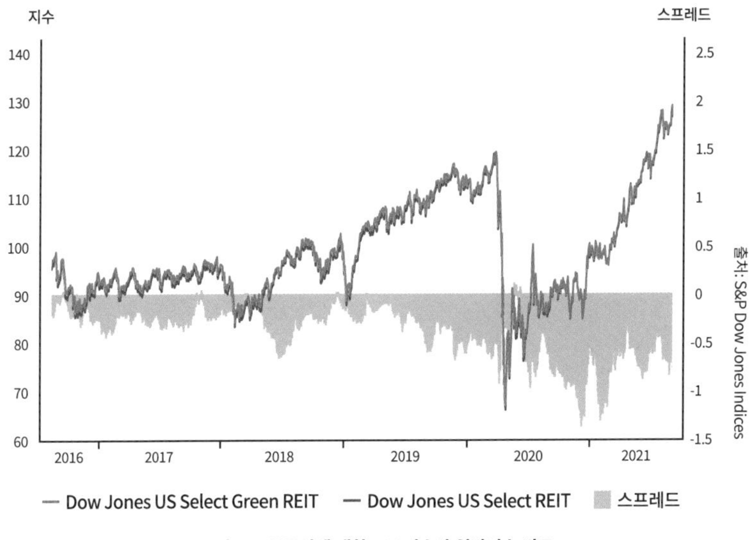

그림 5-8. 부동산에 대한 ESG지수와 일반지수 비교

않다. 따라서 두 지수의 반기수익률도 거의 동일하며, 그 움직임에서 의미 있는 규칙을 찾기도 어렵다. 단, 이것이 부동산에서는 ESG투자가 수익률에 영향을 주지 않기 때문인지, 미국 리츠에 대한 ESG평가가 정교하지 않아서 두 지수를 구성하는 종목의 가중치에 별 차이가 없기 때문인지는 확인하기 어렵다. 두 지수의 지난 5년간 연평균수익률은 ESG지수가 5.19%, 일반지수가 5.35%였다.

한편 비교의 기간을 늘려 보면, 재미있는 사실을 발견할 수 있다. MSCI가 프랑스의 오피스를 대상으로 작성한 Green Property Index를 보면, 2010년에서 2015년까지는 그린오피스의 투자성과가 전체 오피스보다 우수했지만, 2016년 이후 반대로 열등해진 것이다. 일부 지역의 통계이므로 일반화할 수는 없지만, 미국의 리츠와 프랑스의 비상장부동산이 2016년 이후 비슷한 모습을 보이는 것은 가볍게 넘기기 어렵다. 만약 파리협약 이후 부동산에 대한 ESG투자의 수익률이 하락했다면, 그 이유가 무엇일까? 환경규제 강화와 연관이 있을 것으로 추측되지만, 엄밀히 따져보고 판단할 일이다. 참고로 미국의 리츠에서도 이러한 변화가 보이는지는 확인하기 어렵다. Dow Jones US Select Green REIT의 시작 시점이 2015년이기 때문이다.

성과에 대한 실증연구

지금까지 S&P다우존스의 지수들을 이용해서 ESG투자의 상대적인 성과를 알아보았다. 주식의 경우 2018년 이전까지는 별 차이가 없었으나 이후부터 일반투자를 크게 앞질렀고, 채권의 경우 확신하기 어려운 위기 방어력 외에는 일반투자와 큰 차이가 없었으며, 부동산의 경우 2015년 이전까지는 일반투자에 비해 우수했으나 이후부터 오히려 역전된 것을 알 수 있었다. 그런데, 이러한 성과가 순수하게 ESG 성능으로부터 기인한 것일까?

지수는 시장을 구성하는 종목들로 유니버스를 구성해서 가격의 가중평균을 구하는 방식으로 만들어지기 때문에, 그 시장의 전체적인 움직임을 잘 보여 준다. 하지만 우리가 관심을 두는 어떤 특성을 기준으로 투자성과를 비교하기에는 완전하지 않다. 앞에서 비교한 ESG지수와 일반지수는 엄밀히 말해서 동일한 유니버스로 작성된 것이 아니다. ESG성능이 우수한 기업이나 실물자산을 선별하고 비중을 조정하는 과정에서 지수에 투입되는 유니버스가 달라지기 때문이다. 따라서 어떤 시기에 ESG지수의 성과가 좋다고 해서 그 이유가 반드시 ESG성능 때문이라고 말하기는 어렵다. 이러한 약점을 보완하기 위해서는 좀 더 계량적인 실증연구를 참고하는 것이 도움된다.[70]

자산의 특성과 수익률 간 상관관계에 대한 연구는 다양하게 이뤄져 왔다. 주식의 시가총액과 스타일, 채권의 신용등급과 만기, 부동산의 입지와 규모 등 계량적으로 측정 가능한 여러 특성이 수익률과 체계적인 상관관계가 있는 것으로 밝혀졌다. 그 결과, 투자이론이나 투자실무에 활용되어 수많은 자산소유자와 자산운용자에게 도움을 주었다. 최근에는 ESG평가를 대상으로 그와 같은 연구가 활발하게 진행되고 있다.

연구의 흐름

연구의 큰 흐름을 파악할 때는 개별 연구를 하나씩 들여다보는 것보다 메타분석Meta-analysis, 즉 다른 연구들을 분석한 연구를 살펴보는 것이 도움된다. ESG투자와 관련된 연구는 ESG경영에 대한 연구와 함께 사회책임투자가 성장한 1970년대부터 이뤄졌는데, 이 시기의 참

70. 하지만 지수의 비교가 의미 없는 것은 아니다. 비록 계량적으로 엄밀하지는 않지만, ESG지수와 일반지수의 차이는 ESG투자의 성과를 상당 부분 보여 준다. 또한 투자자는 실제로 종목을 선정해서 포트폴리오를 구성해야 하는데, 이때 ESG지수의 구성과 성과에 대한 정보가 요긴하게 사용된다.

고할 만한 메타분석으로는 Aldag와 Bartol의 연구(1978)[71]가 있다. 이들은 다수의 논문을 검토해서 기업의 사회적 책임이라는 용어가 그 의미를 잃어버릴 정도로 혼란스럽게 사용되고 있으며, 경영의 효율성과 상관관계를 찾기 어렵고, 그러한 기업에 투자하는 펀드의 성과도 매력적이지 않다고 지적하였다. 이는 당시 사회책임투자라는 새로운 개념이 크게 유행했지만, 그것을 경계하는 목소리도 컸다는 점을 알려 준다.

이후에도 ESG이슈와 관련된 연구는 계속 이뤄졌지만, ESG투자를 직접 다룬 것은 흔치 않았다. 2000년대 초반 기업지배구조와 관련된 논문이 왕성하게 발표됐는데, 이는 미국에서 엔론, MCI월드컴 등 굵직한 회계부정 사건이 2001년에 발생했기 때문으로 보인다. 2010년대에는 환경문제와 관련된 연구가 활발하게 이뤄졌는데, 이는 2015년 파리협약에 대한 논의가 본격화했기 때문으로 보인다. 이렇게 ESG문제와 ESG경영에 관한 연구가 시기에 따라 주제를 바꾸어 가며 이뤄지는 동안, 2000년대 중반부터 우리의 관심사인 ESG투자의 성과에 대한 연구도 본격적으로 발표되기 시작하였다. 초기에는 칭찬 일색이었지만, 최근 들어 냉정한 시각도 나타나고 있다.

71. Ramon J. Aldag and Kathryn M. Bartol, "Empirical Studies of Corporate Social Performance and Policy: A Survey of Problems and Results," *Research in Corporate Social Performance and Policy* Vol.1, Greenwich, CT: JAI Press, 1978, pp.165~199.

ESG투자에 대한 칭찬

ESG투자의 성과에 대한 연구가 2000년대 중반부터 활발해진 점은 2006년에 책임투자원칙이 발표된 것과 무관하지 않아 보인다. 당시 연구들은 ESG경영을 도입하는 것이 기업의 재무적 성과나 주가의 상승에 어떤 영향을 미치는가에 주목했으며, 대부분 긍정적인 결과를 보고하였다.

2010년대에 들어서는 금융기관에 의한 메타분석도 시작되었다. 도이체방크는 2012년 발표한 보고서 『지속가능투자: 장기적 가치와 성과의 확립』[72]에서, 지속가능성이 기업의 재무성과와 펀드의 투자성과에 미치는 영향에 관한 기존 연구들을 분석하였다. 그 결과 종합적으로나 환경, 사회, 지배구조 각각에 대해서 긍정적인 결과를 내린 연구가 많다고 보고하였다. 다만 사회책임투자펀드의 투자성과에 대해서는 중립적인 연구결과가 주를 이룬다고 지적하였다.

2010년대 중반으로 가면, 긍정적인 연구가 한층 더 큰 목소리를 낸다. Clark, Feiner와 Viehs(2014)[73]는 ESG등급에 대한 기존 연구들을 분석한 결과, 지속가능성이 부채와 자기자본의 비용을 감소시키고, 기업의 운영성과를 개선하며, 주가의 상승에도 긍정적이라고 보고하였

72. Mark Fulton, Bruce M. Kahn and Camilla Sharples, *Sustainable Investing: Establishing Long-Term Value and Performance*, Frankfurt am Main: Deutsche Bank AG, Jun. 2012.
73. Gordon L. Clark, Andreas Feiner and Michael Viehs, *From the Stockholder to the Stakeholder: How Sustainability Can Drive Financial Outperformance*, University of Oxford and Arabesque Partners, Sept. 2014.

다. Schröder(2014)[74] 역시 주가지수, 롱숏포트폴리오, 죄악주, 채권, 부동산 등에 관한 기존 연구들을 종합한 결과, 대부분 자산군에서 높은 ESG등급이 조달비용을 낮추고 투자성과를 개선한다고 결론을 내렸다. 그 이듬해에는 Friede, Busch와 Bassen(2015)[75]이 무려 2,000건이 넘는 실증분석을 모아서 ESG투자에 대한 긍정과 부정의 결론을 집계하였다. 그 결과 90%의 연구가 주식, 채권, 부동산 등 다양한 자산군에서 부정적이지 않은 결과를 얻었으며, ESG투자의 프리미엄효과가 장기적으로 지속한다는 연구도 있었다고 보고하였다.

2010년대 후반에는 대체투자에 주목한 연구도 눈에 띈다. Mudaliar와 Bass(2017)[76]는 임팩트투자에서 큰 비중을 차지하는 PEF와 PDF 및 실물자산의 성과에 대한 연구들을 분석하였다. 그 결과 PEF의 경우에는 펀드마다 편차가 있지만 대체로 시장수익률을 달성했고, 서민금융Micro Finance을 포함한 PDF는 비록 음(-)의 수익률을 기록했지만 원금보전에 가까운 성과를 보였으며, 실물자산의 경우 목재와 산림지는 시장평균 이상, 부동산과 인프라는 시장평균 이하의 성과를 올렸다고 보고하였다. 하지만 임팩트투자뿐 아니라 다양한 투자전략을 다룬 메타분석은 부동산에 대해서도 긍정적인 결과를 제시하였다. Newell,

74. Michael Schröder, "Financial Effects of Corporate Social Responsibility: a Literature Review," *Journal of Sustainable Finance & Investment* 4(4), 2014, pp.337~350.
75. Gunnar Friede, Timo Busch and Alexander Bassen, "ESG and Financial Performance: Aggregated Evidence from more than 2000 Empirical Studies," *Journal of Sustainable Finance & Investment* 5(4), 2015, pp.210~233.
76. Abhilash Mudaliar and Rachel Bass, *GIIN Perspectives: Evidence on the Financial Performance of Impact Investments*, GIIN, 2017.

Moss와 Nanda(2020)[77]는 다수의 부동산에 대한 연구들이 리츠의 IPO와 장기적인 투자성과에 ESG투자가 도움된다는 결론을 내렸다고 보고하였다. 그린빌딩의 성과에 대해서도 마찬가지였다.

냉정한 시각

2020년 OECD는 『ESG투자: 실행, 과정, 도전』[78]이라는 보고서를 통해 비교적 냉정한 시각을 제시하였다. OECD는 1970년대 연구들이 ESG투자에 부정적이었던 것은 당시 투자가 네거티브선별에 의존했기 때문이라고 보았다. 그리고 2000년대 이후 긍정적인 결과를 보고하는 연구가 쏟아진 점에 대해서는 분석방법에 문제가 있을 수도 있다고 지적하였다. 우리가 ESG투자를 칭찬하는 분위기에 휩쓸렸다는 것이다.

OECD는 이 보고서에서 여러 평가기관의 ESG등급을 이용해서 투자의 성과를 분석하였다. 그 결과 ESG투자가 가격하락위험을 어느 정도 방어할 수는 있지만, 그 이상의 성과를 확신할 수는 없다고 보고하였다. 그 이유로는 ESG등급의 신뢰성을 지적하였다. 동일한 자산에 대한 평가기관별 ESG등급을 비교한 결과, 그 편차가 신용등급에 비해 훨씬 큰 점을 발견했기 때문이다. 이렇게 일관적이지 않은 자료를 가지고 투자성과를 분석할 경우, 올바른 결과를 얻을 수 없다고 본 것

77. Graeme Newell, Alex Moss and Anupam Nanda, *Benchmarking Real Estate Investment Performance: The Role of ESG Factors (Summary Report)*, IPF Research Programme, Jul. 2000.
78. R. Boffo and R. Patalano, *ESG Investing: Practices, Progress and Challenges*, Paris: OECD, 2020.

이다. OECD의 이러한 분석결과는 보고 및 평가체계의 개선에 대한 주장으로 이어졌다. ESG투자가 크게 관심을 받는 지금, 곱씹어 봐야 할 의견이라고 생각된다.

미래에 대한 기대

ESG지수와 더불어 여러 실증연구를 통해 ESG투자의 성과를 살펴보았다. 최근 5년간의 ESG지수는 주식, 채권, 부동산 등 자산군별로 다른 결과를 보여 주었고, 지난 수십 년간 긍정적인 결론 일색이었던 실증연구는 최근에 와서 분석의 근간이 되는 ESG평가, 즉 ESG경영을 잘하는 기업이나 실물자산을 식별하는 방법을 의심받기 시작하였다. 인정하고 싶지 않지만, 우리는 아직 ESG투자의 수익위험 특성을 제대로 알지 못하는 것 같다.

과거가 그러하다면 미래는 어떠할까? 지금 세계 각국은 환경문제를 중심으로 ESG경영을 촉구하기 위해 각종 규제와 지원을 도입하고 있다. 사회문제와 지배구조문제에 대해서도 정부의 태도는 크게 다르지 않다. 게다가 이러한 움직임은 국제기구의 활동과 국가 간 견제에 의해 갈수록 심화되고 있다. 이것이 ESG투자의 미래에 긍정적인 영향을 미칠까? 어쩌면 명확해 보이는 이 미래는 사실 불투명하다. 세계 각국의 움직임은 어제오늘의 일이 아니며, 그것이 지금처럼 본격화된 파리협약 이후의 ESG투자 성과도 그다지 우수하지 않기 때문이다.

과거와 미래의 불확실성에도 불구하고 분명한 것은 더 나은 성과를 위해서든, 최소한의 위험관리를 위해서든 투자자는 ESG투자에 대한 태도를 결정해야 한다는 사실이다. 투자는 과거가 아닌 미래에 대한 기대에 근거해서 이루어진다. 당신의 기대는 어느 쪽인가?

06

ESG의 무대는 계속될까?

자본주의 발전과정과 큰 정부의 귀환

미국, EU, 중국의 패권경쟁

기술, 자본, 그리고 가치

자본주의 발전과정과 큰 정부의 귀환

The Era of Big Government is Back

지금까지 ESG투자에 대해 많은 이야기를 나누었다. 이제 마지막으로 그 미래를 생각해 볼 차례다. ESG투자가 어떻게 전개될지 예상하는 데는 경제 전체를 바라보는 시각이 도움된다. 우리 경제가 변해 가는 방향에 부합하면 성장할 것이고, 반대라면 쇠퇴할 것이기 때문이다. 개별 경제가 변해 가는 방향은 시대와 장소에 따라 다르다. 하지만 세계 경제의 근간을 이루는 자본주의 시스템의 발전과정에 따르는 공통의 방향도 엄연히 존재한다. ESG투자의 미래에 대한 첫 번째 이야기는 바로 자본주의에 관한 것이다.

자본주의 시스템의 발전과정은 여러 관점에서 바라볼 수 있다. 그중 흥미로운 것 하나가 시장과 정부의 힘겨루기인데, 이 관점은 ESG이슈의 맥락을 이해하는 데도 유용하다. 자본주의는 오래전 중세시대에 유럽에서 싹텄다. 이후 수백 년간 봉건주의를 대체하며 성장하다가, 20세기에는 세계의 절반에 퍼졌다. 그리고 21세기인 지금, 사실상 전 세계의 경제시스템이 되었다. 자본주의 시스템의 두 축인 시장과 정부는 어떤 길을 걸어왔으며, 앞으로 ESG이슈를 어떻게 대할까?

시장과 정부의 힘겨루기

자본주의의 여명기에 해당하는 15~18세기 중상주의적 자본주의Merchant Capitalism 시대에는 정부가 큰 역할을 하였다. 교회의 그늘에서 벗어난 왕실은 아시아와 신대륙으로 가는 항로개척에 열을 올렸고, 보호무역을 통해 금과 은을 벌어들이는 것이 국가를 부강하게 하는 길이라 생각하였다. 그 결과 유럽에 여러 상업도시가 번성했으며, 네덜란드 암스테르담에서는 증권거래소, 보험, 연금과 같은 자본시장의 씨앗이 싹트기도 하였다. 하지만 17세기 영국, 18세기 미국과 프랑스에서 시민혁명이 일어난 것과 때를 같이해서 상황이 크게 달라졌다. 자유방임주의적 자본주의Laissez-faire Capitalism 시대가 열린 것이다. 경제학파 중에서 18세기에 중상주의를 비판하며 출현한 고전학파Classical Economics 또는 Classical Political Economy는 자본주의의 본격적인 출발을 견인한 것으로 여겨진다. 애덤 스미스Adam Smith가 시장의 기능을 강조하며 『국부론The Wealth of Nations』을 발간한 1776년을 자본주의가 시작된 해라고 말하는 사람이 있는 것도 이 때문이다.[79] 이 시기

79. 1776년은 『국부론』이 발간되고, 미국이 독립선언을 했을 뿐 아니라, 제임스 와트가 첫 상업용 증기기관을 출시한 해다. 자본주의의 발전에 큰 영향을 끼친 사건들이 같은 해에 일어난 것이다. 아인슈타인이 과학사에서 중요한 의미가 있는 네 편의 논문을 발표한 1905년처럼, '기적의 해(Annus Mirabilis)'라고 불릴 만하다.

에는 영국에서부터 산업혁명이 본격적으로 이뤄지기도 하였다. 증기기관과 석탄연료에 기반한 대량생산·대량소비 경제는 신대륙으로 전파됐고, 19세기에 이르러 산업자본주의Industrial Capitalism 시대를 열었다. 정부도 현대적 국가의 면모를 갖췄는데, 과거와 달리 시장에 적극적으로 개입하지는 않았다.

20세기에 이르러 상황은 다시 변하였다. 1914년에 발발한 제1차 세계대전은 자본주의 국제질서의 약점을 보여 줬고, 1917년 러시아 사회주의 혁명은 경제시스템의 대안을 제시하였다. 지금까지의 자유방임주의적 자본주의가 더는 유지되기 어렵다는 것을 알려 준 결정적인 사건은 1929년에 발생한 대공황Great Recession이었다. 대량생산이 대량소비 대신에 총수요부족으로 귀결된 것이다. 이러한 위기상황에서 자본주의는 새로운 길을 선택하였다. 바로 '큰 정부'다. 여기에는 거시경제학을 탄생시킨 존 메이너드 케인스John Maynard Keynes의 경제이론이 결정적인 역할을 하였다. 정부가 적극적인 재정지출을 통해 수요를 진작해야 한다는 그의 주장은 당시 미국의 대통령이었던 프랭클린 루스벨트Franklin D. Roosevelt에게 받아들여졌고, 그 유명한 뉴딜정책New Deal으로 실현되었다. 비슷한 시기에 미국은 연방준비제도Federal Reserve System와 증권거래위원회Securities and Exchange Commission를 설치해서 금융시장에 대한 정부의 지배력 또한 강화하였다. 이러한 조치들은 효과를 거뒀고, 1940년대 제2차 세계대전을 거치면서 미국을 중심으로 한 서방세계는 장기간의 호황을 맞게 되었다. 큰 정부가 큰 역할을 한 이 시기를 수정자본주의Modified Capitalism 시대라고 부른다. 하지만 세월이 흐르면서 큰 정부도 지쳐 갔다. 과거에 비해 세계경제의 규모가 커졌을 뿐 아니라, 동서 간 냉전체제 등 신경 써야 할 정치적 이슈도 많았기 때문이다. 이는 세계 패권국가인 미국에도 마찬가지였다. 특히 한국전쟁과 베트남전쟁의 출혈이 가시기 전인 1970년대에 찾아온 두 차례의 석유파동은 큰 정부를 휘청거리게 하였다. 결국 자본주의는 다시 시장을 소환하였다. 여기에는 프리드리히 하이에크Friedrich Hayek와 밀턴 프리드먼Milton Friedman의 경제이론이 중요한 역할을 하였다. 이 시기를 신자유주의Neoliberalism 시대라고 한다. 1979년에 취임한 영국의 마거릿 대처Margaret Thatcher 총리와 1981년에 취임한 미국의 로널드 레이건Ronald Reagan 대통령은 신자유주의를 파격적으로 정책에 반영하였다. 정부는 역할과 규모를 축소했고, 그것을 다시 시장이 넘겨받았다. 사람들이 대처리즘Thatcherism과 레이거노믹스Reaganomics라고 불렀던 이 시도는 자본주의가 직면한 위기를 어렵사리 해결하고 체면을 지켰다. 특히 1990년대 초 소련의 붕괴와 잇따른 사회주의 국가들의 체제전환은 시장기구의 궁극적인 승리를 증명하는 듯하였다. 그렇게 20세기가 흘러갔고, 우리는 지금도 신자유주의 시대를 살고 있다.

다시 전면에 나서는 정부

역사가 늘 그랬듯이, 신자유주의도 완전하지 않았다. 거대 기업의 성장과 세계화의 진행이 거꾸로 자본주의의 발목을 잡기 시작한 것이다. 국가 간, 기업 간, 개인 간 양극화가 심화했고, 한 곳에서 발생한 위기는 순식간에 전 세계로 퍼져 나갔다. 특히 산업부문 대비 비대하게 성장한 금융부문은 양극화의 가장 약한 고리가 되었다. 자본이 소수의 금융기관에 집중됐을 뿐 아니라, 복잡해진 금융구조 때문에 금융감독기구는 물론이고 금융기관 자신도 시장의 변화에 노출된 투자위험의 크기를 제대로 파악하지 못하게 된 것이다.

그 결과는 2000년대 후반 글로벌 금융위기Global Financial Crisis로 찾아왔다. 2000년대 중반 미국 주택가격의 하락이 주택담보대출의 부실로 이어질 때까지도 어떤 일이 벌어질지 아무도 몰랐다. 하지만 주택담보대출을 기초자산으로 한 유동화증권과 파생상품의 부실이 확산하면서, 그것에 투자한 전 세계 금융기관들은 자신의 장부에 부실이 폭발적으로 증가하는 것을 지켜봐야 하였다. 자본주의는 이 상처를 치유하는 데 오랜 시간을 보냈다. 그 과정에서 유럽에서는 재정위기를 겪는 국가도 속출하였다. 미국은 당시 경기를 부양하기 위해 뿌린 달러를 아직도 다 거둬들이지 못하였다.

사실 신자유주의에 찾아온 경제위기는 그 이전에도 있었다. 1990년대 말 아시아 금융위기는 외환시장이 실물부문을 어떻게 흔들어 놓을 수 있는지 보여 줬고, 2000년대 초 IT버블 붕괴는 증권시장의 비효율성을 보여 주었다. 이러한 위기 때마다 정부는 시장에 대한 규제를 강화했는데, 다시 느슨해지기 일쑤였다. 그러나 글로벌 금융위기는 달랐다. 피해의 규모가 너무 컸을 뿐 아니라, 금융감독을 방만하게 했다는 정치적 비난도 쏟아졌기 때문이다. 이는 과거에 비해 좀 더 근본적이고 장기적인 정부의 개입을 불러왔다. 게다가 금융부문에 대한 규제는 국제적 차원에서 이루어졌다. G20이 정상회의로 격상되고, FSB가 설립되어 주요국의 은행, 보험 및 투자산업에 대한 정부의 입김이 커졌다. 신자유주의의 폐해를 겪은 시장도 이러한 정부의 움직임에 큰 불만을 표시하지 않았다.

자본주의는 줄에 매달린 추처럼 시장과 정부 사이를 오가고 있다. 가장 최근의 진자운동은 글로벌 금융위기를 계기로 정부를 향해 방향을 틀었는데, 2020년 찾아온 코로나19가 추에 무게를 더하고 있다. 팬데믹Pandemic 상황에서 보건과 방역을 넘어 경제 영역에서도 정부의 역할이 중요하게 대두했기 때문이다. 지금 자본시장뿐 아니라 전 세계 모든 기업과 개인이 정부의 재정지출과 통화정책만 바라보고 있다. 큰 정부의 귀환이 시작된 걸까?

특별한 증거가 발견되지 않는 한, 큰 정부의 귀환을 부정하기는 어렵다. 글로벌 금융위기 이후 각국 정부가 시장에 대한 지배력을 꾸준히 키우고 있기 때문이다. 아마도 신자유주의로 인해 심각해진 양극화 문제를 그대로 둘 수 없다고 판단한 것 같다. 하지만 정부가 시장에 개입하기 위해서는 명분이 필요하다. 글로벌 금융위기가 금융부문에 대한 카드였다면, 산업부문까지 포괄할 수 있는 더 큰 카드로 무엇이 적당할까? 여기서 때마침 ESG라는 범인류적 이슈가 부상하였다. 오랜 세월 우리를 괴롭혀 왔지만, 아직 해결하지 못한 바로 그 문제 말이다. 시장과 정부의 힘겨루기는 짧게는 수십 년, 길게는 수백 년 주기로 진자운동을 해 왔다. 다시 귀환한 큰 정부는 움켜쥔 ESG라는 카드를 쉽게 내려놓을 것 같지 않다.

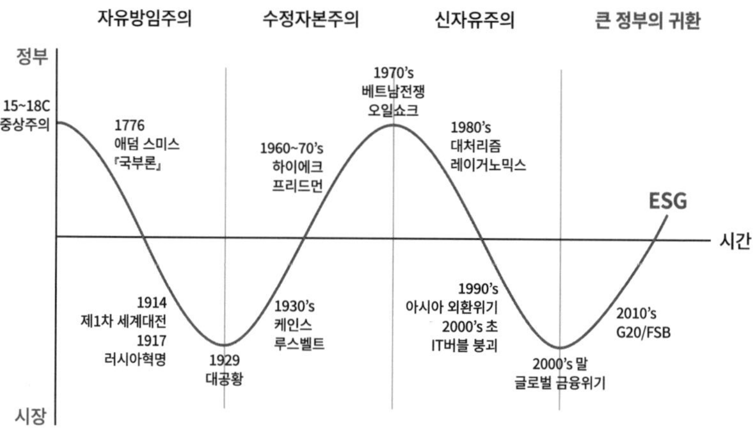

그림 6-1. 자본주의 발전과정과 큰 정부의 귀환

미국, EU, 중국의 패권경쟁

The Hegemonic Competition among Big Players

자본주의 시스템의 발전과정이 역사적 통찰을 준다면, 주요 경제블록 간 패권경쟁은 구조적 통찰을 준다. ESG이슈와 관련해서 주목해야 할 패권경쟁은 두 가지다. 미국과 EU 간 환경패권 경쟁과 미국과 중국 간 경제패권 경쟁이다. 전자는 기업경영과 무역활동에 대한 환경규제의 모습을 띠고 있고, 후자는 사회문제와 지배구조문제를 구실로 한 경제제재의 모습을 띠고 있다. ESG투자의 미래에 대한 두 번째 이야기는 바로 이 패권경쟁에 관한 것이다.

경쟁은 새로운 현상이 아니다. 미국과 유럽의 경쟁은 미국이 독립하기 전부터 있었고, 미국과 중국의 경쟁은 중국에 공산정부가 세워지기 전부터 있었다. 하지만 미국과 EU가 환경문제에 관해 세계를 주도하는 두 세력이 되고, 미국과 중국이 세계 경제를 좌우하는 G2가 되면서, 둘 간의 경쟁을 넘어 세계 질서를 바꾸는 패권경쟁이 된 것이다. 그리고 그 내용과 수단에서 ESG이슈가 중요한 역할을 하고 있다.

환경규제로 경쟁하는 미국과 EU

한 가지 의문이 있다. 온실가스가 초래하는 기후변화문제가 엄중하며, 이를 해결하기 위해 전 세계의 협력이 필요하다는 사실을 우리는 오래전부터 알고 있었다. 게다가 2015년에는 파리협약까지 체결한 바 있다. 그런데 왜 각국 정부는 21세기의 두 번째 십 년을 마감하는 지금에 와서야 경쟁하듯 앞다투어 행동하는 걸까?

2020년 세계 정상들이 동시에 온실가스 감축목표를 제시한 것은 우연이 아니다. 그것은 이미 5년 전에 약속된 일이었다. 2015년 파리협약에서 각국 정부는 5년마다 온실가스에 대해 이전보다 강화된 감축목표를 제시하기로 했고, 첫 5년이 도래한 해가 바로 2020년이었다. 하지만 이게 전부는 아니다. 사실 파리협약 자체는 대단한 구속력을 가지지 않기 때문에, 각국 정부는 지난 5년간 그 약속에 어떻게 대응할지 고민했을 것이다. 비록 파리협약의 취지에 공감하더라도, 화석연료 사용과 온실가스 배출에 적응된 사회를 변화시키는 데는 큰 노력과 비용이 소요되기 때문이다.

각국 정부가 지금과 같이 적극적인 선택을 한 데는 미국의 태도 변화가 크게 작용한 것으로 보인다. 앞에서 언급했듯이, 미국은 환경문제에 대해 양면적인 모습을 보여 왔다. 1997년 맺어진 교토의정서에는 클린턴 대통령이 서명했지만, 그 뒤를 이은 부시 대통령이 탈퇴했고, 2015년 맺어진 파리협약에는 오바마 대통령이 서명했지만, 그 뒤를 이은 트럼프 대통령이 탈퇴하였다. 특히 파리협약은 오바마 대통령의 주도적인 역할로 체결된 것이어서, 트럼프 대통령의 선택은 협약의 실효성까지 의구심이 들게 하는 사건이었다. 하지만 그 뒤를 이은 바이든 대통령이 취임 즉시 파리협약에 재가입하면서 상황이 다시 역전된 것이다.

해프닝에 가까운 지금까지의 행태는 반대로 미국이 환경문제에 더 적극적으로 나설 수밖에 없는 이유가 되고 있다. 그사이 기후변화와 관련된 국제사회의 규제가 EU를 중심으로 강화됐고, 그것이 산업의 경쟁력에 영향을 미치는 수준으로 발전했기 때문이다. 미국이 국제사회에서 환경문제에 관한 주도권을 잡기 위해서는 EU에 비해 뒤처진 입지를 만회해야 한다. 그 때문일까? 미국은 각국 정부의 2020년 온실가스 감축목표가 미온적이라고 지적하고, 2021년 말 예정된 기후변화협약 당사국총회 이전에 더욱 강화된 목표를 제시하자고 제안하였다. 그리고 실제로 세계 정상들은 지구의 날인 2021년 4월 22일, 화상회의를 통해 더 상향된 목표를 줄줄이 제시하였다. 사실 미국의 태도변화는 EU에도 반가운 일이다. EU만 나서서 환경규제를 강화할 경우 이기적인 보호무역정책으로 보일 수도 있고, 수입가격이 상승하여 미국에 비해 원가경쟁력이 낮아지는 결과를 초래할 수도 있기 때문이다.

미국과 EU는 세계경제에서 중요한 소비국이기 때문에, 나머지 국가들에 막대한 영향을 미친다. 특히 우리나라와 같이 경제에서 수출이 차지하는 비중이 큰 국가는 미국과 EU의 환경규제에 촉각을 곤두세

울 수밖에 없다. 바이든 대통령의 친환경적 도전에 화답하듯 EU는 2021년 핏포55를 내놓았고, 그 결과 많은 국가들이 강화된 환경규제가 자국에 미치는 영향을 분석하기 위해 밤을 지새우고 있다. 지금의 상황이 이어진다면, 앞으로도 늦은 밤에 불을 켤 일이 많을 것 같다.

사회문제와 지배구조문제로 충돌하는 G2

미국은 EU와 환경패권만 다투고 있는 것이 아니다. 이 책의 시작에서 소개했듯이, 사회문제와 지배구조문제를 내세워 중국과의 패권경쟁에도 열을 올리고 있다. 그런데 이 현상을 단순히 두 국가의 경쟁으로만 이해해서는 안 된다. G2 패권경쟁은 지난 수십 년간 국제경제의 틀을 이뤄 온 자원국-생산국-소비국 체제의 재편이라는 의미도 있다. 세계에는 석유, 철강 등 자원을 공급하는 국가, 제조업을 중심으로 생산재와 소비재를 공급하는 국가, 이를 소비하면서 원천기술과 첨단 서비스를 공급하는 국가로 역할의 블록이 형성되어 있다. 자원국에는 중동의 산유국과 호주, 브라질 등이, 생산국에는 중국을 비롯한 아시아와 중남미 국가들이, 소비국에는 미국을 중심으로 한 북미와 유럽 국가들이 포함되어 있다. 우리나라의 경우, 국가경제에서 반도체와 자동차의 수출이 미치는 영향을 고려할 때 생산국에 속한다고 볼 수 있을 것이다.

이러한 역할의 블록은 효율적이지만, 균형이 깨질 경우 — 다시 말해서, 사슬의 앞쪽에 있는 블록이 대체 불가능한 지위를 가지게 될 경우 — 세계경제에 위협적일 수 있다. 1970~80년대 중동 산유국의 담합으로 찾아온 석유파동이 그 사례다. 석유가격 상승에 따른 피해는 사슬의 뒤쪽에 있는 블록의 몫이기 때문에, 당시 생산국과 소비국에 해당하는 많은 국가들이 힘든 시간을 보냈다. 미국도 마찬가지였다. 이후 미국은 자국의 원유 및 셰일가스 생산능력을 증대하고 중동에 대한 정치적 영향력을 강화하는 등, 위험관리에 상당한 노력을 기울였다.

그런데, 최근 그러한 불균형이 생산국에서 다시 발견되고 있다. 중국이 엄청난 인구와 값싼 노동력을 앞세워 대체하기 어려운 세계의 공장으로 성장한 것이다. 이는 생산시설 대부분을 해외로 떠나보낸 미국 입장에서 위협이 아닐 수 없다. 이에 대한 대응은 현재 리쇼어링Reshoring이라는 이름으로 이뤄지고 있다. 2021년 봄, 둥근 웨이퍼Wafer를 들고 반도체 자급의 중요성을 외친 바이든 대통령의 모습을 기억할 것이다. 이후 우리나라와 대만은 반도체 생산과 관련해서 미국과 중국 사이의 선택을 요구받고 있으며, 이러한 현상이 더 많은 산업, 더 넓은 지역으로 번지고 있다.

중국에 대한 미국의 견제는 아주 세련된 방식으로 노동, 인권, 투명성 등 사회문제와 지배구조문제의 프레임을 사용하고 있다. 이에 대한 중국의 대응과 G2 패권경쟁의 결과는 예측하기 어렵다. 하지만 환경문제에 대한 그간의 경험으로 한 가지 변화만은 짐작할 수 있다. 국제사회는 사회문제와 지배구조문제에 대해서도 환경문제만큼 범세계적인 규범을 구축하려 할 것이다. 그리고 규범이 구축된다면, 협약과 제도가 되어서 우리나라를 포함한 많은 국가에 영향을 미칠 것이다. 이러한 움직임은 누구의 승리로 끝나건 G2 패권경쟁과 밸류체인의 재편이 마무리될 때까지 멈추지 않을 것이다.

기술, 자본, 그리고 가치

Technology, Capital and Value System

글로벌 금융위기 이후 진행되고 있는 큰 정부의 귀환, 환경패권을 둘러싼 미국과 EU의 주도권 다툼, 사회문제와 지배구조문제를 내세워 미국과 중국이 벌이고 있는 경제전쟁 등 쉽게 끝날 것 같지 않은 큰 움직임들은 ESG투자와 밀접하게 연결되어 있다. 하지만 시간적으로 길고 공간적으로 넓은 움직임들은 변화의 방향을 제시할 뿐, 언제 어디서 어떤 일이 벌어질지에 대한 힌트는 주지 않는다. 게다가 국제사회나 정부는 상황에 따라 전술적인 얼굴을 언제든 바꿀 수 있기 때문에, ESG투자의 미래에는 예상치 못한 굴곡도 있을 것이다.

이러한 불확실성 속에서 ESG투자의 미래를 이끄는 힘은 어쩌면 우리 가까운 곳에 있을지도 모른다. ESG 지향적으로 발전하고 있는 기술, 자본, 가치가 바로 그것이다. 기술은 산업의 영역에 있고, 자본은 금융의 영역에 있으며, 가치는 고객의 영역에 있다. ESG투자의 미래에 대한 마지막 이야기는 이들 영역에서 벌어지고 있는 근본적인 변화에 관한 것이다.

기술이 여는 새로운 세상

정부가 ESG를 지향하더라도 기업이 그것을 추구할 유인이 없다면, 널리 확산하기 어려울 것이다. 사실 ESG경영을 하는 것은 수익보다 비용의 증가를 유발할 가능성이 높다. 그래서 ESG를 외면할 경우 손해를 보거나, 반대로 ESG를 추구할 경우 이익을 얻도록 정부는 기업에 여러 가지 규제와 지원을 하고 있다. 하지만 영원히 제도에만 의존할 수는 없는 노릇이다.

최근 이러한 딜레마에 해결의 실마리가 보이기 시작하였다. 환경이슈를 중심으로 기술의 발전이 게임체인저 역할을 하기 시작한 것이다. 태양광, 풍력 등 재생에너지의 생산비용 하락이 대표적인 사례다. 과거에는 재생에너지의 생산단가가 화석에너지에 비해 너무 비싸서 정부의 지원 없이는 사용하기 어려웠다. 그러나 최근 생산기법과 발전효율이 개선되고, 에너지시장에서 차지하는 비중이 커져 규모의 경제도 실현되면서, 서서히 그리드패리티Grid Parity[80]가 달성되고 있다. 재생에너지를 이용한 발전이 산업으로서 경쟁력을 갖추어 가는 것이다. 에너지 효율이 높고, 오염물질 배출이 적으며, 사용자의 건강을 고려하는 그린빌딩도 좋은 사례다. 과거에는 그린빌딩을 건설하

80. 패리티는 두 가지 가격이 등가, 즉 같아지는 현상을 일컫는 경제학 용어다. 그리드패리티는 재생에너지의 공급가격이 하락해서 화석에너지의 공급가격과 같아지는 현상을 의미한다.

고 유지하는 것의 경제성이 일반 건물에 비해 현저히 낮았다. 그러나 그린빌딩 관련 소재와 설비가 발전한 지금은 운영의 측면에서나 투자의 측면에서 수익에 도움이 된다는 증거가 속속 보고되고 있다. 결과적으로 관련 산업이 성장하는 것은 말할 필요도 없다. 기술은 환경뿐 아니라 사회와 지배구조이슈에도 변화를 가져올 수 있다. 빅데이터를 이용해서 ESG경영의 사회적 효과를 신뢰성 있게 측정하거나, 블록체인을 이용해서 멀리 있는 소액주주도 쉽게 참여할 수 있는 주주총회를 여는 것이 기술적으로 불가능하다고 생각하는 사람은 별로 없을 것이다.

ESG 관련 기술과 산업의 발전은 선순환을 가져온다. 그것은 기업의 ESG경영을 확산시키고, ESG경영의 확산은 다시 ESG 관련 기술과 산업의 발전을 부추긴다. 일단 선순환이 달성되면, 해당 분야는 급속하게 성장한다. 이 글을 쓰고 있는 2021년 여름, 경제 뉴스에서 가장 자주 눈에 띄는 친환경산업은 EVElectric Vehicle, 즉 전기차다. 하지만 내가 이 책의 저술을 처음 마음먹은 수년 전만 해도 테슬라Tesla는 참으로 신기하고 엉뚱한 회사였다.

자본시장의 신인의무

정부가 밀고 기업이 응한다고 해서 자본시장의 돈이 저절로 흘러 들어가지는 않는다. 이는 ESG투자에 대해서도 마찬가지다. 금융기관은 고객의 돈을 대신 운용해 주는 일을 하기 때문에, 그들의 이익을 무엇보다 중요하게 여겨야 한다. 이러한 신인의무Fiduciary Duty를 핑계로 자본시장은 오랜 기간 ESG투자를 외면해 왔다. 그러나 이 책의 시작에서 살펴본 바와 같이, 이제는 태도가 달라졌다. 신인의무를 저버리기로 한 것일까?

물론 그럴 리는 없다. 정부의 규제와 지원, 기술과 산업의 발전 등 조건의 변화가 ESG 지향적인 기업이나 실물자산의 투자성과를 우수하게 한다는 재무적 판단이 자본시장의 태도를 변화시킨 것이다. 그리고 이러한 판단은 법률적으로도 지지받고 있다. PRI, UNEP FI, 제너레이션재단Generation Foundation 등이 협력해서 2015년부터 2019년까지 발간한 일련의 보고서 『21세기의 신인의무』[81]가 그 증거다. 이 보고서는 ESG투자를 지향하는 것이 장기적으로 고객의 이해에 부합하며, 오히려 ESG투자를 외면하는 것이 신인의무를 저버리는 것이라고 주장하였다. 법률전문가의 이러한 판단은 보수적인 금융기관의 걱정을 한결 가볍게 해 주었다.

신인의무에 대한 법률적 판단은 제도에도 반영되었다. 미국에서 퇴직연금을 담당하는 노동부Department of Labor가 2015년에 내놓은 가이드라인이 대표적인 사례다. 노동부는 퇴직연금이 투자할 수 있는 대상인 ETIEconomically Targeted Investments를 "투자수익 이상의 편익을 고려한 투자"[82]라고 정의함으로써, 운용자가 투자결정과정에서 ESG요소

81. *Fiduciary Duty in the 21st Century.*

를 고려할 수 있는 길을 열어 주었다.[83] 영국에서 퇴직연금을 담당하는 연금감독기구Pension Regulator의 코드와 가이드라인[84]에서도 같은 태도를 발견할 수 있다. 여기서는 더욱 분명하게 ESG를 고려하는 것이 신인의무에 장애가 되지 않는다고 명시하고 있다. 현재 ESG투자의 제도화는 전 세계로 확산하고 있으며, 더 많은 지역의 자본시장이 ESG투자와 관련해서 신인의무 위반의 짐을 벗고 있다.

고객의 가치

기업 입장에서 고객은 정부보다 무서운 존재다. 기업은 고객의 가치가 어떻게 변하는지 궁금해하며, 그것에 맞추어 경영의 방향을 정한다. 이는 기관투자자에게도 마찬가지다. 바로 그 고객이 자신이 투자하는 기업의 성패를 결정하는 소비자이며, 자신이 운용하는 저축의 수익자이기 때문이다. 최근 그러한 고객의 가치가 ESG 지향적으로 변할 뿐 아니라, 조직화한 행동으로 표출되고 있다. 가장 근본적인 변화가 시작된 것이다.

고객의 가치를 이야기할 때 MZ세대를 자주 언급한다. 사람들을 세대로써 구분해서 분석하는 것이 이해보다 오해를 불러일으킨다는 반대

82. "Investments that are selected for the benefits they create in addition to the investment return to the employee benefit plan investor."
83. 퇴직연금의 ESG투자에 대한 미국의 정책은 이후 혼란을 겪게 된다. 트럼프 행정부가 규정을 뒤집었기 때문이다. 하지만 바이든 대통령은 이를 다시 되돌리고, 추가로 기후변화에 따른 금융리스크를 고려하도록 지시하였다.
84. Defined Contribution Code와 Trustee Guides.

도 있지만, 시장의 큰 흐름을 읽는 데 도움되는 것은 사실이다. MZ세대는 밀레니얼세대[85]와 Z세대[86]를 함께 부르는 말이다. 밀레니얼세대는 컴퓨터, 인터넷, 스마트폰을 순차적으로 접했고, Z세대는 어릴 때부터 스마트폰을 쥐고 놀았다는 차이가 있지만, 이들은 디지털 세대라는 공통점을 공유한다. 특히 우리나라의 MZ세대는 민주화와 세계화를 겪은 부모에게서 교육을 받았다. 그들의 부모는 OECD 회원국의 국민으로서 자식에게 높은 가치를 추구하고, 할 말을 삼키지 말라고 교육하였다. 그 영향일까? MZ세대는 ESG이슈에 예민하고, 비경제적인 가치를 위해 소비행태를 바꿀 수 있으며, 디지털 세상에서 생각을 공유하는 사람들과 함께 행동하는 데 거부감을 느끼지 않는다. 2019년 한일 간 무역분쟁에서 시작된 일본제품 불매운동No Japan이 인터넷에서 삽시간에 얼마나 많은 동참자를 불러 모았는지 다들 기억할 것이다. 이들이 소비와 저축의 중심세대로 자라며 점차 기업과 기관투자자가 주목하는 고객의 가치를 대변하고 있는 것이다.

마치 ESG 지향적인 가치가 MZ세대의 전유물인 것처럼 이야기했지만, 사실은 그렇지 않다. 이 책을 읽는 당신이 어떤 세대이건 ESG이슈에 대한 태도는 앞에서 묘사한 것과 크게 다르지 않을 것이다. X세대인 나도 마찬가지다. 나의 ESG이슈에 대한 태도는 '기왕이면' 또는 '같은 값이면'의 수준이었다. 하지만 최근에는 ESG를 잘 고려한 제품

85. Millennials 또는 Generation Y. 대략 1980~90년대 출생을 말한다.
86. Generation Z 또는 Zoomers. 대략 1990년대 말~2010년대 초 출생을 말한다.

이나 서비스를 소비할 때 더 큰 효용을 얻고, 부담스럽지 않은 비용이라면 그 효용을 얻기 위해 추가적인 지불도 곧잘 하게 되었다. 또한 수익률이 나쁘지만 않다면, 나의 노후를 책임질 저축이 ESG경영을 잘하는 기업이나 실물자산에 투자됐으면 좋겠다. 아마 당신도 비슷할 것이다. 투자의 미래가 여기에 있다.

찾아보기

ㄱ

ㅁ

ㅂ

ㅅ

ㅈ

ㅊ

C

E

H

I

M

N

O

P

Q

R

T

U